Der Widerruf der Approbation wegen Unwürdigkeit

Recht und Medizin

Bd./Vol. 142

Zur Qualitätssicherung und Peer Review der vorliegenden Publikation

Die Qualität der in dieser Reihe erscheinenden Arbeiten wird vor der Publikation durch Herausgeber der Reihe geprüft.

Notes on the quality assurance and peer review of this publication

Prior to publication, the quality of the work published in this series is reviewed by editors of the series.

Der Widerruf der Approbation wegen Unwürdigkeit

Zur Entbehrlichkeit eines unbestimmten Rechtsbegriffs

PETER LANG

Lausanne - Berlin - Bruxelles - Chennai - New York - Oxford

Bibliografische Information der Deutschen Nationalbibliothek
Die Deutsche Nationalbibliothek verzeichnet diese Publikation in der Deutschen Nationalbibliografie; detaillierte bibliografische Daten sind im Internet über http://dnb.d-nb.de abrufbar.

Zugl.: Halle-Wittenberg, Univ., Diss., 2022

3
ISSN 0172-116X
ISBN 978-3-631-90129-8 (Print)
E-ISBN 978-3-631-90470-1 (E-PDF)
E-ISBN 978-3-631-90471-8 (EPUB)
DOI 10.3726/b20981

Verlegt durch:
Peter Lang GmbH, Berlin, Deutschland

info@peterlang.com http://www.peterlang.com/

Meinen Eltern

Vorwort

Die vorliegende Arbeit wurde im März 2021 von der Juristischen und Wirtschaftswissenschaftlichen Fakultät der Martin-Luther-Universität Halle-Wittenberg als Dissertation angenommen. Gesetzgebung, Literatur und Rechtsprechung konnten für die Drucklegung bis einschließlich März 2021 berücksichtigt werden.

Mein besonderer Dank gilt meinem Doktorvater, Herrn Professor Doktor Hans Lilie, für die Betreuung der Arbeit sowie für seine stetige Unterstützung durch konstruktive Ratschläge und wertvolle Denkanstöße.

Herrn Professor Doktor Winfried Kluth danke ich für die ausführliche Erstellung des Zweitgutachtens.

Besonderer Dank gilt meiner Mutter Katrin Kahl und meiner Lebensgefährtin Nancy Geppert, M.mel., die stets ein offenes Ohr für meine Gedankengänge hatten und auch in schwierigen Situationen mich mit ihren Worten aufbauten und unterstützen.

Insbesondere Nancy Geppert möchte ich dafür danken, dass sie mich durch alle Höhen und Tiefen meiner Arbeit begleitet, so manche Launen ausgehalten und schließlich meine Arbeit Korrektur gelesen hat.

Meine Arbeit widme ich insbesondere meinem verstorbenen Vater, Dirk Kahl, der in meinen Gedanken stets bei mir war.

Inhaltsverzeichnis

Literaturverzeichnis

Baier, Anette, Vertrauen und seine Grenzen, in: Hartmann, Martin/Offe, Claus (Hrsg.), Vertrauen, Die Grundlage des sozialen Zusammenhalts, Frankfurt/Main 2001, 37-84

Beckermann, Benedikt, »Würde« als Kriterium des besonderen Verwaltungsrechts, VerwArch 109 (2018), 117-140

Braun, Christian/Gründel, Mirko, Approbationsentzug wegen Unwürdigkeit und Anspruch auf Wiedererteilung der Approbation, MedR 8/2001, 396-401

Braun, Sebastian, Der Widerruf und das Ruhen der ärztlichen Approbation, Grundlagen und neuere Entwicklungen in Rechtsprechung und Schrifttum, GesR 2/2014, 73-79

Eifert, Martin, „Zuverlässigkeit“ als persönliche Tätigkeitsvoraussetzung im besonderen Verwaltungsrecht, JuS 7/2004, 565-570

Ellbogen, Klaus, Der Widerruf und das Ruhen der Approbation, Arztrecht 9/2012, 229-234

Ennuschat, Jörg/Wank, Rolf/Winkler, Daniela (Hrsg.), Gewerbeordnung, Kommentar, 9. Auflage, München 2020

Epping, Volker, Grundrechte, 8. Auflage, Berlin 2019

Erbguth, Wilfried/Guckelberger, Annette, Allgemeines Verwaltungsrecht, mit Verwaltungsprozessrecht und Staatshaftungsrecht, 10. Auflage, Baden-Baden 2020

Feuerich, Wilhelm E./Weyland Dag (Hrsg.), Bundesrechtsanwaltsordnung, Berufsordnung, Fachanwaltsordnung, Partnerschaftsgesellschaftsgesetz, Recht für Anwälte aus dem Gebiet der Europäischen Union, Patentanwaltsordnung, Kommentar, 10. Auflage, München 2020

Gaier, Reinhard/Wolf, Christian/Göcken, Stephan (Hrsg.), Anwaltliches Berufsrecht, BORA, BRAO, EMRK, EuRAG, FAO, GG, RDG, RDGE, Anwaltshaftung, Kommentar, 3. Auflage, Köln 2020

Gärditz, Klaus Ferdinand, Wissenschaftsunwürdigkeit?, Zu Begriff und Folgen des wissenschaftlichen Fehlverhaltens in der Rechtsprechung des Bundesverwaltungsrechts, WissR 2/47 (2014), 119-149

Giddens, Anthony, Konsequenzen der Moderne, 2. Auflage, Frankfurt am Main 1995

Hellmann, Uwe/Herffs, Harro, Der ärztliche Abrechnungsbetrug, Berlin/Heidelberg 2006

Henssler, Martin/Prütting, Hanns (Hrsg.), Bundesrechtsanwaltsordnung, mit EuRAG, Berufs- und Fachanwaltsordnung, RAVPV, Rechtsdienstleistungsgesetz, Mediationsgesetz, ZMediatAusbV und Partnerschaftsgesellschaftsgesetz, Kommentar, 5. Auflage, München 2019

Heß, Kurt-Michael, Wird die Unzuverlässigkeit im Sinne des § 35 Abs. 1 Satz 1 GewO in der Rechtspraxis zu ausufernd angewandt? (§ 35 Abs. 1 Satz 1 GewO), Erwiderung zu Leisner „Unzuverlässigkeit im Gewerberecht (§ 35 Abs. 1 Satz 1 GewO)" in GewArch 2008, 225 ff., GewArch 3/2009, 89-92

Hofstetter, Ludwig, Arztrecht, Zulassung, Berufsausübung, Pflichtverletzungen, Erlangen 1991

Hommerich, Christoph, Die Freien Berufe und das Vertrauen in die Gesellschaft, Ansätze zu einem Aufbruch, Ein Forschungsbericht im Auftrag des Verbandes Freier Berufe im Lande Nordrhein-Westfalen e.V., 1. Auflage, Baden-Baden 2009

Jessnitzer, Kurt/Blumberg, Hanno (Hrsg.), Bundesrechtsanwaltsordnung, Kommentar, 9. Auflage, Köln/Berlin/Bonn/München 2000

Kassebaum, Ulf Bernd, Interpersonelles Vertrauen, Entwicklung eines Inventars zur Erfassung spezifischer Aspekte des Konstrukts, Hamburg 2004, (abrufbar unter: https://ediss.sub.uni-hamburg.de/bitstream/ediss/618/1/Dissertation.pdf, zuletzt abgerufen am: 16.03.2021 um 09:00 Uhr)

Kleine-Cosack, Michaeal (Hrsg.), Bundesrechtsanwaltsordnung, mit Berufs- und Fachanwaltsordnung, Kommentar, 7. Auflage, München 2015

Kleine-Cosack, Michael, Verschärfte Voraussetzungen beim Widerruf freiberuflicher Zulassungen – Zuverlässigkeitsprüfung und Gefahrenprognose, NJW 35/2004, 2473-2480

Kluth, Winfried, Verfassungsrechtliche Aspekte des Promotionsrechts, in: Dörr, Dieter/Hillgruber, Christian/Kempen, Bernhard/Murswiek, Dietrich (Hrsg.), Die Macht des Geistes, Festschrift für Hartmut Schiedemair, Heidelberg 2001, 569-593

Kluth, Winfried, Zukunft der freien Berufe, Chancen auch in der globalisierten Welt, Deutsches Ärzteblatt, Jg. 104, Heft 48, A 3314-3317

Kochsiek, Kurt, Blick des Internisten auf die gesellschaftliche Stellung des Arztes, Der Internist 7/2007, S35-S40

Krafczyk, Wolfgang, Widerruf der ärztlichen Approbation nach langer Dauer des Strafverfahrens, Kann sich ein berufsunwürdig gewordener Arzt inzwischen bewähren? GesR 7/2009, 350-354

Krebs, Walter, Vorbehalt des Gesetzes und Grundrechte, Vergleich des traditionellen Eingriffsvorbehalts mit den Grundrechtsbestimmungen des Grundgesetzes, Berlin 1975

Kullik, Jens, Der Entziehungsgrund Unwürdigkeit bei akademischen Graden und öffentlichen Ehrungen, Göttingen 1996

Lahno, Bernd, Der Begriff des Vertrauens, Paderborn 2002

Landmann, Robert/Rohmer, Gustav (Hrsg.), Gewerbeordnung und ergänzende Vorschriften, Band I: Gewerbeordnung Kommentar, München 2020 (Loseblatt, Stand: 85. Ergänzungslieferung September 2020)

Laubinger, Hans-Werner, Höchstrichterliche Rechtsprechung zum Verwaltungsrecht, Die gewerberechtliche Unzuverlässigkeit und ihre Folgen – Teil 1 –, VerwArch 89 (1998), 145-188

Laufs, Adolf/Uhlenbruck, Wilhelm/Kern, Bernd-Rüdiger/Rebhorn, Martin (Hrsg.), Handbuch des Arztrechts, 5. Auflage, München 2019

Leisner, Walter Georg, Unzuverlässigkeit im Gewerberecht (§ 35 Abs. 1 S. 1 GewO), Ausuferungsgefahren – notwendiger Gewerbebezug, GewArch 6/2008, 225-232

Lorenz, Dieter, Die Entziehung des Doktorgrades – ein altes Instrument in neuer Funktion, DVBl. 19/2005, 1242-1246

Luhmann, Niklas, Vertrauen, Ein Mechanismus der Reduktion sozialer Komplexität, 5. Auflage, Konstanz/München 2014

Maunz, Theordor/Düring, Günter (Hrsg.), Grundgesetz Kommentar, Band I: Art. 1-5, München 2020 (Loseblatt, Stand: 92. Ergänzungslieferung August 2020)

Maurer, Hartmut/Waldhoff, Christian, Allgemeines Verwaltungsrecht, 20. Auflage, München 2020

Meesen, Karl Matthias, Das Grundrecht der Berufsfreiheit, JuS 6/1982, 397-404

Menzel, Eberhard, Die Entziehung des Doktorgrades, Gegenwärtige Rechtslage und Notwendigkeit einer Reform, JZ 15/16/1960, 457-465

Naar, Helmut (Hrsg.), Ärztliches Berufsrecht, Ausbildung, Weiterbildung, Berufsausübung, Band 1, 2. Auflage, Köln 2018 (Loseblatt, Stand: 28. Ergänzungslieferung Februar 2018)

Offe, Claus, Wie können wir unseren Mitbürgern vertrauen?, in: Hartmann, Martin/Offe, Claus (Hrsg.), Vertrauen, Die Grundlage des sozialen Zusammenhalts, Frankfurt/Main 2001, 241-294

Pielow, Johann-Christian (Hrsg.), BeckOK GewO, 52. Edition, Stand: 01.12.2020, München 2020

Quaas, Michael/Zuck, Rüdiger/Clemens, Thomas/Gokel, Julia Maria, Medizinrecht, Öffentliches Medizinrecht, Pflegeversicherungsrecht, Arzthaftpflichtrecht, Arztstrafrecht, 4. Auflage, München 2018

Rieger, Hans-Jürgen/Dahm, Franz-Josef/Katzenmeier, Christian/Stellplug, Martin H./Ziegler, Ole (Hrsg.), Heidelberger Kommentar, Arztrecht, Krankenhausrecht, Medizinrecht, Heidelberg 2020 (Loseblatt, Stand: 84. Ergänzungslieferung Dezember 2020)

Rixen, Stephan, Macht wissenschaftliches Fehlverhalten unwürdig?, Die Leitentscheidung des BVerwG zur Entziehung des Doktorgrads, NJW 15/2014, 1058-1062

Rupp, Hans-Heinrich, Das Grundrecht der Berufsfreiheit in der Rechtsprechung des Bundesverfassungsgerichts, AöR 2/92 (1967), 212-242

Schmidt-Bleibtreu, Bruno/Hofmann, Hans/Henneke Hans-Günter (Hrsg.), GG – Kommentar zum Grundgesetz, 14. Auflage, Köln 2017

Schmuck, Sebastian, Promotion und Straftaten, Ordnung der Wissenschaft (OdW) 2/2016, 113-126

Sodan, Helge, Handbuch des Krankenversicherungsrechts, 3. Auflage, München 2018

Spanner, Hans, Zur Verfassungskontrolle wirtschaftspolitischer Gesetze, Ein „Economical-Question-Doktrin" des BVerfG, DÖV 7/1972, 217-220

Spickhoff, Andreas (Hrsg.), Medizinrecht, Beck´sche Kurz-Kommentare, 3. Auflage, München 2018

Starosta, Thomas, Die Aberkennung akademischer Grade, DÖV 23/1987, 1050-1052

Steinfath, Holmer, Das Wechselspiel von Autonomie und Vertrauen – eine philosophische Einführung, in: Steinfath, Holmer/Wiesemann, Claudia (Hrsg.), Autonomie und Vertrauen, Schlüsselbegriffe der modernen Medizin, Wiesbaden 2016, 11-68

Stober, Rolf, Widerruf der Approbation bei Vermögensschädigung?, NJW 12/1981, 617-619

Stober, Rolf/Kluth, Winfried, Verwaltungsrecht I, Ein Studienbuch, 13. Auflage, München 2017

Stockhausen, Martin, Ärztliche Berufsfreiheit und Kostendämpfung, Möglichkeiten und Grenzen der Beschränkung der (kassen-) ärztlichen Berufsfreiheit zum Zwecke der Kostendämpfung im Gesundheitswesen, Berlin/Heidelberg 1992

Stollmann, Frank, Widerruf und Ruhen von Approbation, Anordnung sofortiger Vollziehung – ein Rechtsprechungsbericht, MedR 28/2010, 682-689

Stumpf, Gerrit Hellmuth, Wissenschaftliches Fehlverhalten und akademische Konsequenzen, Zugleich ein Beitrag zur rechtlichen Ausgestaltung der Promotionsentscheidung, JöR 61 (2013) n.F., 329-409

Tettinger, Peter J., Das Grundrecht der Berufsfreiheit in der Rechtsprechung des Bundesverfassungsgerichts, AöR 1/108 (1983), 92-133

Thieme, Werner, Deutsches Hochschulrecht, Das Recht der Universitäten sowie der künstlerischen und Fachhochschulen in der Bundesrepublik Deutschland, 3. Auflage, Köln/Berlin/München 2004

Tiedemann, Paul, Entzug des Doktorgrades bei wissenschaftlicher Unlauterkeit, ZRP 2/2010, 53-55

Vogel, Markus, Versagung, Rücknahme und Widerruf der Anwaltszulassung wegen Unwürdigkeit der Person, Bonn 1995

Von Bargen, Joachim, Der Doktorgrad – ein bürgerlicher Adelstitel?, JZ 14/2017, 726-730

Von Coelln, Christian/Haug, Volker M. (Hrsg.), BeckOK Hochschulrecht Baden-Württemberg, 18. Edition, Stand: 01.11.2020, München 2020

Von Münch, Ingo/Kunig, Philip (Hrsg.), Grundgesetz-Kommentar, Band 1: Präambel bis Art. 20), 4. Auflage, München 1992

Warntjen, Maximilian, Arztstrafverfahren und Approbationsrecht, in: Arbeitsgemeinschaft Medizinrecht im Deutschen Anwaltverein, Berlin/Institut für Rechtsfragen der Medizin, Düsseldorf (Hrsg.), Aktuelle Entwicklungen im Medizinstrafrecht, 9. Düsseldorfer Medizinstrafrechtstag, 1. Auflage, Baden-Baden 2019, 77-94

Wormit, Maximilian, Einführung in das allgemeine Gewerberecht, JuS 7/2017, 641-646

Zippelius, Reinhold/Würtenberger, Thomas, Deutsches Staatsrecht, 33. Auflage, München 2018

Hinsichtlich der verwendeten, allgemein gebräuchlichen Abkürzungen wird verwiesen auf *Kirchner, Hildebert* Abkürzungsverzeichnis der Rechtssprache, 9. Auflage, Berlin 2018.

Einleitung und Ziel der Arbeit[1]

Im Medizinrecht scheint der Begriff der Unwürdigkeit angesichts der zahlreichen, zu diesem Begriff ergangenen Entscheidungen hinreichend geklärt und abschließend bestimmt, ebenso wie dessen Anwendungsbereich und Erforderlichkeit. Vor diesem Hintergrund verwundert es daher auch nicht, dass ein außerberufliches Fehlverhalten, wie der 22fache Abrechnungsbetrug einer Ärztin gegenüber ihrer privaten Krankentagegeldversicherung, den Vorwurf der Unwürdigkeit begründet.[2] Stellt dies doch nach herrschender Rechtsprechung eine Verhaltensweise dar, die das Vertrauen der Bevölkerung in die Ärzteschaft nachhaltig beeinträchtigt und zu deren Schutz mittels des Widerrufs der Approbation wegen Unwürdigkeit geahndet werden müsse.[3] Zweifel, dass der Begriff nicht dazu geeignet ist, den Schutz des Vertrauens in die Ärzteschaft in dem Umfang zu gewährleisten, wie es derzeit von der verwaltungsrechtlichen Praxis gehandhabt wird, scheinen sich nicht zu stellen. Zumindest solange nicht, wie man sich ausschließlich den ärztlichen Kontext und die zum Begriff ergangene herrschende Rechtsprechung anschaut.

Weitet man hingegen den Blick und betrachtet neben vereinzelter Rechtsprechung, die ein grundlegend anderes Vertrauens- und somit Unwürdigkeitsverständnis darlegen, auch andere Teilrechtsgebiete, die den Begriff ebenfalls verwenden, stellt sich nicht nur die Frage nach der Haltbarkeit dieses derzeitigen Rechtsprechungsverständnisses. Es stellt sich auch die grundlegende Frage nach der Erforderlichkeit dieses Rechtsbegriffs.

Betrachtet man nämlich – wie in dieser Arbeit– den Unwürdigkeitsbegriff in anderen Teilrechtsgebieten des besonderen Verwaltungsrechts, wie bspw. im anwaltlichen Berufsrecht und im Hochschulrecht, fällt nicht nur auf, dass der Begriff gänzlich anders verstanden wird. Deutlich wird vor allem auch, dass der Schutz des hier ebenfalls relevanten Begriffs des Vertrauens nicht über diesen, sondern über den Begriff der Unzuverlässigkeit erfolgt.

---

1 Aus Gründen der besseren Lesbarkeit wird im Text grundsätzlich verallgemeinernd das generische Maskulinum verwendet. Diese Formulierungen umfassen gleichermaßen weibliche und männliche Personen; alle sind damit selbstverständlich gleichberechtigt angesprochen.

2 BVerwG, Beschl. v. 31.07.2019 – 3 B 7.18 – juris.

3 BVerwG, Beschl. v. 31.07.2019 – 3 B 7.18, Rn. 8 ff. – juris.

Angesichts dieser Besonderheit stellt sich nicht nur die Frage, ob das, was seitens der herrschenden Rechtsprechung bisher unter dem Vertrauen der Patienten in die Ärzteschaft verstanden und mittels des Begriffs der Unwürdigkeit geschützt werden soll, tatsächlich dem entspricht, was man eigentlich unter dem Vertrauen zu verstehen hat. Es stellt sich zudem die Frage, ob es einen nachvollziehbaren Grund gibt, warum dieses Vertrauen nicht wie auch in den anderen Teilrechtsgebieten – vor allem im anwaltlichen Berufsrecht – über den Begriff der Unzuverlässigkeit geschützt werden kann – insbesondere dann, wenn dieser Begriff ebenfalls im ärztlichen Kontext vorzufinden ist.

Die vorliegende Arbeit will auf diese aufgeworfenen Fragen eine Antwort geben.

Dabei ist es das Ziel, nicht nur aufzuzeigen, woraus sich diese Sonderstellung des Unwürdigkeitsbegriffs im ärztlichen Kontext ergibt. Deutlich soll vor allem werden, dass der derzeitige von der verwaltungsrechtlichen Praxis beabsichtigte Schutz des Vertrauens der Patienten in die Ärzteschaft nicht über den Begriff der Unwürdigkeit, sondern ausschließlich über den der Unzuverlässigkeit erreicht werden kann, sodass es kein Bedürfnis gibt, an dem Unwürdigkeitsbegriff weiter festzuhalten.

Gang der Untersuchung

Unter Berücksichtigung dieser Zielstellung beginnt die vorliegende Arbeit mit einer kurzen Einführung zum Begriff der Unwürdigkeit (Kapitel 1. A. I.). Neben der Erläuterung seiner Rechtsnatur dient die Einführung dazu, ein grundlegendes Verständnis des Begriffs vor dem Hintergrund der allgemeinen Menschenwürde zu schaffen. Von diesem Verständnis ausgehend wird sich dem Verständnis des Unwürdigkeitsbegriffs im anwaltlichen und hochschulrechtlichen Kontext genähert (Kapitel 1. B. I., II.). Die Betrachtung dieser beiden Kontexte wird dabei nicht nur vorgenommen, um aufzuzeigen, dass der Begriff der Unwürdigkeit – vor allem im anwaltlichen Berufsrecht – als Unzuverlässigkeit i.S.d. § 35 Abs. 1 GewO zu verstehen ist (Kapitel 1. B. IV.). Mittels dieser Betrachtung soll auch aufgezeigt werden, dass der Schutz des in diesen Kontexten ebenfalls relevant werdenden Vertrauens über den Begriff der Unzuverlässigkeit erfolgt (Kapitel 1. B. V.). Die Untersuchung dieser beiden Teilrechtsgebiete erfolgt dabei mit dem Ziel, einen Vergleichsmaßstab für das Verständnis des Vertrauens sowie für das des Unwürdigkeitsbegriffs im ärztlichen Kontext zu schaffen, bevor daran anschließend dieser Begriff näher erläutert wird.

Im ärztlichen Kontext wird deutlich, dass es zwar ebenfalls den Begriff der Unzuverlässigkeit gibt, diesem jedoch in Bezug auf den Schutz des Vertrauens, anders als in den zuvor untersuchten Teilrechtsgebieten, keine Bedeutung zugemessen wird. Vielmehr erfolgt der Schutz des Vertrauens hier ausschließlich über den Begriff der Unwürdigkeit (Kapitel 1. B. VI. 1.-4.).

Anhand eines unter B. VII. gezogenen Vergleichs mit den zuvor untersuchten Teilrechtsgebieten wird dabei erkenntlich, dass der Begriff der Unwürdigkeit im ärztlichen Kontext eine Sonderstellung in Bezug auf den Schutz des Vertrauens einnimmt (Kapitel 1. B. VII.). Diese Sonderstellung wird in Kapitel 2 der Arbeit kritisch betrachtet. Von Relevanz ist dabei, warum im Arztrecht das Vertrauen gesondert über den Begriff der Unwürdigkeit und nicht wie in den anderen Teilrechtsgebieten über den der Unzuverlässigkeit geschützt wird.

Im Fokus der Betrachtung eines womöglich bestehenden Sonderverständnisses des Vertrauens stehen dabei zum einen dessen grundlegende Bedeutung für die Gesundheitsversorgung der Bevölkerung (Kapitel 2. A.) und zum anderen dessen grundlegendes Verständnis (Kapitel 2. B.). Gerade letzteres hat dabei in Bezug auf die Frage nach einem womöglich bestehenden Sonderschutzes Relevanz.

Da es jedoch keine Definition des Vertrauens in die Ärzteschaft gibt, wird sich zur Klärung dessen zunächst den einzelnen Fallkonstellationen gewidmet, die nach herrschender Rechtsprechung den Vorwurf der Unwürdigkeit und somit den Widerruf der Approbation begründen (Kapitel 2. B. II. 1., 2.) Deutlich wird dabei werden, dass es sich zumindest nach der Auffassung der herrschenden Rechtsprechung um ein sehr weites Vertrauensverständnis handelt, das – sofern man nur diese Rechtsprechung betrachtet – einen gesonderten Schutz im Vergleich zu den zuvor untersuchten Teilrechtsgebieten wohl für sich in Anspruch nehmen kann (Kapitel 2. B. III.). Dass es sich hierbei jedoch tatsächlich um das handelt, was man unter dem Vertrauen der Patienten in die Ärzteschaft zu verstehen hat, wird dabei nicht nur schon im Rahmen der Ausführungen zu den einzelnen Fallkonstellationen bezweifelt, sondern auch mittels einzelner Rechtsprechungsentscheidungen, die im Anschluss an die herrschende Rechtsprechung wiedergegeben werden und dessen Verständnis zudem grundlegend in Frage stellen (Kapitel 2. C.) Im Ergebnis wird dabei deutlich werden, dass es – anders als von der herrschenden Rechtsprechung suggeriert – kein einheitliches Vertrauensverständnis gibt.

Da jedoch somit nicht abschließend klar ist, was man nun (am ehesten) unter dem Vertrauen der Patienten in die Ärzteschaft tatsächlich zu verstehen hat – und somit nicht gesagt werden kann, ob es sich tatsächlich um ein besonderes Vertrauensverständnis handelt –, bedarf es einer abschließenden Klärung dieses Umstandes (Kapitel 2. D.). Dies gilt dabei auch vor der Bedeutung und Tragweite der Berufswahlfreiheit nach Art. 12 Abs. 1 GG, in die durch den Widerruf der Approbation wegen Unwürdigkeit zum Schutz des Vertrauens in die Ärzteschaft empfindlich eingegriffen wird (Kapitel 2. A. I., II.).

Zur Klärung dieser Frage wird sich dem Verständnis des Vertrauens der Patienten in die Ärzteschaft insofern genähert, als dass das konkrete Einzelfallvertrauen im Rahmen eines Arzt-Patienten-Verhältnisses näher untersucht wird (Kapitel 2. D. I.). Neben den allgemeinen Aspekten, die dieses personale Vertrauen prägen, richtet sich der Fokus der Untersuchung dabei vor allem auf die Umstände, die die Frage nach dem konkreten Einzelfallvertrauen als auch dessen Umfang maßgeblich beeinflussen. Hierbei soll im Ergebnis deutlich werden, dass das Spektrum des Vertrauens der Patienten in die Ärzteschaft nicht so weit zu verstehen, wie es bisher von der Rechtsprechung praktiziert wird (Kapitel 2. D. I., II., III.).

Gerade auch mit dem damit zusammenhängenden Vorwurf der Unwürdigkeit wird im Rahmen der sich daran anschließenden kritischen Betrachtung der bisherigen herrschenden Rechtsprechung deutlich werden, dass die Fallkonstellationen, die nach bisheriger Rechtsprechung den Vorwurf der Unwürdigkeit und somit den zwingenden Widerruf der Approbation ausgelöst haben, nicht geeignet sind, das Vertrauen zu zerstören und somit den Vorwurf der

Unwürdigkeit zu begründen (Kapitel 2. D. IV) – handelt es sich hierbei doch nicht um Fehlverhaltensweisen, die das Vertrauen tangieren.

Zum Abschluss der Betrachtung des Vertrauens wird dabei festgestellt, dass sich das Verständnis nach dem hier dargelegten Vertrauensverständnis nicht wesentlich von dem in den zuvor untersuchten Teilrechtsgebieten unterscheidet (Kapitel 2. V.). Da somit aber abschließend im Kapitel 2 klar wird, dass es sich um kein besonderes Vertrauensverständnis handelt, wird sich in Kapitel 3 der Frage gewidmet, warum seitens der herrschenden Rechtsprechung dennoch eine solch weitreichende Interpretation des Vertrauens und somit des Unwürdigkeitsbegriffs stattfindet.

Unter Rückgriff auf die im Rahmen des Vertrauens dargelegten Begründungsmuster der herrschenden Rechtsprechung zu den einzelnen Fallkonstellationen wird dabei ersichtlich, was die Intention der Rechtsprechung ist (Kapitel 3. A. I.). In Bezug auf den Begriff der Unwürdigkeit wird jedoch festgestellt, dass diese Intention nicht von dem hier dargelegten Anwendungsbereich des Unwürdigkeitsbegriffs abgedeckt ist und somit nicht über den Widerruf der Approbation wegen Unwürdigkeit erbracht werden kann (Kapitel 3. A. II.).

Hierbei wird klargestellt, dass es auch kein Bedürfnis gibt, diesen von der Rechtsprechung beabsichtigten umfangreichen Vertrauensschutz in einem vor Art. 12 Abs. 1 GG unzulässigen Maße über den Begriff der Unwürdigkeit zu gewährleisten, wenn die Bundesärzteordnung mit dem Begriff der Unzuverlässigkeit einen eigenständigen Begriff bereithält, der diesen Schutz umfassend gewährleisten kann.

Abstellend auf die Definition des Unzuverlässigkeitsbegriffs und die einzelnen dazu geltenden Maßstäbe (Kapitel 3. B. I., II.) wird zum Abschluss der Arbeit ersichtlich werden, dass dieser gerade auch solche Fallkonstellationen, die nach dem hier dargelegten Vertrauensverständnis nicht dem Begriff der Unwürdigkeit unterfallen, abdecken kann (Kapitel 3. B. I., II., III., IV.). Deutlich soll dabei aber auch werden, dass der Unzuverlässigkeitsbegriff selbst die Fallkonstellationen erfassen vermag, die nach dem hier dargelegten Vertrauensverständnis dem Begriff der Unwürdigkeit tatsächlich unterfallen (dürften) (Kapitel 3. C. D.).

Da der Begriff nach dem hier dargelegten Verständnis in der Lage ist, sämtliche Fallkonstellationen, anders als der Unwürdigkeitsbegriff, abzudecken, wird am Ende dieser Arbeit der Schluss gezogen, dass ein weiteres Festhalten am Begriff der Unwürdigkeit nicht erforderlich ist. Hierbei wird zudem betont, welche Vorteile ein alleiniges Abstellen auf den Begriff der Unzuverlässigkeit vor Art. 12 Abs. 1 GG hätte (Kapitel 3. E.).

Am Ende dieser Arbeit wird im Rahmen des Fazits u.a. festgestellt, dass somit ein umfassender, von der Rechtsprechung mit einem exzessiven

Vertrauensverständnis bezweckter Schutz des „Vertrauens“ nicht durch den Begriff der Unwürdigkeit, sondern über den Begriff der Unzuverlässigkeit – vor allem wie im anwaltlichen Berufsrecht – erfolgen kann und es somit kein Bedürfnis gibt, an dem Begriff der Unwürdigkeit weiter festzuhalten.

Kapitel 1: Die Sonderstellung des Unwürdigkeitsbegriffs im ärztlichen Berufsrecht

A. Der Begriff der Unwürdigkeit

I. Das allgemeine Verständnis des Begriffs

1. Die Menschenwürde als Ausgangspunkt

Der Begriff der Würde scheint seit der Einführung der Fundamentalnorm unserer Verfassung[4] zumindest hinsichtlich seines allgemeinen Sinngehalts abschließend geklärt. Danach stellt die Würde des Menschen einen jedem Individuum anhaftenden Eigenwert dar, der sich gerade nicht über den sozialen Status, persönliche Fähigkeiten oder anderweitige Faktoren definiert.[5] Vielmehr handelt es sich hierbei ausschließlich um einen persönlichen Eigenwert, der dem menschlichen Individuum aus seinem bloßen „Mensch-Sein" zukommt.[6] In Bezug auf dieses Gut schreibt die Verfassung vor, diese Würde zu schützen und zu achten, Art. 1 Abs. 1 Satz 2 GG.[7] Eingriffe in diese sind dabei gänzlich ausgeschlossen.[8]

Was dabei jedoch konkret unter dem Begriff „Würde" zu verstehen ist, wird seitens der Rechtsprechung[9] als auch

4 BVerfGE 6, 32 (36); BVerfGE 87, 209 (228); *Herdegen*, in: Maunz/Dürig, GG-Kommentar, 92. EL August 2020, Art. 1 Abs. 1 Rn. 4; *Hofmann*, in: Schmidt-Bleibtreu/Hofmann/Henneke, GG-Kommentar, 14. Aufl. 2017, Art. 1 Rn. 7; *Zippelius/Würtenberger*, Deutsches Staatsrecht, 33. Aufl. 2018, § 21, Rn. 4.

5 BVerfGE 87, 209 (228); BVerfGE 96, 375 (399); BVerfGE 115, 118 (152); *Hofmann*, in: Schmidt-Bleibtreu/Hofmann/Henneke, GG-Kommentar, 14. Aufl. 2017, Art. 1 Rn. 7.

6 BVerfGE 87, 209 (228); *Epping*, Grundrechte, 8. Aufl. 2019, Rn. 589, 603; *Zippelius/Würtenberger*, Deutsches Staatsrecht, 33. Aufl. 2018, § 21, Rn. 7.

7 *Hofmann*, in: Schmidt-Bleibtreu/Hofmann/Henneke, GG-Kommentar, 14. Aufl. 2017, Art. 1 Rn. 3, 7 f.; *Epping*, Grundrechte, 8. Aufl. 2019, Rn. 593-595; *Zippelius/Würtenberger*, Deutsches Staatsrecht, 33. Aufl. 2018, § 21, Rn. 6.

8 BVerfGE 87, 209 (228); BVerfGE 115, 118 (152); *Herdegen*, in: Maunz/Dürig/Herzog, GG-Kommentar, 92. EL. August 2020, Art. 1 Abs. 1 Rn. 73.

9 BVerfGE 6, 32 (36); BVerfGE 87, 209 (228).

Literatur[10] zumindest nicht positiv definiert. Vielmehr bedient man sich zur Umschreibung des Würdebegriffs einer negativen Definition:

Nach der vom BVerfG verwendeten sogenannten „Objektformel" schützt die Menschenwürdegarantie jeden Menschen davor, dass er einer Behandlung ausgesetzt wird, die seine Subjektqualität grundsätzlich in Frage stellt und ihn zum bloßen Objekt staatlichen Handelns macht.[11]

Mit Blick auf den Begriff „Würde" wird damit zwar nicht klar, was man unter diesem im positiven Sinne zu verstehen hat. Klar wird aber in Bezug auf die „Unwürdigkeit", dass es diese in Bezug auf eine Person nicht gibt. Ganz gleich wie auch ein besonders verwerfliches Verhalten im gesellschaftlichen Kontext aufgefasst wird.[12]

2. *Würdeverständnis eigener Art*

Auffällig ist jedoch, dass der Terminus „Unwürdigkeit" trotz dieser verfassungsrechtlichen Klarheit in vielen Teilrechtsgebieten des besonderen Verwaltungsrechts dennoch auffindbar ist. Zu nennen sind hier bspw. das Berufsrecht der Apotheker,[13] das Beamtenrecht,[14] das Gesetz über die Titel, Orden und Ehrenzeichen,[15] das Hochschulrecht[16] einzelner Länder sowie das anwaltliche[17] und ärztliche[18] Berufsrecht. Was der Begriff jedoch in diesen Kontexten konkret meint, erschließt sich mit Blick auf die jeweiligen Normen, in denen der Begriff vorzufinden ist, nicht ohne Weiteres. Dies liegt vor allem daran, dass es

10 *Epping*, Grundrechte, 8. Aufl. 2019, Rn. 602-604; *Herdegen*, in: Maunz/Dürig/Herzog, GG-Kommentar, 92. EL. August 2020, Art. 1 Abs. 1 Rn. 34-36; *Hofmann*, in: Schmidt-Bleibtreu/Hofmann/Henneke, GG-Kommentar, 14. Aufl. 2017, Art. 1 Rn. 7.

11 BVerfGE 87, 209 (228); BVerfGE 96, 375 (399); BVerfGE 115, 118 (152).

12 BVerfGE 87, 209 (228); *Hofmann*, in: Schmidt-Bleibtreu/Hofmann/Henneke, GG-Kommentar, 14. Aufl. 2017, Art. 1 Rn. 7; *Epping*, Grundrechte, 8. Aufl. 2019, Rn. 603; siehe dazu auch *Kullik*, Der Entziehungsgrund Unwürdigkeit bei akademischen Graden und öffentlichen Ehrungen, S. 67, der betont, dass selbst dem niederträchtigsten Verbrecher trotz seiner sozialethisch zu missbilligenden Tat – Mord – nicht dessen Menschenwürde genommen werden könne.

13 § 4 Abs. 1 Satz 1 Nr. 2 BApO.

14 § 14 Abs. 1 Nr. 2 BBG.

15 § 4 Abs. 1 Satz 1 OrdenG.

16 Beispielsweise § 21 Satz 1 Nr. 2, 3 HSG LSA.

17 § 7 Nr. 5 BRAO.

18 § 3 Abs. 1 Satz 1 Nr. 2 BÄO.

Legaldefinitionen und enumerative Aufzählungen von Verhaltensweisen, die dieses Tatbestandsmerkmal erfüllen und somit konkretisieren würden, nicht gibt.

Dass jedoch gesetzesspezifische Erläuterungen fehlen, beruht sowohl auf der Natur als auch auf der Funktion des Begriffs, die dieser in den einzelnen Teilrechtsordnungen des besonderen Verwaltungsrechts erfüllen soll. Denn bei diesem Begriff handelt es sich um einen unbestimmten Rechtsbegriff, der durch seine Unbestimmtheit eine größtmögliche Anwendbarkeit seiner selbst für eine unbestimmte Anzahl von Fällen gewährleisten soll, verbunden mit dem Ziel, die zuständige Stelle stets in die Situation zu versetzen, auf jede Fallkonstellation reagieren und somit den jeweilig mit der Norm verfolgten Zweck umfassend gewährleisten zu können.[19]

Von Verfassungs wegen ist es dabei grundsätzlich nicht ausgeschlossen, solche unbestimmten Rechtsbegriffe in einer Norm zu verwenden.[20] Zu beachten ist jedoch stets die sich aus dem Rechtsstaatsprinzip ergebende Pflicht der hinreichenden Bestimmtheit.[21] Diese schreibt vor, dass für den von der Norm Betroffenen hinreichend erkennbar sein muss, wann ihm die jeweilig von der Norm angeordnete Rechtsfolge, wie bspw. die Versagung der Zulassung zur Rechtsanwaltschaft, der Widerruf des Doktorgrades oder der Widerruf der Approbation, droht.[22] Hinsichtlich dieses Gebots gilt jedoch, dass es nicht so weit zu verstehen ist, dass der jeweilige Tatbestand, in dem der Begriff vorzufinden ist, sämtliche Verhaltensweisen normieren muss, die die mit ihm verbundene Rechtsfolge auslösen.[23] Vielmehr genügt es, dass sich die für sein Verständnis maßgeblichen Gesichtspunkte aus dem Gesamtzusammenhang ergeben.[24] Das heißt, dass die jeweilige Norm hinreichend auslegungsfähig ist.[25]

Was somit unter dem Begriff der Unwürdigkeit im jeweiligen Kontext zu verstehen ist, ist folglich nicht nur eine Frage, die der näheren Betrachtung des Begriffs im jeweiligen Kontext seiner Verwendung bedarf. Es ist zunächst eine grundlegende Frage, die den Begriff an sich betrifft. Handelt es sich doch bei

---

19 BVerfGE 8, 274 (326); BVerfGE 13, 153 (161); BVerfGE 56, 1 (12); BVerfGE 80, 103 (106 f.); *Erbguth/Guckelberger*, Allgemeines Verwaltungsrecht, 10. Aufl. 2020, § 14, Rn. 26.

20 BVerfGE 8, 274 (326); BVerfGE 13, 153 (161); BVerfGE 56, 1 (12); BVerfGE 80, 103 (106 f.); BVerwG, NVwZ 2013, 1614 (1616).

21 BVerfGE 103, 332 (384); BVerwG, NVwZ 2013, 1614 (1616).

22 BVerfGE 37, 132 (142); BVerfGE 103, 332 (384); BVerwG, NVwZ 2013, 1614 (1616).

23 BVerfGE 37, 132 (142); BVerfGE 103, 332 (384); BVerwG, NVwZ 2013, 1614 (1616).

24 BVerwG, NVwZ 2013, 1614 (1616).

25 BVerwG, NVwZ 2013, 1614 (1616).

diesem, wie bereits aufgezeigt, um einen, der auch auf Grund seiner sprachlichen Nähe zur Würdigkeit der Person i.S.d. Art. 1 GG nicht gänzlich unproblematisch scheint.

Dass mit dem Begriff dabei grundsätzlich nicht die Würdigkeit i.S.d. Art. 1 GG gemeint ist, ergibt sich dabei schon aus dem jeweiligen systematischen Bezugspunkt des Begriffs als auch aus den jeweiligen Rechtsfolgen der Norm der hier relevanten Teilrechtsgebiete des besonderen Verwaltungsrechts.

Zwar ordnen § 7 Nr. 5 BRAO (Versagung der Zulassung zur Anwaltschaft), § 5 Abs. 2 Satz 1 i.V.m. § 3 Abs. 1 Satz 1 Nr. 2 BÄO (Widerruf der Approbation) als auch bspw. § 21 Satz 1 Nr. 3 HSG LSA (Widerruf des Doktorgrades) an, dass diese jeweilige verwaltungsrechtliche Maßnahme zu treffen ist, wenn sich die Person unwürdig erweist. Aus dem jeweiligen Bezugspunkt – Rechtsanwaltschaft, Approbation und Doktorgrad – wird jedoch klar, dass sich der Vorwurf der Unwürdigkeit nicht auf die Person hinsichtlich seines bloßen Mensch-Seins, sondern „nur" auf die von ihm angestrebte bzw. bereits vorgenommene berufliche Tätigkeit oder akademische Stellung bezieht, braucht es doch dieser persönlichen Voraussetzung, um die jeweilige berufliche Tätigkeit (weiterhin) auszuüben – Erhalt der Approbation nach § 3 Abs. 1 Satz 1 Nr. 2 BÄO oder Zulassung zur Rechtsanwaltschaft nach § 7 Nr. 5 BRAO.

Gemessen daran scheint der Vorwurf der Unwürdigkeit daher darauf gerichtet zu sein, dass sich die jeweilige Person eines Verhaltens schuldig gemacht hat, das mit der jeweiligen Stellung bzw. beruflichen Tätigkeit nicht zu vereinbaren ist, weshalb sie von der jeweiligen Tätigkeit bzw. Stellung ausgeschlossen werden muss – Widerruf der Approbation, Versagung der Zulassung zur Rechtsanwaltschaft und Widerruf des Doktorgrades.

Dass es sich somit bei dem Begriff der Unwürdigkeit i.S.d. besonderen Verwaltungsrechts um eine persönliche Erwartungshaltung handelt, die der einzelne im jeweiligen Kontext zu erfüllen hat, um sich dieser Stellung als „würdig" zu erweisen, deutet sich an; und wird zunehmend klarer, wenn man sich zudem den allgemeinen Sprachgebrauch vergegenwärtigt, in dem dieser Begriff verwendet wird.

Vorzufinden ist der Begriff häufig dort, wo es um die kritische Beurteilung von situativen Verhaltensweisen von bestimmten Personen in bestimmten Stellungen geht. Den Maßstab der Beurteilung bildet dabei die gegenüber einer Person bestehende Erwartungshaltung, die je nach gesellschaftlicher Stellung bzw. (beruflicher) Tätigkeit unterschiedlich stark ausgeprägt sein kann. Gemessen an dieser wird seitens der Gesellschaft als Ganze oder Einzelner von dem jeweilig in der konkreten Situation Handelnden eine der Erwartungshaltung entsprechende Verhaltensweise verlangt. Sofern sich die Person dieser konform verhält, verhält sie sich ihrer Stellung angemessen und legitimiert diese dadurch entsprechend. Der Vorwurf des unwürdigen Verhaltens wird erst dort laut, wo das Gegenteil zu Tage tritt, das heißt eine Konformität von erwartetem und tatsächlich erbrachtem Verhalten in einem besonders gesteigertem Maß nicht gegeben ist. Folge dieses Widerspruchs ist dabei ein Auseinanderklaffen von Realität und Vorstellungsbild von der jeweiligen Person, das aus der Sicht eines objektiven Dritten den Vorwurf der Unwürdigkeit begründet und somit erhebliche Zweifel an der Legitimität seiner Stellung aufkommen lässt.[26]

II. „Würde" als Erwartungshaltung

Ersichtlich wird damit, dass es sich bei dem hier zu untersuchenden Begriff der (Un-)Würde eindeutig nicht um die Würde i.S.d. Art. 1 Abs. 1 GG handelt. Vielmehr wird klar, dass es sich um ein eigenes Verständnis handelt, das von der allgemeinen Menschenwürde losgelöst zu betrachten ist.[27] Dabei deuten der jeweilige Bezugspunkt der Unwürdigkeit, die mit dem Vorwurf verbundene Rechtsfolge als auch der allgemeine Sprachgebrauch darauf hin, dass es sich um eine Erwartungshaltung handelt, die die jeweilige Person erfüllen bzw. der sie entsprechen muss, um sich der jeweiligen beruflichen Tätigkeit bzw. akademischen Stellung „würdig" zu erweisen.

---

26 Im Ergebnis ebenso *Beckermann*, VerwArch 109 (2018), 117 (119) (Fußnote 23), der betont, dass der Begriff der Unwürdigkeit in den jeweiligen Teilrechtsgebieten des besonderen Verwaltungsrechts wohl nicht an die Würde des jeweils Betroffenen anknüpfe, „sondern an die Würde des auszufüllenden Amtes, der auszufüllenden Position oder Stellung, die die fragliche Person nicht auszufüllen geeignet [sei] bzw. die ihr von Außenstehenden in Reaktion auf ein bestimmtes Verhalten abgesprochen [werde]." Dabei nimmt Beckermann ebenso Bezug auf den allgemeinen Sprachgebrauch. Vgl. zudem *Kullik*, Der Entziehungsgrund Unwürdigkeit bei akademischen Graden und öffentlichen Ehrungen, S. 68, der unter Beachtung der historischen Entwicklung des Würdebegriffs und unter Beachtung der Bedeutung des allgemeinen, personalen Menschenwürdegehalts schlussfolgert, dass auch funktionale Elemente von Würde heute noch denkbar seien und im Zuge dessen anführt, dass die Ausübung bestimmter Berufe, wie bspw. die Ausübung einer anwaltlichen Tätigkeit, § 7 Nr. 5 BRAO, entsprechende würdige Verhaltensweisen fordern (können).

27 Ebenso *Kullik*, Der Entziehungsgrund Unwürdigkeit bei akademischen Graden und öffentlichen Ehrungen. S. 68, der betont, dass es sich hierbei um ein gewisses Würdeverständnis handle, das über den „Mindeststandard" der allgemeinen Menschenwürde hinausgehe.

B. Der Begriff der Unwürdigkeit im besonderen Verwaltungsrecht

Die bis dato gewonnene Erkenntnis, dass es sich bei dem Begriff der Würde generell um eine mit dem Beruf bzw. der Stellung verbundene Erwartungshaltung handelt, die die jeweilige Person erfüllen muss, um sich diesem bzw. dieser als „würdig" zu erweisen, liefert indes noch keine Aussagen darüber, wie der Begriff und die mit ihm verbundene Erwartungshaltung im jeweiligen Teilrechtsgebiet konkret zu verstehen ist. Aufschluss darüber liefert erst die zu dem Begriff ergangene Rechtsprechung. Handelt es sich doch um einen unbestimmten Rechtsbegriff, der erst durch die ihn betreffende Rechtsprechung sein maßgebliches Verständnis erfahren hat.

Sofern man also konkrete Aussagen über das Verständnis des Begriffs, den Zweck seiner Verwendung als auch den mit ihm verbundenen Vertrauensschutz erhalten will, um ausgehend davon einen konkreten Vergleichsmaßstab für das Begriffsverständnis im ärztlichen Kontext zu erhalten, bedarf es der jeweiligen Betrachtung der zu diesem Begriff ergangenen Rechtsprechung.

I. Der Begriff der Unwürdigkeit im anwaltlichen Berufsrecht, § 7 Nr. 5 BRAO

Der Begriff der Unwürdigkeit hat in § 7 Nr. 5 BRAO seine Normierung gefunden. § 7 Nr. 5 BRAO ordnet dabei an, dass die Zulassung zur Rechtsanwaltschaft zu versagen ist, wenn der Bewerber sich eines Verhaltens schuldig gemacht hat, das ihn unwürdig erscheinen lässt, den Beruf eines Rechtsanwalts auszuüben. Die Norm gilt dabei für Erst- als auch Wiederbewerber, die eine (Wieder-)Zulassung zur Rechtsanwaltschaft begehren.[28] Praktische Relevanz kommt dieser Norm vor allem für Wiederbewerber zu, die einst auf Grund eines Fehlverhaltens aus der Anwaltschaft ausgeschlossen wurden und nun die Wiederzulassung zu dieser begehren.[29]

Maßgeblich ist dabei, dass die Zulassung zum Beruf nach dieser Vorschrift von einer wesentlichen Voraussetzung abhängig ist: Die Person darf nicht als unwürdig zu qualifizieren sein.[30]

---

28 *Vogel*, Versagung, Rücknahme und Widerruf der Anwaltszulassung wegen Unwürdigkeit der Person, S. 21.

29 Vgl. dazu *Vogel*, Versagung, Rücknahme und Widerruf der Anwaltszulassung wegen Unwürdigkeit der Person, S. 32.

30 Neben dem Merkmal der Unwürdigkeit darf der Bewerber nicht die weiteren in § 7 BRAO normierten Versagungsgründe vorweisen, um die Zulassung zur

Wann jedoch dieses an die Persönlichkeit des Bewerbers anknüpfende Tatbestandsmerkmal erfüllt ist und ob eine solche subjektive Berufszulassungsbeschränkung vor der Bedeutung und Tragweite des Art. 12 Abs. 1 GG überhaupt zulässig ist, sind nicht nur Fragen, die sich bei bloßer Betrachtung des Tatbestandes der Norm stellen. Es sind auch grundlegende Fragen, die die Rechtsprechung im Laufe der Jahre wiederholt beschäftigten und grundsätzlich klärungsbedürftig sind, um zunächst ein abstraktes Verständnis über den Begriff der Unwürdigkeit und die Zulässigkeit seiner Ver- bzw. Anwendung zu erhalten.

1. *Verfassungsmäßigkeit des § 7 Nr. 5 BRAO*

Die somit relevant werdende Frage nach der hinreichenden Verfassungskonformität des § 7 Nr. 5 BRAO betrifft dabei die Vereinbarkeit des § 7 Nr. 5 BRAO mit dem im Rechtsstaatsprinzip wurzelnden Bestimmtheitsgebot[31] als auch die Vereinbarkeit mit Art. 12 Abs. 1 GG. Hinsichtlich dieser Punkte nahm das BVerfG in seiner Entscheidung aus dem Jahr 2017 erst jüngst Stellung, als es sich mittelbar mit der Verfassungskonformität des § 7 Nr. 5 BRAO als taugliche Ermächtigungsgrundlage für die Versagung der Zulassung zur Rechtsanwaltschaft zu beschäftigten hatte.[32]

a) *Vereinbarkeit mit dem Bestimmtheitsgebot, Art. 20 Abs. 3 GG*

Die Frage nach der Vereinbarkeit des § 7 Nr. 5 BRAO mit dem Bestimmtheitsgrundsatz beantwortete das Gericht mit einem kurzen Verweis auf die Entscheidung des BVerfG aus dem Jahr 1968.[33] In dieser Entscheidung hatte sich das BVerfG mit der Frage zu beschäftigten, inwieweit § 43 Abs. 1 Satz 2 BRAO eine hinreichend bestimmte Rechtsgrundlage für eine ehrengerichtliche Verurteilung darstellt.[34] Die Frage der hinreichenden Bestimmtheit stellte sich dabei auf Grund der – ebenfalls – generalklauselartigen Formulierung des § 43 Abs. 1

Rechtsanwaltschaft zu erhalten. Liegen diese als auch weitere Gründe nicht vor, besteht ein gebundener Anspruch seitens des jeweiligen Bewerbers gegenüber der jeweilig zuständigen Rechtsanwaltskammer auf Zulassung zur Rechtsanwaltschaft. Dies ergibt sich dabei schon allein aus § 6 Abs. 2 BRAO, wonach der Antrag auf Zulassung zur Rechtsanwaltschaft nur aus den in der Bundesrechtsanwaltsordnung bezeichneten Gründen abgelehnt werden darf.

31 BVerfGE 8, 274 (326).

32 BVerfG, NJW 2017, 3704 (3705).

33 BVerfG, NJW 2017, 3704 (3705).

34 BVerfGE 26, 186 (204).

Satz 2 BRAO, der von einem Anwalt im beruflichen als auch außerberuflichen Bereich stets ein „würdiges" Verhalten verlangt. Hinsichtlich dieser Norm stellte das BVerfG jedoch klar, dass diese trotz der generalklauselartigen Formulierung des „würdigen" Verhaltens verfassungsrechtlich nicht zu beanstanden sei, da sich dessen Verständnis aus der Einhaltung der berufsrechtlichen Pflichten ergebe.[35]

Bezüglich dieser berufsrechtlichen Pflichten stellte es zwar klar, dass deren ausführliche Normierung nicht möglich, gleichzeitig aber auch nicht erforderlich sei, da es sich hierbei um solche handle, „die nur den Kreis der Berufsangehörigen betreffen, sich aus der ihnen gestellten Aufgabe ergeben und daher für sie [die Berufsangehörigen] im allgemeinen leicht erkennbar [seien]."[36] Da die Norm des § 43 Abs. 1 Satz 2 BRAO somit hinreichend zum Ausdruck bringe, wie die Beziehung zwischen Berufspflicht und Berufsaufgabe zu verstehen sei, urteilte das Gericht, dass diese eine hinreichend bestimmte Rechtsgrundlage für eine ehrengerichtliche Verurteilung darstelle – und somit der Begriff des „würdigen" Verhaltens hinreichend bestimmt sei.[37]

Da seitens der Rechtsprechung hinsichtlich der Frage nach der hinreichenden Bestimmtheit des § 7 Nr. 5 BRAO auf diese Entscheidung verwiesen und zusätzlich betont wird, dass die tatbestandliche Weite der Vorschrift verfassungsrechtlich nicht zu beanstanden sei, wird damit nicht nur deutlich, dass nach Auffassung des BVerfG der in § 7 Nr. 5 BRAO normierte Versagungsgrund ebenso hinreichend klar bestimmt ist. Ersichtlich wird auch, dass die für einen Anwalt geltenden berufsrechtlichen Pflichten den hinreichenden Konkretisierungsmaßstab bilden, wenn es um die Beurteilung der Unwürdigkeit einer Person i.S.d. § 7 Nr. 5 BRAO geht.[38]

Dabei wird man unter Berücksichtigung des Wortlauts des § 7 Nr. 5 BRAO bereits hier feststellen dürfen, dass der Vorwurf der Unwürdigkeit wohl nur dort relevant wird, wo der Bewerber sich eines Verhaltens schuldig macht, auf Grund dessen dieser als eine Person erscheint, die die Tätigkeit eines Rechtsanwalts und vor allem die mit diesem Beruf zusammenhängenden Pflichten nicht einhalten wird.[39]

---

35 BVerfGE 26, 186 (204); vgl. dazu auch *Beckermann*, VerwArch 109 (2018), 117 (120); zur Bedeutung der anwaltlichen Berufspflichten als Konkretisierung der Generalklausel BVerfG, NJW 1974, 232 (233).

36 BVerfGE 26, 186 (204).

37 BVerfGE 26, 186 (204).

38 Vgl. dazu auch *Beckermann*, VerwArch 109 (2018), 117 (120).

39 Im Zuge dessen wird daher auch seitens der Literatur, wie etwa von *Vogel*, Versagung, Rücknahme und Widerruf der Anwaltszulassung wegen Unwürdigkeit der Person, S. 25 f. m.w.N. geschlussfolgert, dass der Begriff der Unwürdigkeit und somit die

b) Vereinbarkeit mit dem Grundrecht der Berufsfreiheit, Art. 12 Abs. 1 GG

Neben der Feststellung, dass § 7 Nr. 5 BRAO mit dem Bestimmtheitsgrundsatz in Einklang stehe, stellte das Gericht in seiner Entscheidung aus dem Jahr 2017 ebenfalls klar, dass § 7 Nr. 5 BRAO mit Art. 12 Abs. 1 GG vereinbar sei.[40] Diese Vereinbarkeit machte das Gericht mit einem Verweis auf die Entscheidung des BVerfG aus dem Jahr 1983[41] deutlich.[42]

In dieser Entscheidung hatte sich das Gericht mit der Frage zu beschäftigen, ob der in der Bundesrechtsanwaltsordnung vorgesehene und in der angegriffenen Entscheidung angewendete Versagungsgrund der Unwürdigkeit – Versagung der Zulassung zur Rechtsanwaltschaft wegen Unwürdigkeit – mit dem Grundrecht der Berufsfreiheit nach Art. 12 Abs. 1 GG vereinbar ist.[43] Seine verfassungsrechtlichen Wertungen hinsichtlich des Versagungsgrundes nahm das Gericht anhand der Bewertung der Versagung der Zulassung zur Rechtsanwaltschaft vor.[44] Bezüglich der Versagung der Zulassung stellte es zunächst klar, dass es sich bei diesem Handeln um einen schwerwiegenden Eingriff in die Berufswahlfreiheit des Einzelnen handle, ehe es sich daran anschließend den allgemeinen im „Apotheker-Urteil“ entwickelten Grundsätzen[45] widmete, nach denen ein Eingriff in die Berufswahlfreiheit des Einzelnen zulässig sei.[46] Unter Beachtung der im sogenannten „Apotheker-Urteil“ entwickelten Grundsätze stellte es dabei fest, dass diese Eingriffe nur zum Schutz eines besonders wichtigen Gemeinschaftsguts und unter Beachtung des Verhältnismäßigkeitsgebots zulässig seien.[47] Die Bundesrechtsanwaltsordnung aber diesen Anforderungen genüge, „wenn sie in der [für die Versagung der Zulassung wegen Unwürdigkeit] maßgeblichen Vorschrift des § 7 Nr. 5 die Zulassung zur Anwaltschaft davon abhängig [mache], daß sich der Bewerber nicht ‚eines Verhaltens schuldig gemacht hat, das ihn unwürdig erscheinen läßt, den Beruf eines Rechtsanwalts

---

Generalklausel des § 7 Nr. 5 BRAO an sich schon eine natürliche Begrenzung erfahre, die eine weite Interpretation des Versagungsgrundes und somit der Norm an sich ausschließe.

40 BVerfG, NJW 2017, 3704 (3705).

41 BVerfGE 63, 266 ff.

42 BVerfG, NJW 2017, 3704 (3705).

43 BVerfGE 63, 266 (286).

44 BVerfGE 63, 266 (286 f.).

45 BVerfGE 7, 377 (405 ff.); siehe dazu auch S. 83 ff.

46 BVerfGE 63, 266 (286 f.).

47 BVerfGE 63, 266 (286 f).

auszuüben.'"[48] Handle es sich doch bei dem Versagungsgrund der Unwürdigkeit um eine subjektive Zulassungsvoraussetzung, die mit der hohen Bedeutung der Rechtsanwaltschaft für die Rechtspflege und der damit verbundenen herausgehobenen (Rechts-)Stellung zu rechtfertigen sei.[49]

Mit diesem Verweis wird nicht nur deutlich, warum die Normierung einer subjektiven Zulassungsbeschränkung in Form des Versagungsgrundes der Unwürdigkeit in § 7 Nr. 5 BRAO verfassungsrechtlich nicht zu beanstanden ist. Deutlich wird auch, dass die Versagung der Zulassung zur Rechtsanwaltschaft wegen Unwürdigkeit und somit die konkrete Anwendung des Begriffs vor der Bedeutung und Tragweite des Art. 12 Abs. 1 GG zulässig ist. Handelt es sich doch bei der Versagung der Zulassung zur Rechtsanwaltschaft wegen Unwürdigkeit um ein belastendes staatliches Handeln, das jedoch zum Schutz der hohen Bedeutung der Rechtsanwaltschaft für die Rechtspflege erfolgt.

Seitens des BVerfG wird jedoch betont, dass angesichts der tatbestandlichen Weite des Begriffs dieser nicht völlig uferlos angewendet werden könne.[50] Vielmehr sei die Vorschrift des § 7 Nr. 5 BRAO – und somit der Begriff der Unwürdigkeit selbst – stets im Lichte des Grundrechts auszulegen.[51] Diese Auslegung habe dabei vor der Bedeutung und Tragweite des Art. 12 Abs. 1 GG insoweit zu erfolgen, dass nicht jedes Fehlverhalten den Vorwurf der Unwürdigkeit begründen könne.[52] Vor allem nicht ein solches, das lediglich im beruflichen Bereich oder gesellschaftlichen Umfeld auf Missfallen stoße.[53] Vielmehr sei zu fordern, dass nur ein solches Verhalten den Vorwurf der Unwürdigkeit begründen könne, das auch geeignet sei, „das Vertrauen in die Integrität der Rechtsanwaltschaft im Interesse einer funktionierenden Rechtspflege zu beeinträchtigen."[54]

2. Allgemeine Beurteilungsgrundlagen der Praxis

Gemessen an diesen verfassungsrechtlichen Erwägungen und Einschränkungen wird zunächst ersichtlich, dass es sich bei dem Begriff der Unwürdigkeit um eine persönliche Zulassungsvoraussetzung handelt, die der jeweilige Bewerber

48 BVerfGE 63, 266 (287).
49 BVerfGE 63, 266 (287).
50 BVerfG, NJW 2017, 3704 (3705); BVerfGE 63, 266 (288 f.).
51 BVerfG, NJW 2017, 3704 (3705); BVerfGE 63, 266 (288 f.).
52 BVerfG, NJW 2017, 3704 (3705).
53 BVerfG, NJW 2017, 3704 (3705) mit Verweis auf *Schmidt-Räntsch*, in: Gaier/Wolf/Göcken, Anwaltliches Berufsrecht, 3. Aufl. 2020, § 7 BRAO Rn. 33.
54 BVerfG, NJW 2017, 3704 (3705).

u.a. vorweisen muss, um die Zulassung zur Rechtsanwaltschaft zu erlangen. Liegt diese Voraussetzung nicht vor, wird der Bewerber zur Rechtsanwaltschaft nicht zugelassen, § 7 Nr. 5 BRAO. Der mit seiner Ver- bzw. Anwendung verfolgte Zweck ist – so wird es aus der Entscheidung des BVerfG ersichtlich –, die Funktionsfähigkeit der Rechtsanwaltschaft zu gewährleisten, die angesichts ihrer besonderen Bedeutung für die Rechtspflege ein besonders wichtiges und somit schutzwürdiges Gemeinschaftsgut darstellt.[55] Deutlich wird jedoch auch, dass der mit dem Begriff verfolgte Zweck vor der Bedeutung und Tragweite des Grundrechts der Berufswahlfreiheit nach Art. 12 Abs. 1 GG nicht grenzenlos gewährleistet werden kann. Vielmehr ist der Begriff im Sinne dieses Grundrechts insoweit auszulegen, dass dieses seine größtmögliche Geltung beanspruchen kann. Dies hat dabei nach verfassungsrechtlicher Rechtsprechung insofern zu erfolgen, dass nur solche Fehlverhaltensweisen den Vorwurf der Unwürdigkeit begründen können, die das Vertrauen in die Integrität der Rechtsanwaltschaft im Sinne einer funktionierenden Rechtspflege beeinträchtigen.

Wie dieses Fehlverhalten jedoch konkret beschaffen sein muss, damit der Vorwurf der Unwürdigkeit rechtmäßig erhoben und die mit ihm verbundene Rechtsfolge – die Versagung der Zulassung – erfolgen darf, gibt die verfassungsrechtliche Rechtsprechung nicht her. Aufschluss darüber gibt erst die zum Begriff ergangene verwaltungsrechtliche Rechtsprechung, die im Laufe der Zeit neben konkreten Verhaltensweisen auch bestimmte Maßstäbe hinsichtlich des Versagungsgrundes der Unwürdigkeit herausgearbeitet hat.

a) Definition

Zu den wesentlichen Maßstäben zählt vor allem eine Definition, die den Begriff der Unwürdigkeit näher umschreibt:[56]

Nach dieser erweist sich ein Bewerber zur Ausübung des anwaltlichen Berufs unwürdig, wenn er „ein Verhalten gezeigt hat, das ihn bei Abwägung dieses Verhaltens und aller erheblichen Umstände – wie Zeitablauf und zwischenzeitlicher Führung – nach seiner Gesamtpersönlichkeit für den Anwaltsberuf (noch) nicht tragbar erscheinen lässt."[57] Dies ist vor allem dann der Fall, wenn nach wertender Betrachtung „im Interesse der Rechtssuchenden nicht verantwortet werden

---

55 BVerfG, NJW 2017, 3704 (3705).

56 *Vogel*, Versagung, Rücknahme und Widerruf der Anwaltszulassung wegen Unwürdigkeit der Person, S. 26.

57 BGH, NJW 1994, 1730 (1730); BGH, NJW-RR 1999, 1219 (1219); siehe dazu auch *Vossebürger*, in: Feuerich/Weyland, BRAO, 10. Aufl. 2020, § 7 BRAO Rn.36 m.w.Rspr. -N.

kann, ihm die Stellung eines berufenen unabhängigen Beraters und Vertreters in allen Rechtsangelegenheiten (§ 3 Abs. 1 BRAO) einzuräumen,"[58] oder andere wichtige Belange der Rechtspflege durch seine Zulassung drohen gefährdet zu werden.[59]

b) *Straftaten als Kernbereich der Konkretisierung des Unwürdigkeitsbegriffs*

Anlass an dieser persönlichen Tauglichkeit zu zweifeln, begründen nach ständiger Rechtsprechung dabei vor allem Fehlverhaltensweisen, wegen derer der (Wieder-)Bewerber strafrechtlich verurteilt worden ist.[60] Den Hauptanwendungsfall der strafrechtlich relevanten Fehlverhaltensweisen stellen dabei Verurteilungen wegen vorsätzlich begangenen berufsbezogenen Verfehlungen dar; also solche, die ein einst zugelassener Rechtsanwalt bei der Ausübung seiner beruflichen Tätigkeit begangen hat.[61] Zu diesen zählen zum einen Delikte, die sich gegen ein Rechtsgut richten, das gerade im Zusammenhang mit den Interessen der Rechtssuchenden von erheblicher Bedeutung ist.[62] Zum anderen Fehlverhaltensweisen, die eine besondere Missachtung der Rechtspflege zum Ausdruck bringen.[63]

Besondere Relevanz kommt diesen delinquenten Verhaltensweisen vor allem in Bezug auf die Beurteilung der Unwürdigkeit eines Wiederbewerbers zu. Hat doch dieser mit einem solchen Verhalten seine gewisse Einstellung zur Stellung

---

58 BGHZ 77, 331 (332).

59 BGHZ 77, 331 (332).

60 *Vogel*, Versagung, Rücknahme und Widerruf der Anwaltszulassung wegen Unwürdigkeit der Person, S. 30 f.

61 *Schmidt-Räntsch*, in: Gaier/Wolf/Göcken, Anwaltliches Berufsrecht, 3. Aufl. 2020, § 7 BRAO Rn. 35; *Henssler*, in: Henssler/Prütting, BRAO, 5. Aufl. 2019, § 7 Rn. 51.

62 Bspw. §§ 253, 259, 263 StGB, aber auch § 266 StGB. Dazu im Detail *Henssler*, in: Henssler/Prütting, BRAO, 5. Aufl. 2019, § 7 Rn. 51 m.w.N.; *Schmidt-Räntsch*, in: Gaier/Wolf/Göcken, Anwaltliches Berufsrecht, 3. Aufl. 2020, § 7 BRAO Rn. 35 und *Vogel*, Versagung, Rücknahme und Widerruf der Anwaltszulassung wegen Unwürdigkeit der Person, S. 30 f.

63 Bspw. Aussagedelikte nach §§ 153 ff. StGB; dazu im Detail *Henssler*, in: Henssler/Prütting, BRAO, 5. Aufl. 2019, § 7 Rn. 51 m.w.N.; *Schmidt-Räntsch*, in: Gaier/Wolf/Göcken, Anwaltliches Berufsrecht, 3. Aufl. 2020, § 7 BRAO Rn. 35 und *Vogel*, Versagung, Rücknahme und Widerruf der Anwaltszulassung wegen Unwürdigkeit der Person, S. 31 f.

eines Rechtsanwalts und der Einhaltung der ihn treffenden Berufspflichten unter Beweis gestellt.[64]

Seitens der Rechtsprechung wird jedoch betont, dass sich das Feld der strafrechtlich relevanten Verfehlungen keinesfalls nur auf solche Fehlverhaltensweisen beziehen muss, die sich ausschließlich im beruflichen Bereich unter Missachtung der dem Anwalt eingeräumten Stellung ereignet haben. Auch außerberufliche Fehlverhaltensweisen können Zweifel begründen, ob der (Wieder-)Bewerber den ihn als Anwalt treffenden Pflichten gerecht werden wird.[65] Nach der Rechtsprechung begründen dabei insbesondere solche Verhaltensweisen den Vorwurf der Unwürdigkeit, die dem (Wieder-)Bewerber ein massiv gestörtes Verhältnis zu Recht und Gesetz bescheinigen.[66] Angesichts der Bedeutung und Tragweite des Grundrechts des Art. 12 Abs. 1 GG ist man sich jedoch einig, dass nicht jedes – vor allem außerberufliches – Fehlverhalten den Vorwurf der Unwürdigkeit begründen kann. Seitens der Literatur[67], aber auch seitens der Rechtsprechung[68], wird daher betont, dass zumindest solche Fehlverhaltensweisen nicht den Vorwurf der Unwürdigkeit begründen können, die in der Gesellschaft mehr oder weniger stark auf sittliche oder ehrenhafte Anstößigkeit stoßen.[69]

---

64 *Vogel*, Versagung, Rücknahme und Widerruf der Anwaltszulassung wegen Unwürdigkeit der Person, S. 31 f.; *Schmidt-Räntsch*, in: Gaier/Wolf/Göcken, Anwaltliches Berufsrecht, 3. Aufl. 2020, § 7 BRAO Rn. 35.

65 So *Henssler*, in: Henssler/Prütting, BRAO, 5. Aufl. 2019, § 7 Rn. 49, der zwischen beruflichen und außerberuflichen Fehlverhalten differenziert; siehe dazu auch *Vogel*, Versagung, Rücknahme und Widerruf der Anwaltszulassung wegen Unwürdigkeit der Person, S. 33, der dies ebenfalls vornimmt und *Schmidt-Räntsch*, in: Gaier/Wolf/Göcken, Anwaltliches Berufsrecht, 3. Aufl. 2020, § 7 BRAO Rn. 36.

66 *Henssler*, in: Henssler/Prütting, BRAO, 5. Aufl. 2019, § 7 Rn. 52; *Vogel*, Versagung, Rücknahme und Widerruf der Anwaltszulassung wegen Unwürdigkeit der Person, S. 32 f.

67 *Schmidt-Räntsch*, in: Gaier/Wolf/Göcken, Anwaltliches Berufsrecht, § 7 BRAO Rn. 41, 33; dazu ebenfalls deutlich *Kleine-Cosack* in: Kleine-Cosack, BRAO, 7. Aufl. 2015, § 7 Rn. 21, der betont, dass die Rechtsanwaltskammern und die Anwaltsgerichte diese einschränkende Auslegung und damit den verfassungsrechtlichen Maßstab nicht selten verfehlen, indem an tradierten Vorstellungen vom Rechtsanwalt festgehalten werde und dieses Verhalten als schlichten „Grundrechtsleerlauf“ brandmarkt; kritisch dazu auch *Jessnitzer/Blumberg*, in: Jessnitzer/Blumberg, BRAO, 9. Aufl. 2000, § 7 Rn. 7.

68 BVerfG, NJW 2017, 3704 (3705) mit Verweis auf *Schmidt-Räntsch*, in: Gaier/Wolf/Göcken, Anwaltliches Berufsrecht, 3. Aufl. 2020, § 7 BRAO Rn. 33, 41.

69 *Schmidt-Räntsch*, in: Gaier/Wolf/Göcken, Anwaltliches Berufsrecht, 3. Aufl. 2020, § 7 BRAO Rn. 33.

c) Rechtlicher Zusammenhang

Im Zuge dessen wird daher auch von Teilen der Literatur als weiteres Einschränkungskriterium verlangt, dass das jeweilig strafrechtlich relevante Fehlverhalten in einem rechtlichen Zusammenhang zur beruflichen Tätigkeit eines Anwalts stehen muss.[70] Dieser zu fordernde Zusammenhang beruht dabei auf der Erwägung, dass ein Verhalten zumindest dann nicht zu beanstanden sei – und somit den Vorwurf der Unwürdigkeit begründen könne –, wenn es keine berufsrechtliche Relevanz entfalte und somit keine Gefahr (für die Belange) der Rechtspflege darstelle.[71]

d) Berücksichtigung der Umstände des Einzelfalls

Aus dem bloßen strafrechtlichen Fehlverhalten allein darf jedoch nicht der Schluss gezogen werden, dass der jeweilige Bewerber unwürdig ist, den Beruf eines Rechtsanwalts auszuüben.[72] Dies würde dem Grundrecht der Berufsfreiheit unter Beachtung der vom BVerfG geforderten Auslegung des Begriffs im Lichte des Art. 12 Abs. 1 GG nicht gerecht werden[73] – selbst dann nicht, wenn seitens der Gerichte und zuständigen Rechtsanwaltskammern ausschließlich auf ein solches Fehlverhalten abgestellt werden würde, das in einem gewissen Zusammenhang zur beruflichen Tätigkeit steht. Wie die Definition des Unwürdigkeitsbegriffs selbst aufzeigt, müssen vielmehr im Rahmen einer Gesamtbeurteilung alle für den Vorwurf der Unwürdigkeit maßgeblichen Kriterien, wie sie zum Zeitpunkt der Entscheidung über die Versagung vorliegen, gegeneinander abgewogen werden.[74]

Die Kriterien, die für die Persönlichkeitsbewertung herangezogen werden, sind neben dem Zeitraum eines längeren Wohlverhaltens auch die Art, Schwere,

---

70 *Henssler*, in: Henssler/Prütting, BRAO, 5. Aufl. 2019, § 7 Rn. 41; *Vossebürger*, in: Feuerich/Weyland, BRAO, 10. Aufl. 2020, § 7 BRAO Rn. 36a.

71 *Vossebürger*, in: Feuerich/Weyland, BRAO, 10. Aufl. 2020, § 7 BRAO Rn. 36a; *Henssler*, in: Henssler/Prütting, BRAO, 5. Aufl. 2019, § 7 Rn. 41; *Kleine-Cosack*, in: Kleine-Cosack, BRAO, 7. Aufl. 2015, § 7 Rn. 18.

72 Vgl. BGH, Urt. v. 10.10.2011 – AnwZ (Brfg) 10/10, Rn. 11 ff. – juris; BGH, Beschl. v. 10.05.2010 – AnwZ (B) 117/09, Rn. 4 ff. – juris; *Kleine-Cosack*, in: Kleine-Cosack, BRAO, 7. Aufl. 2015, § 7 Rn. 12.

73 So auch *Kleine-Cosack*, in: Kleine-Cosack, BRAO, 7. Aufl. 2015, § 7 Rn. 12, 22.

74 *Henssler*, in: Henssler/Prütting, BRAO, 5. Aufl. 2019, § 7 Rn. 40, 42; *Kleine-Cosack*, in: Kleine-Cosack, BRAO, 7. Aufl. 2015, § 7 Rn. 12; *Vogel*, Versagung, Rücknahme und Widerruf der Anwaltszulassung wegen Unwürdigkeit der Person, S. 52; *Vossebürger*, in: Feuerich/Weyland, BRAO, 10. Aufl. 2020, § 7 BRAO Rn. 37 ff.

Dauer und Häufigkeit der tatbestandsmäßigen Handlung sowie der Grund der Begehung.[75] Vor allem einem längeren zwischenzeitlichen Wohlverhalten zwischen Tat und Antragstellung zur (Wieder-)Zulassung wird bei der Beurteilung der Gesamtpersönlichkeit eines Bewerbers, insbesondere Wiederbewerbers, Bedeutung zugemessen.[76] Denn auch ein schwerwiegendes, strafrechtlich relevantes Fehlverhalten, das bspw. einem einst zugelassenen Rechtsanwalt seine Zulassung gekostet hat, kann nicht so lange wirken, dass er für immer aus der Rechtsanwaltschaft ausgeschlossen wird.[77] Vielmehr muss stets das Interesse des jeweiligen Bewerbers an der beruflichen und sozialen (Wieder-)Eingliederung mit dem entgegenstehenden Interesse der Öffentlichkeit an der Funktionsfähigkeit der Rechtsanwaltschaft gegeneinander abgewogen werden.[78]

---

75 BGH, Beschl. v. 19.02.2020 – AnwZ (Brfg) 66/19, Rn. 7 – juris; *Henssler*, in: Henssler/Prütting, BRAO, 5. Aufl. 2019, § 7 Rn. 40, 42 ff.; *Jessnitzer/Blumberg*, in: Jessnitzer/Blumberg, BRAO, 9. Aufl. 2000, § 7 Rn. 6; *Vossebürger*, in: Feuerich/Weyland, BRAO, 10. Aufl. 2020, § 7 BRAO, Rn. 37 ff.; dazu ausführlich im Detail *Vogel*, Versagung, Rücknahme und Widerruf der Anwaltszulassung wegen Unwürdigkeit der Person, S. 52-58.

76 *Vogel*, Versagung, Rücknahme und Widerruf der Anwaltszulassung wegen Unwürdigkeit der Person, S. 52 f.; vgl. dazu auch *Vossebürger*, in: Feuerich/Weyland, BRAO, 10. Aufl. 2020, § 7 BRAO Rn. 39 f.

77 Dazu deutlich BVerfG, NJW 1984, 2341 (2343); *Schmidt-Räntsch*, in: Gaier/Wolf/Göcken, Anwaltliches Berufsrecht, 3. Aufl. 2020, § 7 BRAO Rn. 45; *Vogel*, Versagung, Rücknahme und Widerruf der Anwaltszulassung wegen Unwürdigkeit der Person, S. 52.

78 BVerfG, NJW 2017, 3704 (3706), BVerfG, NJW 1984, 2341 (2343); siehe dazu auch *Vogel*, Versagung, Rücknahme und Widerruf der Anwaltszulassung wegen Unwürdigkeit der Person, S. 52 f.; *Vossebürger*, in: Feuerich/Weyland, BRAO, 10. Aufl. 2020, § 7 BRAO Rn. 42 und *Schmidt-Räntsch*, in: Gaier/Wolf/Göcken, Anwaltliches Berufsrecht, 3. Aufl. 2020, § 7 BRAO Rn. 46. *Vogel*, Versagung, Rücknahme und Widerruf der Anwaltszulassung wegen Unwürdigkeit der Person, S. 28, 52 f. führt jedoch hinsichtlich des öffentlichen Interesses an, dass dieses darauf ausgerichtet sei, den Anwaltsstand reinzuhalten. Hinsichtlich dieses Interesses ist jedoch, wie die Entscheidung des BVerfG, NJW 1984, 2341 (2343) deutlich macht, anzuführen, dass dieses nicht so weit geht, dass man das bloße Ansehen wahrt und somit alle Personen ausschließt, die nicht eine in jeder Hinsicht integre Lebensweise vorweisen. Im Zuge des Grundrechts der Berufsfreiheit ist dieses öffentliche Interesse vielmehr nur insoweit zu verstehen, dass sich dieses ausschließlich auf eine funktionsfähige Rechtsanwaltschaft bezieht, die – wie später noch deutlich werden wird – ausschließlich auf zuverlässig arbeitende Rechtsanwälte angewiesen ist.

Erst wenn unter Gesamtberücksichtigung dieser Belange seitens der jeweilig zuständigen Rechtsanwaltskammer festzustellen ist, dass der Bewerber offenbar nicht die Persönlichkeit besitzt, die mit seiner Zulassung treffende Stellung eines berufenen unabhängigen Beraters und Vertreters seines Mandanten in allen Rechtsangelegenheiten einzunehmen, ist der Antrag auf Zulassung zur Rechtsanwaltschaft wegen Unwürdigkeit zu versagen.[79]

3. *Verständnis des Unwürdigkeitsbegriffs*

Unter Berücksichtigung der im Einzelfall stets zu beachtenden verfassungsrechtlichen Erwägungen und der sich in der Rechtsprechung herausgebildeten Definitionen und Fälle lassen sich allgemeine Schlüsse auf das Verständnis des Unwürdigkeitsbegriffs im anwaltlichen Berufsrecht ziehen.

Zunächst ist dabei abschließend festzustellen, dass der Begriff der Unwürdigkeit als subjektive Berufszulassungsbeschränkung verwendet wird. Legitimes Ziel seiner Verwendung ist es, eine gewisse Form von Integrität der Rechtsanwaltschaft zu wahren, der es wiederum bedarf, um die Funktionsfähigkeit der Rechtsanwaltschaft zu gewährleisten. Personen, die diese Integrität nicht vorweisen und somit das Merkmal der Unwürdigkeit erfüllen, werden aus der Rechtsanwaltschaft ausgeschlossen (§ 7 Nr. 5 BRAO), um die Funktionsfähigkeit zu erhalten. Hinsichtlich der zu fordernden Integrität wird jedoch nicht verlangt, dass diese derart ausgestaltet ist, dass ein Bewerber eine gewisse Tadellosigkeit in jeder Lebenssituation vorweisen muss. Dies würde dem Grundrecht der Berufswahlfreiheit, in dessen Lichte der Begriff auszulegen ist, ohnehin zuwiderlaufen; geht es doch mit dem Begriff der Unwürdigkeit nicht darum, das Ansehen der Rechtsanwaltschaft bzw. dessen Reinhaltung, sondern ausschließlich dessen Funktionsfähigkeit zu sichern.[80] Vielmehr wird von einem Bewerber eine

79 *Jessnitzer/Blumberg*, BRAO, 9. Aufl. 2000, § 7 Rn. 6; *Henssler*, in: Henssler/Prütting, BRAO, 5. Aufl. 2019, § 7 Rn. 35.

80 BVerfG, NJW 2017, 3704 (2705) mit Verweis auf *Schmidt-Räntsch*, in: Gaier/Wolf/Göcken, Anwaltliches Berufsrecht, 3. Aufl. 2020, § 7 BRAO Rn. 33. Vgl. dazu auch *Kleine-Cosack*, in: Kleine-Cosack, BRAO, 7. Aufl. 2015, § 7 Rn. 21, der kritisch anmerkt, dass vor allem die ältere Rechtsprechung diese einschränkende Auslegung und somit den verfassungsrechtlichen Maßstab nicht selten verfehlen, indem an tradierten Vorstellungen vom Rechtsanwalt festgehalten werde und dieses Verhalten als schlichten „Grundrechtsleerlauf" brandmarkt. Kritisch dazu ebenfalls BVerfG, NJW 1984, 2341 (2343), dass deutlich macht, dass der mit Versagung verbundene Schutz der Rechtsanwaltschaft nicht so weit zu verstehen sei, dass es darum geht, den Anwaltsstand reinzuhalten und somit allen Personen den Zugang – auch lebenslang – zu verwehren, die

Persönlichkeit gefordert, die keinerlei Zweifel daran begründet, dass er die von ihm vorzunehmende anwaltliche Tätigkeit ordnungsgemäß ausüben wird. Dies zeigt bereits die zum Begriff bestehende Definition auf.

Aus dieser wird ersichtlich, dass es darum geht, nur solche Personen zur Rechtsanwaltschaft zuzulassen, die auf Grund ihrer Gesamtpersönlichkeit keine Zweifel daran begründen, die Stellung eines berufenen unabhängigen Beraters und Vertreters in allen Rechtsangelegenheiten (§ 3 Abs. 1 BRAO) einzunehmen und auch sonst keine Gefahr begründen, die Rechtspflege in sonstiger Hinsicht zu beeinträchtigen. Zweifel an dieser Tauglichkeit lösen dabei jedoch nicht jegliche Fehlverhaltensweisen aus, sondern nur solche, die in einem gewissen Zusammenhang zur beruflichen Tätigkeit stehen und einen gewissen Rückschluss auf die jeweilige Tätigkeitsausübung zulassen. Dies gilt insbesondere für solche, mit denen der Bewerber bereits einmal unter Beweis gestellt hat, dass er die einen Anwalt treffenden Regelungen und Verpflichtungen nicht einhält.

Zu nennen sind hier vor allem strafrechtlich relevante Verhaltensweisen eines einst zugelassenen Anwalts, die sich zum einen gegen Rechtsgüter richten, die gerade im Zusammenhang mit den Interessen der Rechtssuchenden von erheblicher Bedeutung sind[81] – etwa die Veruntreuung von Mandantengeldern.[82] Zum anderen Fehlverhaltensweisen, die eine besondere Missachtung der Rechtspflege zum Ausdruck bringen[83] – etwa die Begehung von Aussagedelikten.[84] Dass diese Fehlverhaltensweisen nach Auffassung der Rechtsprechung dabei grundsätzliche

---

sich eines strafrechtlich relevanten Fehlverhaltens schuldig gemacht haben und damit das Ansehen der Anwaltschaft im Fall ihrer Wiederaufnahme beeinträchtigen könnten. Im Zuge des Grundrechts der Berufsfreiheit sei das durch die Versagung geschützte öffentliche Interesse vielmehr nur soweit zu verstehen, dass sich dieses ausschließlich auf eine funktionsfähige Rechtsanwaltschaft beziehe.

81 Bspw. §§ 253, 259, 263 StGB, aber auch § 266 StGB. Siehe dazu im Detail m.w.N. *Henssler*, in: Henssler/Prütting, BRAO, 5. Aufl. 2019, § 7 Rn. 51; *Schmidt-Räntsch*, in: Gaier/Wolf/Göcken, Anwaltliches Berufsrecht, 3. Aufl. 2020, § 7 BRAO Rn. 35 und *Vogel*, Versagung, Rücknahme und Widerruf der Anwaltszulassung wegen Unwürdigkeit der Person, S. 30 f.

82 In Bezug auf eine strafrechtliche Verurteilung wegen Untreue BGH Beschl. v. 18.12.2020 – AnwZ (Brfg) 27/20, Rn. 9 ff. – juris.

83 Bspw. §§ 153 ff. StGB; dazu im Detail *Henssler*, in: Henssler/Prütting, BRAO, 5. Aufl. 2019, § 7 Rn. 51 m.w.N.; *Schmidt-Räntsch*, in: Gaier/Wolf/Göcken, Anwaltliches Berufsrecht, 3. Aufl. 2020, § 7 BRAO Rn. 35 und *Vogel*, Versagung, Rücknahme und Widerruf der Anwaltszulassung wegen Unwürdigkeit der Person, S. 31 f.

84 *Vogel*, Versagung, Rücknahme und Widerruf der Anwaltszulassung wegen Unwürdigkeit der Person, S. 31 f.

Zweifel an der Persönlichkeit und Bereitschaft eines Anwalts aufkommen lassen, vertrauter Vertreter seines Mandanten zu sein, scheint nachvollziehbar. Gerade dann, wenn man sich vergegenwärtigt, dass die Betreuung fremder Gelder eine wesentliche Aufgabe eines Rechtsanwalts gegenüber seinen Mandanten darstellt, auf dessen gewissenhafte Wahrnehmung sie sich schon deshalb verlassen können müssen, da sie im jeweiligen Einzelfall keinen genauen Überblick über diese haben werden.[85] Gleiches wird dabei zweifelsohne für Verhaltensweisen gelten, die die Arbeit eines Rechtsanwalts als eigenständiges Organ der Rechtspflege mit anderen Organen der Rechtspflege betreffen, begründen doch in der Vergangenheit liegende Aussagedelikte die grundlegende Besorgnis an der Tauglichkeit als auch dem Willen eines (Wieder-)Bewerbers, sich der Rechtspflege konform zu verhalten. Durch dieses Verhalten hat er bereits einmal unter Beweis gestellt, dass er die mit seiner Stellung verbundene Erwartung als Organ der Rechtspflege, der Wahrheitsfindung nicht im Wege zu stehen und somit die Funktionsfähigkeit der Rechtspflege nicht zu beeinträchtigen, enttäuscht.[86]

Damit wird abschließend nicht nur deutlich, dass der Vorwurf der Unwürdigkeit vor der Bedeutung und Tragweite des Art. 12 Abs. 1 GG nur dann erhoben werden darf, wenn Bewerber auf Grund des in der Vergangenheit liegenden Verhaltens den Eindruck erwecken, dass sie in Zukunft, gemessen an der Arbeit mit Recht und Gesetz,[87] nicht die Gewähr dafür bieten werden, ihre an den berufsrechtlichen Pflichten[88] orientierende Tätigkeit ordnungsgemäß auszuüben. Deutlich wird auch, dass der Zweck dieses Versagungsgrundes darin liegt, nur solche Personen zur Rechtsanwaltschaft zuzulassen, die Gewähr dafür bieten, eine ordnungsgemäße Tätigkeitsausübung auszuführen und somit ein tauglicher Vertreter eines Mandanten in allen Rechtsangelegenheiten zu sein. Braucht es doch offenbar nur ordnungsgemäß arbeitende Rechtsanwälte, um die Funktionsfähigkeit der Rechtsanwaltschaft zu wahren.[89]

---

85 In diese Richtung ebenfalls argumentierend *Vogel*, Versagung, Rücknahme und Widerruf der Anwaltszulassung wegen Unwürdigkeit der Person, S. 30 f., 57.

86 Ebenso *Vogel*, Versagung, Rücknahme und Widerruf der Anwaltszulassung wegen Unwürdigkeit der Person, S. 32.

87 *Henssler*, in: Henssler/Prütting, BRAO, 19. Aufl. 2019, § 7 Rn. 52.

88 BVerfGE 26, 186 (204).

89 In diese Richtung deutlich argumentierend *Schmidt-Räntsch*, in: Gaier/Wolf/Göcken, Anwaltliches Berufsrecht, 3. Aufl. 2020, § 7 BRAO Rn. 33, wenn er betont, dass es ausschließlich „zuverlässig" arbeitender Rechtsanwälte für die Funktionsfähigkeit der Rechtspflege bedürfe, da nur so den Rechtssuchenden die Möglichkeit gegeben werden könne, eine vertrauenswürdige Rechtsberatung und Vertretung in Rechtsstreitigkeiten

4. *Die mit dem Begriff verbundene Erwartungshaltung*

Unter Berücksichtigung dieser Ausführungen wird man dabei auf die mit dem Begriff verbundene Erwartungshaltung folgern dürfen, dass diese lediglich darauf ausgerichtet ist, dass ein Bewerber Gewähr für eine ordnungsgemäße Tätigkeitsausübung aufweisen muss. Personen, die auf Grund der Gesamtbeurteilung ihrer Persönlichkeit für eine ordnungsgemäße Tätigkeitsausübung keine Gewähr bieten, begründen somit den Vorwurf der Unwürdigkeit i.S.d. § 7 Nr. 5 BRAO.[90]

II. Der Begriff der Unwürdigkeit im Hochschulrecht

Dass der Begriff der Unwürdigkeit hinsichtlich seiner Verwendung im besonderen Verwaltungsrecht keinesfalls auf den Stand der freien Berufe begrenzt ist,[91] zeigt nicht nur die zu Beginn der Arbeit vorgenommene Aufzählung von Rechtsgebieten, in denen der Begriff vorzufinden ist.[92] Deutlich wird dies auch durch die einzelnen Hochschulgesetze[93] und die sie konkretisierenden Promotionsordnungen, in denen der Begriff seine Festsetzung gefunden hat.

Vor allem in jüngster Zeit war das Tatbestandsmerkmal relevant, wenn es in der wissenschaftlichen Diskussion[94] als auch Rechtsprechung[95] um die Ahndung

---

zu erlangen und Gerichte nur so in die Lage versetzt werden könnten, zielgerichtete und zweckmäßige Rechtsstreite auszutragen; wohl ebenso BVerfG, NJW 2017, 3704 (2705), das hinsichtlich der verfassungskonformen Auslegung des Unwürdigkeitsbegriffs im Lichte des Art. 12 Abs. 1 GG auf *Schmidt-Räntsch*, in: Gaier/Wolf/Göcken, Anwaltliches Berufsrecht, 3. Aufl. 2020, § 7 BRAO Rn. 33 Bezug nimmt; vgl. auch *Kleine-Cosack*, in: Kleine-Cosack, BRAO, 7. Aufl. 2015, § 7 Rn. 14, der betont, dass der Vorwurf der Unwürdigkeit vor allem dann erhoben werden könne, wenn sich der Bewerber durch eine Straftat als so unzuverlässig erwiesen habe, dass es im Interesse des Rechtssuchenden nicht verantwortet werden könne, ihm die Stellung eines berufenen und unabhängigen Vertreters in allen Rechtsangelegenheiten einzuräumen.

90 Zum gleichen Ergebnis kommend *Schmidt-Räntsch*, in: Gaier/Wolf/Göcken, Anwaltliches Berufsrecht, 3. Aufl. 2020, § 7 BRAO Rn. 33; *Kleine-Cosack*, in: Kleine-Cosack, BRAO, 7. Aufl. 2015, § 7 Rn. 14; vgl. ferner Beckermann, VerwArch 109 (2018), 117 (122).

91 So aber *Kleine-Cosack*, NJW 2004, 2473 (2473).

92 Ebenso *Beckermann*, VerwArch 109 (2018), 117 (119).

93 Art. 69 Satz 1 BayHSchG; § 34 Abs. 7 Nr. 2, 3 BerlHG; § 31 Abs. 7 Satz 6 HG RP; § 21 Satz 1 Nr. 2, 3 HSG LSA; § 53 Abs. 2 Satz 1 ThürHG.

94 *von Bargen*, JZ 2017, 726 (728); *Gärditz*, WissR 2014, 119 (122 ff.); *Stumpf*, JöR 61 n.F. (2013), 329 (375 ff.); *Lorenz*, DVBl. 2005, 1242 ff.

95 Jüngst BVerwG, NVwZ 2013, 1614 ff.

wissenschaftlichen Fehlverhaltens in Form des Widerrufs des Doktorgrades ging.[96] Anders als man jedoch zunächst vermuten mag, ging es dabei nicht um die Ahndung eines wissenschaftlichen Fehlverhaltens in Bezug auf das Erstellen einer Dissertation an sich, sondern um wissenschaftliche Betätigungen, die im Anschluss an den Erhalt der Doktorwürde unter Verstoß gegen die Regeln der guten wissenschaftlichen Praxis begangen wurden.[97] In diesen Verhaltensweisen erblickt vor allem die jüngste Rechtsprechung ein schwerwiegendes Verhalten, das geeignet erscheint, den Vorwurf der Unwürdigkeit zu begründen und die einst rechtmäßig erteilte Doktorwürde wieder zu entziehen.[98]

Dass es sich hierbei jedoch erst um ein „neues" Verständnis des Unwürdigkeitsbegriffs handelt, zeigt die nachfolgende Betrachtung des Begriffsverständnisses, das in weiten Teilen der Literatur als auch Rechtsprechung bis zu der für das Wissenschaftsrecht maßgeblichen[99] Entscheidung des BVerwG aus dem Jahr 2013 im Wissenschaftsrecht vorherrschte.

1. Das Verständnis des Begriffs vor der Entscheidung des BVerwG

Bis zur Entscheidung des BVerwG aus dem Jahr 2013 war man sich in der Rechtsprechung[100] als auch in der Literatur[101] darüber einig, dass die verliehene Doktorwürde ihrem Träger nicht nur die Fähigkeit zur selbstständigen, wissenschaftlichen Arbeitsweise bescheinige, sondern diesem auch einen besonderen gesellschaftlichen Satus und eine ehrenvolle Kennzeichnung seiner Persönlichkeit vermittle, die diesen nach den gesellschaftlichen Vorstellungen in einen besonderen sozialen Rang hob.[102] Dabei bescheinigte die Doktorwürde ihrem

---

96 BVerwG, NVwZ 2013, 1614 ff.; VGH Mannheim, Urt. v. 14.09.2011 – 9 S 2667/10 – juris; *Stumpf*, JöR 61 n.F. (2013), 329 (380); *Lorenz*, DVBl. 2005, 1242 ff.

97 BVerwG, NVwZ 2013, 1614 ff.; *Beckermann*, VerwArch 109 (2018), 117 (122 f.); *Stumpf*, JöR 61 n.F. (2013), 329 (375 f.); *Lorenz*, DVBl. 2005, 1242 ff.

98 BVerwG, NVwZ 2013, 1614 ff.; VGH Mannheim, Urt. v. 14.09.2011 – 9 S 2667/ 10 – juris.

99 *Rixen*, NJW 2014, 1058 (1061), der die Entscheidung des BVerwG als „Meilenstein des Wissenschaftsrechts" bezeichnet.

100 VG Freiburg, Urt. v. 22.09.2010 – 1 K 2248/09, Rn. 32 ff. – juris; OVG Koblenz, NVwZ-RR 1992, 79 (80); OVG Berlin, NVwZ 1991, 188 (188).

101 *Thieme*, Deutsches Hochschulrecht, 3. Aufl. 2004, Rn. 420, 436, 441, 445; *Starosta*, DÖV 1987, 1050 (1051 f.); *Menzel*, JZ 1960, 457 (461).

102 *Thieme*, Deutsches Hochschulrecht, 3. Aufl. 2004, Rn. 420, 436, 441, 445; *Starosta*, DÖV 1987, 1050 (1051 f.); *Menzel*, JZ 1960, 457 (461); *Lorenz*, DVBl. 2005, 1242 (1243); *Schmuck*, Ordnung der Wissenschaft 2016, 113 (113); siehe dazu auch *Kluth*, FS Schiedermair (2001), 569 (571), wonach die Promotion in einigen Bereichen eine

Träger eine gewisse Lauterkeit im Sinne einer allgemeinen, menschlichen Qualität,[103] der er entsprechen musste, um sich der Führung dieses Titels und der damit verbundenen sozialen Stellung als „würdig" zu erweisen.[104]

Gemessen an diesem Verständnis begründete demnach – keinesfalls wie heute[105] – nicht nur ein rein wissenschaftsbezogenes Fehlverhalten den Vorwurf der Unwürdigkeit, sondern jegliches Fehlverhalten, das in einem besonderen Maße gesellschaftlich zu beanstanden war und dementsprechend im Widerspruch zum gesellschaftlich geforderten Bild stand.[106]

Dabei waren es vor allem Straftaten jeglicher Art, die die Würdigkeit des Würdenträgers in Zweifel zogen.[107] Im Zuge dessen galt daher nach überwiegender Meinung in der Rechtsprechung der jeweilige Titelinhaber zur Führung des Titels zumindest dann als unwürdig, wenn er sich eines Verhaltens schuldig gemacht hatte, bei dem es sich um eine von der Allgemeinheit besonders missbilligte, vorsätzliche und ehrenrührige Straftat handelte, die ein die durchschnittliche Straftat übersteigendes Unwerturteil enthielt und zu einer tiefgreifenden Abwertung seiner Persönlichkeit führte.[108]

Gleichstellung mit dem Adel vermittelte und insoweit als Adel des Geistes oder der Wissenschaft bezeichnet werden konnte; siehe ferner *Tiedemann*, ZRP 2010, 53 (54).

103 *Thieme*, Deutsches Hochschulrecht, 3. Aufl. 2004, Rn. 436, 441.

104 *Stumpf*, JöR 61 n.F. (2013), 329 (378 f.); siehe dazu im Ganzen *von Bargen*, JZ 2017, 726 (728); vgl. auch *Gärditz*, WissR 2014, 119 (122 ff.) m.w.N.

105 Siehe zur heute herrschenden Meinung über das Verständnis der Unwürdigkeit im Hochschulrecht BVerwG, NVwZ 2013, 1614 (1616), das durch das BVerfG, Beschl. v. 03.09.2014 – 1 BvR 3353713, Rn. 17 – juris bestätigt wurde; zusammenfassend darstellend *von Bargen*, JZ 2017, 726 (728) und *Schmuck*, Ordnung der Wissenschaft 2016, 113 (122-124).

106 *von Bargen*, JZ 2017, 726 (728).

107 VGH Mannheim, JZ 1981, 661 (663) m.w.N.; *von Bargen*, JZ 2017, 726 (728); siehe dazu auch *Schmuck*, Ordnung der Wissenschaft 2016, 113 (113), der betont, dass dieses Verständnis der Grund dafür war, dass einige Promotionsordnungen und Hochschulgesetze vorsahen, dass die Zulassung zum Promotionsverfahren auch von der Vorlage eines polizeilichen Führungszeugnisses abhängig gemacht wurde.

108 VG Freiburg, Urt. v. 22.09.2010 – 1 K 2248/09, Rn. 33 – juris.; dies ebenfalls betonend VGH Mannheim, JZ 1981, 661 (663f.), der trotz eigener Kritik an dem damals in Literatur und Rechtsprechung geltendem Verständnis des Unwürdigkeitsbegriffs zumindest dann die Unwürdigkeit als bejaht ansah, wenn es sich um ein strafrechtlich relevantes Verhalten in dem hier beschriebenen Sinne handelte. Warum es jedoch eines solchen Verhaltens bedurfte, wurde dabei nicht näher erläutert. Nah liegt jedoch der Schluss, dass neben der wissenschaftsbezogenen Interpretation, für die sich der VGH in Bezug auf das Verständnis des Unwürdigkeitsbegriffs aussprach,

Diesem gerade von tradierten Vorstellungen über den Doktorgrad geprägten Verständnis des Unwürdigkeitsbegriffs wurde jedoch mit der Entscheidung des BVerwG aus dem Jahr 2013[109] deutlich entgegengetreten.

2. Die Entscheidung des BVerwG vom 31.07.2013

In seiner Entscheidung hatte das BVerwG darüber zu urteilen, ob ein wissenschaftliches Fehlverhalten in Form der Fälschung von Forschungsergebnissen im Rahmen wissenschaftlicher Studien es seitens der Universität rechtfertige, einem promovierten Physiker seine einst rechtmäßig verliehene Doktorwürde wegen Unwürdigkeit nach § 35 Abs. 7 Satz 1 LHG BW wieder zu entziehen.[110] Im Zentrum der Entscheidung stand dabei das Verständnis des in § 35 Abs. 7 Satz 1 LHG BW (a.F.)[111] normierten Unwürdigkeitsbegriffs, das vor allem auf Grund eines unterschiedlichen Verständnisses des Doktorgrades in den zuvor durchlaufenden Instanzen verschieden ausgeprägt war und somit zu unterschiedlichen Ergebnissen in Bezug auf die Rechtmäßigkeit des Widerrufs führte:

Während in der ersten Instanz das VG Freiburg[112] ausgehend von dem tradierten Verständnis der Doktorwürde noch davon ausging, dass der Vorwurf der Unwürdigkeit und der mit ihm verbundene Widerruf nach § 35 Abs. 7 Satz

---

der Doktorgrad weiterhin auch eine gewisse gesellschaftliche Bedeutung hatte, der, gemessen an den Ausführungen des VGH, jedoch nicht mehr so immens zu scheinen schien, wie damals in Literatur und Rechtsprechung vertreten; siehe zu dieser Definition auch *von Bargen*, JZ 2017, 726 (728).

109 BVerwG, NVwZ 2013, 1614 ff.

110 BVerwG, Urt. v. 31.07.2013 – BVerwG 6 C 9.12, Rn. 1-5 – juris.

111 Das Landeshochschulgesetz Baden-Württemberg (LHG BW) sah bis zum 29.03.2018 mit § 36 Abs. 7 – der dem § 35 Abs. 7 Satz 1 in der zum Zeitpunkt der Entscheidung bestehenden Form entspricht – die Möglichkeit der Entziehung des Doktorgrades vor, wenn sich der Inhaber durch sein späteres Verhalten der Führung des Doktorgrades als unwürdig erwiesen hat. Mit Art. 1 Nr. 23 des Gesetzes zur Weiterentwicklung des Hochschulrechts (HRWeitG) vom 13.03.2018 (GBl. Seite 85) wurde diese Formulierung gestrichen. Der neue § 36 Abs. 7 sieht von nun an vor, dass der Doktorgrad unbeschadet der Vorschriften der §§ 48 und 49 VwVfG entzogen werden kann, „wenn die Inhaberin oder ihr Inhaber durch ihr oder sein späteres Verhalten gravierend gegen die allgemein anerkannten Grundsätze guter wissenschaftlicher Praxis und Redlichkeit verstoßen hat." Mit dieser Änderung reagierte der Gesetzgeber auf das Urteil des BVerwG v. 31.07.2013 – BVerwG 6 C 9.12 – juris; siehe dazu im Ganzen *Keil*, in: BeckOK Hochschulrecht Baden-Württemberg, von Coelln/Haug, 18. Edition, Stand: 01.05.2020, § 36 Abs. 7 LHG Rn. 22.

112 VG Freiburg, Urt. v. 22.09.2010 – VG 1 K 2248/09 – juris.

1 LHG BW nur dann in Betracht kommen könne, wenn es sich um ein strafrechtlich relevantes Fehlverhalten handle, das im gesellschaftlichen Kontext auf besonderes Missfallen stoße,[113] urteilte die Berufungsinstanz, der VGH Mannheim[114], dass der Widerruf nicht zu beanstanden sei.[115] Anders als vom VG Freiburg vertreten, sei der in § 35 Abs. 7 Satz 1 LHG BW normierte Begriff nämlich rein wissenschaftsbezogen zu verstehen.[116] Dies ergebe sich – so der VGH – aus dem rein akademischen Wesen des Doktorgrades, der seinem Inhaber gerade keine ehrenvolle Kennzeichnung seiner Persönlichkeit, sondern lediglich den Nachweis der Befähigung zu vertiefter – und auch selbstständiger – wissenschaftlicher Arbeit bescheinige.[117] Dabei gelange dessen Inhaber durch die Zuschreibung des Titels in den Genuss eines Vertrauensvorschusses, was die Einhaltung der Regeln der Wissenschaftlichkeit und dabei vor allem die Wahrung der wissenschaftlichen Redlichkeit anbelange.[118] Ausgehend davon kam der VGH daher auch zum Ergebnis, dass der Vorwurf der Unwürdigkeit nur dann in Betracht komme, wenn dessen Inhaber den mit dem Titel verbundenen Nachweis als auch den mit ihm verbundenen Vertrauensvorschuss durch ein entsprechendes, späteres Fehlverhalten – wie bspw. die Fälschung von Forschungsergebnissen im Rahmen weiterer wissenschaftlicher Betätigungen – in Abrede stelle.[119]

Da somit keine Klarheit herrschte, welches Fehlverhalten den Vorwurf der Unwürdigkeit i.S.d. § 35 Abs. 7 Satz 1 LHG BW begründe und somit den Widerruf des Doktorgrades tatsächlich rechtfertige, hatte sich das BVerwG mit der Frage zu beschäftigen, welche Auslegung der Norm – und somit des Begriffs – vor dem Hintergrund der Verfassung tragbar ist.[120] Im Zentrum der Betrachtung

113 VG Freiburg, Urt. v. 22.09.2010 – VG 1 K 2248/09, Rn 33 ff. – juris; BVerwG, Urt. v. 31.07.2013 – BVerwG 6 C 9.12, Rn. 6 – juris.

114 VGH Mannheim, Urt. v. 14.09.2011 – VGH 9 S 2667/10 – juris.

115 VGH Mannheim, Urt. v. 14.09.2011 – VGH 9 S 2667/10, Rn. 16 – juris; BVerwG, Urt. v. 31.07.2013 – BVerwG 6 C 9.12, Rn. 7 – juris.

116 VGH Mannheim, Urt. v. 14.09.2011 – VGH 9 S 2667/10, Rn. 32 – juris; BVerwG, Urt. v. 31.07.2013 – BVerwG 6 C 9.12, Rn. 17 – juris.

117 VGH Mannheim, Urt. v. 14.09.2011 – VGH 9 S 2667/10, Rn. 25- 32 – juris; BVerwG, Urt. v. 31.07.2013 – BVerwG 6 C 9.12, Rn. 17 – juris.

118 VGH Mannheim, Urt. v. 14.09.2011 – VGH 9 S 2667/10, Rn. 30 – juris; BVerwG, Urt. v. 31.07.2013 – BVerwG 6 C 9.12, Rn. 17 – juris.

119 VGH Mannheim, Urt. v. 14.09.2011 – VGH 9 S 2667/10, Rn. 32 – juris; BVerwG, Urt. v. 31.07.2013 – BVerwG 6 C 9.12, Rn. 17 – juris.

120 BVerwG, Urt. v. 31.07.2013 – BVerwG 6 C 9.12, Rn. 16 ff. – juris.

stand dabei insbesondere die Vereinbarkeit der jeweiligen Normauslegung mit dem Bestimmtheitsgrundsatz als auch mit den Grundrechten des jeweiligen Titelinhabers.

In Bezug auf den Bestimmtheitsgrundsatz stellte das Gericht zunächst grundlegend klar, dass die Verwendung eines unbestimmten Rechtsbegriffs, wie dem der Unwürdigkeit in § 35 Abs. 7 Satz 1 LHG BW, von Verfassungs wegen grundsätzlich nicht ausgeschlossen sei.[121] Der Gesetzgeber sei unter Beachtung des Bestimmtheitsgebots nicht dazu verpflichtet, den Tatbestand einer Norm mit genau erfassbaren Maßstäben zu umschreiben.[122] Erforderlich sei jedoch „stets, dass die von der Norm Betroffenen die Rechtslage erkennen und ihr Verhalten danach einrichten können. Sie müssen in zumutbarer Weise feststellen können, ob die tatsächlichen Voraussetzungen für die Rechtsfolge vorliegen."[123]

Hinsichtlich dieser zu fordernden Klarheit stellte das Gericht in Bezug auf die Entziehungsvorschrift des § 35 Abs. 7 Satz 1 LHG BW fest, dass diese durch die vom VG Freiburg vorgenommene Auslegung des Begriffs nicht erreicht werde.[124] Dies beruhe darauf, dass derartige tradierte Vorstellungen über den Doktorgrad als öffentliche Würde eigener Art, sofern sie in der Gesellschaft überhaupt noch bestünden, weder eine normative Grundlage hätten noch Hochschulen im institutionellen oder fachlichen Sinne dazu berufen seien, derartige Wertvorstellungen abzugeben.[125] Da somit für den jeweilig von der Norm Betroffenen nicht hinreichend klar werde, wann die mit dem Begriff verbundene Rechtsfolge eintrete, stellte das BVerwG fest, dass durch diese Auslegung des Unwürdigkeitsbegriffs die Norm des § 35 Abs. 7 Satz 1 LHG BW keine hinreichend klare Bestimmtheit erhalte und somit abzulehnen sei.[126]

Gänzlich anders verhalte es sich – so das BVerwG – hingegen mit der vom VGH vorgenommen Auslegung. Hinsichtlich dieser Auslegung stellte das BVerwG fest, dass durch diese klar erkennbar werde, dass die mit dem Tatbestandsmerkmal verbundene Rechtsfolge des Widerrufs nur dann in Betracht komme, wenn es sich um ein Fehlverhalten handle, dass im Widerspruch zu der sich allein aus Art. 5 Abs. 3 Satz 1 GG ergebenden Pflicht einer stets wissenschaftskonformen Arbeitsweise stehe.[127] Da somit für den jeweilig von der

121 BVerwG, Urt. v. 31.07.2013 – BVerwG 6 C 9.12, Rn. 20 – juris.
122 BVerwG, Urt. v. 31.07.2013 – BVerwG 6 C 9.12, Rn. 20 – juris.
123 BVerwG, Urt. v. 31.07.2013 – BVerwG 6 C 9.12, Rn. 20 – juris.
124 BVerwG, Urt. v. 31.07.2013 – BVerwG 6 C 9.12, Rn. 21 – juris.
125 BVerwG, Urt. v. 31.07.2013 – BVerwG 6 C 9.12, Rn. 21 – juris.
126 BVerwG, Urt. v. 31.07.2013 – BVerwG 6 C 9.12, Rn. 21 – juris.
127 BVerwG, Urt. v. 31.07.2013 – BVerwG 6 C 9.12, Rn. 23 – juris.

Norm Betroffenen ohne Weiteres ersichtlich werde, wann die Entziehungsvorschrift des § 35 Abs. 7 Satz 1 LHG BW greife, stellte es fest, dass der VGH durch die von ihm vorgenommene Auslegung zu einer konsistenten Beschreibung des Regelungsbereichs der Entziehungsvorschrift gelangt sei, die mit dem Bestimmtheitsgrundsatz im Einklang stehe.[128]

Neben dieser Vereinbarkeit mit dem Bestimmtheitsgrundsatz stellte das Gericht auch fest, dass durch die wissenschaftsbezogene Auslegung die Entziehungsvorschrift des § 35 Abs. 7 Satz 1 LHG BW mit den sonstigen Grundrechten zu vereinbaren sei, die in Betracht kommen, wenn es um den nachträglichen Entzug des Doktorgrades gehe.[129] Insbesondere in Bezug auf die von Art. 5 Abs. 3 Satz 1 GG geschützte Wissenschaftsfreiheit stellte es dabei klar, dass die Vorschrift im Zuge dieser Auslegung die Wissenschaftsfreiheit nicht in einem unverhältnismäßigen Maße beeinträchtige, wenn „[sie] in Reaktion auf die in Rede stehenden späteren wissenschaftlichen Pflichtverstöße den Zugriff auf den Bestand des zuvor redlich erworbenen Doktorgrades ermöglich[e]. Denn der damit für den Träger des Grades verbundene Nachteil [finde] seine Rechtfertigung in dem Gehalt des Art. 5 Abs. 3 Satz 1 GG als objektive Grundsatznorm, weil er nach dem von dem Verwaltungsgerichthof festgestellten Regelungsgehalt der landesrechtlichen Entziehungsvorschrift der Sicherung der Funktionsfähigkeit des Wissenschaftsprozesses [diene].“[130] In Bezug auf diese Funktionsfähigkeit sei dabei festzustellen, dass diese wesentlich von dem Vertrauen darauf lebe, dass andere, ebenfalls in der Wissenschaft tätige Personen ihre wissenschaftlichen Erkenntnisse ordnungsgemäß gewonnen haben.[131] Da somit die Wahrung dieses Vertrauens für den wissenschaftlichen Fachdiskurs aber auch die Glaubwürdigkeit des Wissenschaftsbetriebs an sich elementar sei, betonte das BVerwG, dass eine Entziehung des Doktorgrades wegen Unwürdigkeit für solche Personen keinen unverhältnismäßigen Eingriff darstelle, die durch ihr gezeigtes Fehlverhalten – wie das vorsätzliche Fälschen von Forschungsergebnissen – den mit der Doktorwürde verbundenen Nachweis als auch Vertrauensvorschuss hinsichtlich der stetigen Wahrung der wissenschaftlichen Redlichkeit – bewusst – in Abrede stellen.[132]

128 BVerwG, Urt. v. 31.07.2013 – BVerwG 6 C 9.12, Rn. 23 – juris.
129 BVerwG, Urt. v. 31.07.2013 – BVerwG 6 C 9.12, Rn. 25 ff. – juris.
130 BVerwG, Urt. v. 31.07.2013 – BVerwG 6 C 9.12, Rn. 27 – juris.
131 BVerwG, Urt. v. 31.07.2013 – BVerwG 6 C 9.12, Rn. 27 – juris.
132 BVerwG, Urt. v. 31.07.2013 – BVerwG 6 C 9.12, Rn. 27 – juris.

3. *Das (neue) Würdeverständnis im Hochschulrecht*

Die Entscheidung zeigt auf, dass der Vorwurf der Unwürdigkeit folglich nur noch dann erhoben werden darf, wenn es sich um ein wissenschaftliches Fehlverhalten handelt, das den mit dem Doktorgrad verbundenen Anschein stets wissenschaftskonformer Tätigkeit in Abrede stellt. Dass der Vorwurf dabei nur noch auf die Fälle des wissenschaftlichen Fehlverhaltens begrenzt ist, liegt dabei ausschließlich an dem rein akademischen Verständnis des Doktorgrades, das nach Auffassung der zuvor genannten Rechtsprechung, aber auch des später angerufenen BVerfG, unter verfassungsrechtlichen Gesichtspunkten bei der Auslegung des Unwürdigkeitsbegriffs heranzuziehen ist.[133] Nach diesem Verständnis bescheinigt der Doktorgrad seinem jeweiligen Inhaber nämlich gerade keine ehrenvolle Kennzeichnung seiner Persönlichkeit, sondern lediglich den Nachweis der Befähigung zu vertiefter - und auch selbstständiger - wissenschaftlicher Arbeit.[134] Mit diesem Nachweis als auch mit dem Titel selbst ist zugleich die Erwartungshaltung einer stets wissenschaftskonformen Verhaltensweise verbunden.[135] Nur diese muss der jeweilige Inhaber stets erfüllen, wenn er sich nach dem Erhalt des Doktorgrades am wissenschaftlichen Fachdiskurs weiterhin beteiligen und sich dem Titel weiterhin als würdig erweisen will.[136] Tut er dies jedoch nicht, sieht die oben genannte Rechtsprechung, aber auch das BVerfG, es als rechtmäßig bzw. verfassungskonform an, den Doktortitel nachträglich wieder zu entziehen.[137] Die Rechtfertigung dieses Eingriffs in die Grundrechte des jeweilig von der Entscheidung Betroffenen sieht die Rechtsprechung dabei in dem Schutzgut der Funktionsfähigkeit des Wissenschaftsbetriebs, zu dessen

---

133 So deutlich BVerfG, Beschl. v. 03.09.2014 - 1 BvR 3353/13, Rn. 17 - juris, das im Anschluss an die Entscheidung des BVerwG, Urt. v. 31.07.2013 - BVerwG 6 C 9.12 - juris angerufen wurde und in Bezug auf die vom BVerwG und VGH vorgenommene Auslegung des Unwürdigkeitsbegriffs in § 35 Abs. 7 Satz 1 LHG BW entschied, dass diese verfassungsrechtlich nicht zu beanstanden sei.

134 BVerfG, Beschl. v. 03.09.2014 - 1 BvR 3353/13, Rn. 17 - juris; BVerwG, Urt. v. 31.07.2013 - BVerwG 6 C 9.12, Rn. 17 - juris; VGH Mannheim, Urt. v. 14.09.2011 - VGH 9 S 2667/10 - juris.

135 BVerwG, Urt. v. 31.07.2013 - BVerwG 6 C 9.12, Rn. 27 - juris; vgl. dazu auch *Stumpf*, JöR 61 n.F. (2013), 329 (383) und *Lorenz*, DVBl. 2005, 1242 (1244).

136 BVerwG, Urt. v. 31.07.2013 - BVerwG 6 C 9.12, Rn. 27 - juris; vgl. dazu auch *Stumpf*, JöR 61 n.F. (2013), 329 (383) und *Lorenz*, DVBl. 2005, 1242 (1244).

137 BVerfG, Beschl. v. 03.09.2014 - 1 BvR 3353/13, Rn. 17 - juris; BVerwG, Urt. v. 31.07.2013 - BVerwG 6 C 9.12, Rn. 25 ff. - juris; VGH Mannheim, Urt. v. 14.09.2011 - VGH 9 S 2667/10 - juris.

Erhalt es ausschließlich ordnungsgemäß wissenschaftskonform arbeitender Personen bedarf.[138] Dies beruht auf der Erwägung, dass nur so in einem prinzipiell offenen System die darin tätigen Personen die Sicherheit haben können, dass die von anderen gewonnenen Erkenntnisse ordnungsgemäß gewonnen wurden und der wissenschaftliche Fortschritt somit nicht erschwert wird.[139]

Damit wird jedoch abschließend nicht nur deutlich, dass der Vorwurf der Unwürdigkeit im Hochschulrecht - von nun an - ausschließlich dann erhoben werden kann, wenn es sich um ein Fehlverhalten handelt, dass der wissenschaftlichen Redlichkeit zuwiderläuft. Deutlich wird auch, dass es - von nun an - Funktion des Begriffs ist, solche Personen auszuschließen, die eine ordnungsgemäße Tätigkeitsausübung nicht gewährleisten. Dies beruht schließlich auf der nachvollziehbaren Erwägung, dass es ausschließlich ordnungsgemäß und somit wissenschaftlich redlich arbeitender Personen bedarf, um die Funktionsfähigkeit des Wissenschaftsbetriebs zu gewährleisten.[140]

4. *Die mit dem Begriff verbundene Erwartungshaltung*

Gemessen an diesen nun geltenden, strengen rechtsstaatlichen Vorgaben ist die mit dem Begriff der Unwürdigkeit verbundene Erwartungshaltung lediglich auf die Einhaltung wissenschaftskonformer Standards und somit auf eine ordnungsgemäße Tätigkeitsausübung im System des Wissenschaftsbetriebs gerichtet. Hinsichtlich des Maßstabs wissenschaftskonformer Standards muss jedoch betont werden, dass sich aus der objektiven Grundsatznorm des Art. 5 Abs. 3 Satz 1 GG, auf die sich das BVerwG hinsichtlich der Bestimmung der Regeln des guten wissenschaftlichen Arbeitens bezieht, nicht ohne Weiteres entnehmen lässt, wann diese Standards verletzt sind oder nicht.[141] Vielmehr scheint

138 Dies gilt - wie in der Entscheidung des BVerwG bereits aufgezeigt - für den Eingriff in die Wissenschaftsfreiheit des jeweilig von dem Entzug Betroffenen, aber auch für Einschränkungen der Berufsfreiheit, die sich als Folge einer Entziehung des Doktorgrades für Tätigkeiten im Wissenschaftsbetrieb ergeben. Dies beruht dabei auf den gleichen Wertungen, die zuvor in Bezug auf Art. 5 Abs. 3 Satz 1 GG getroffenen wurden, da es sich bei der Funktionsfähigkeit des Wissenschaftsbetriebs um ein besonders wichtiges Gemeinschaftsgut handelt, zu dessen Schutz ein solcher Eingriff erforderlich und verhältnismäßig ist, BVerwG, Urt. v. 31.07.2013 - BVerwG 6 C 9.12, Rn. 30 f. - juris.

139 BVerwG, Urt. v. 31.07.2013 - BVerwG 6 C 9.12, Rn. 27 - juris; vgl. dazu auch *Stumpf*, JöR 61 n.F. (2013), 329 (383) und *Lorenz*, DVBl. 2005, 1242 (1244).

140 So im Ergebnis ebenfalls *Stumpf*, JöR 61 n.F. (2013), 329 (383) und *Lorenz*, DVBl. 2005, 1242 (1244).

141 Kritisch dazu *Rixen*, NJW 2014, 1058 (1059).

es unter dem Blickwinkel rechtsstaatlicher Klarheit notwendig, einen gewissen Orientierungspunkt für die jeweilig im Wissenschaftsbetrieb tätigen Personen anzuerkennen, um ausgehend davon einen gewissen Standard für eine gute wissenschaftliche Praxis festzulegen. Ein tauglicher Anknüpfungspunkt dafür könnte in den vom BVerwG abgetanen, dennoch aber zitierten Regeln für eine gute wissenschaftliche Praxis zu sehen sein.[142] Diese sollen dabei keinesfalls als zwingend angesehen werden; zumal keine einheitlichen Standards herrschen, wann von „dem" unwürdigen wissenschaftlichen Verhalten zu sprechen ist.[143] Vielmehr sollen sie, wie Stumpf betont, eine indizielle Funktion bzw. Wirkung haben, der bei genauer Betrachtung des Einzelfalls im jeweiligen Wissenschaftsbereich entsprechend nachgegangen werden muss.[144]

Orientiert man sich an diesen Regeln, ist die einen wissenschaftlich Tätigen treffende Erwartungshaltung auf eine ordnungsgemäße Tätigkeitsausübung am Maßstab der dafür geltenden Regeln ausgerichtet, sodass vorliegend insgesamt festzustellen ist, dass Personen, die auf Grund ihres schuldhaften, ausschließlich wissenschaftlich relevanten Fehlverhaltens dieser Erwartungshaltung zuwiderhandeln, den Vorwurf der Unwürdigkeit im Sinne des jeweiligen Hochschulgesetzes begründen.[145]

---

142 So etwa *Rixen*, NJW 2014, 1058 (1059), der anmerkt, dass das BVerwG zwar dezidiert von Art. 5 Abs. 3 Satz 1 GG her argumentiere, um angemessene Operationalisierungen der Wissenschaftsfreiheit festzulegen, jedoch nicht darum herumkomme, die Konkretisierung dieser Operationalisierungen in den Regeln der guten wissenschaftlichen Praxis zu sehen. Diese Regeln vergleicht Rixen mit antizipierten Sachverständigengutachten, an denen sich der in Rede stehende Standard guter wissenschaftlicher Praxis messen lasse, *ders.* NJW 2014, 1058 (1059).

143 *Stumpf*, JöR 61 n.F. (2013), 329 (352), der betont, dass der Kritik, „dass es bislang nicht gelungen sei eine einheitliche Definition von wissenschaftlichen Fehlverhalten zu finden und stattdessen jedem abstrakten Definitionsversuch nur einem Katalog konkreter Einzelbeispiele [angefügt werde]", nur bedingt zu entsprechen sei. Beruhend darauf, dass die besonderen Ausprägungen auf fachspezifischen Besonderheiten beruhen, die zwar einer generalklauselartigen Definition entgegenstehen, dies jedoch nicht zu bedeuten habe, dass unter diesen ein anderes wissenschaftliches Fehlverhalten zu verstehen sei, als unter der Generalklausel selbst.

144 *Stumpf*, JöR 61 n.F. (2013), 329 (352); vgl. dazu auch *Lorenz*, DVBl. 2005, 1242 (1244).

145 Dafür spricht auch die Änderung des § 36 Abs. 7 LHG BW, die in Reaktion auf das Urteil des VGH BW, das Urteil des BVerwG und den später ergangenen Beschluss des BVerfG erfolgt ist und von nun an, unbeschadet der Vorschriften der §§ 48 und 49 VwVfG, die Entziehung des Doktorgrades vorsieht, „wenn die Inhaberin oder ihr Inhaber durch ihr oder sein späteres Verhalten gravierend gegen die allgemein

III. Zwischenergebnis: Gleichartigkeit des Verständnisses

Aus der vorangegangenen Betrachtung des Unwürdigkeitsbegriffs im anwaltlichen und hochschulrechtlichen Kontext wird deutlich, dass der Begriff trotz seiner verschiedenen Kontexte im Wesentlichen gleich verstanden und verwendet wird:

Hinsichtlich seiner Verwendung ist dabei festzustellen, dass er in beiden Kontexten als Aussonderungstatbestand für solche Personen fungiert, die keine Gewähr für eine ordnungsgemäße Tätigkeitsausübung geben. Damit soll in beiden Kontexten der Schutz der Funktionsfähigkeit eines Systems – Rechtspflege und Wissenschaftsbetrieb – gewährleistet werden. Zum Erhalt der Funktionsfähig- und Glaubwürdigkeit des jeweiligen Systems ist dabei festzustellen, dass diese ausschließlich auf ordnungsgemäß arbeitende Personen angewiesen sind. Hieraus resultiert zugleich das gleichartige Verständnis des Begriffs: Denn in beiden Kontexten ist die mit dem Begriff verbundene Erwartungshaltung ausschließlich auf eine ordnungsgemäße Leistungserbringung gerichtet, die sich ihrerseits an den für die Tätigkeit geltenden Regelungen bemisst. Personen, die dieser Erwartungshaltung nicht gerecht werden, begründen dabei in beiden Kontexten den Vorwurf der Unwürdigkeit und werden aus der jeweiligen Gruppierung mittels einer entsprechenden Maßnahme ausgeschlossen.

Insgesamt soll also mit dem Begriff der Unwürdigkeit sowohl im anwaltlichen als auch hochschulrechtlichen Kontext ausschließlich eine ordnungsgemäße Leistungserbringung des Einzelnen am Maßstab der für die jeweilige Tätigkeit geltenden Regelungen gesichert werden, um ausgehend davon die Funktionsfähigkeit eines Systems zu gewährleisten, das seinerseits wiederum ausschließlich auf ordnungsgemäß arbeitende Personen angewiesen ist.

Ebenfalls ist abschließend festzustellen, dass in beiden Kontexten dem Aspekt des Ansehens keine Bedeutung zukommt.

IV. Unwürdigkeit als Synonym der Unzuverlässigkeit?

Dieses Verständnis des Unwürdigkeitsbegriffs weist jedoch mehr oder weniger starke Übereinstimmungen mit einem unbestimmten Rechtsbegriff auf, der ebenfalls im besonderen Verwaltungsrecht vorzufinden ist – dem Unzuverlässigkeitsbegriff. Auch der Unzuverlässigkeitsbegriff wird dann relevant, wenn es

---

anerkannten Grundsätze guter wissenschaftlicher Praxis und Redlichkeit verstoßen hat."; siehe dazu bereits Fußnote 111.

um die Beurteilung der Gewähr einer ordnungsgemäßen Tätigkeitsausübung seitens einer Person geht.[146]

1. Der Begriff der Unzuverlässigkeit im Sinne des § 35 Abs. 1 GewO

Der hier relevant werdende Rechtsbegriff der Unzuverlässigkeit findet seine gesetzliche Normierung u.a. in § 35 Abs. 1 GewO. § 35 Abs. 1 GewO ordnet an, dass die Ausübung eines Gewerbes von der zuständigen Behörde ganz oder teilweise zu untersagen ist, wenn Tatsachen vorliegen, die die Unzuverlässigkeit des Gewerbetreibenden oder einer mit der Leitung des Gewerbebetriebs beauftragten Person in Bezug auf dieses Gewerbe dartun, sofern die Untersagung zum Schutz der Allgemeinheit oder der im Betrieb beschäftigten Personen erforderlich ist.

Als zentrale gewerberechtliche (Kontroll-)Norm für die Ausübung eines stehenden Gewerbes[147] wird mit dieser – dem Zweck des Gewerberechts allgemein entsprechend[148] – die Abwehr von Gefahren bezweckt, die von einer gewerblich tätigen Person für die Allgemeinheit als auch bestimmte Personenkreise, insbesondere für Arbeitnehmer und Verbraucher, ausgehen.[149] Durchgesetzt wird

---

146 Ebenso feststellend *Beckermann*, VerwArch 109 (2018), 117 (131), jedoch ohne weitere Ausführungen dazu.

147 Zum Anwendungsbereich des § 35 Abs. 1 GewO auf das stehende Gewerbe (§§ 14 ff. GewO), der Abgrenzung zum Reise- (§§ 55 ff. GewO) und Marktgewerbe (§§ 64 ff. GewO) und etwaigen Spezialvorschriften, die § 35 GewO vorgehen, *Ennuschat*, in: Ennuschat/Wank/Winkler, Gewerbeordnung, 9. Aufl. 2020, § 35 Rn. 3-10; *Brüning*, in: BeckOK GewO, Pielow, 52. Edition, Stand: 01.12.2020, § 35 GewO Rn. 2-4, Rn. 7-8; *Marcks*, in: Landmann/Rohmer, Gewerbeordnung, 85. El. September 2020, § 35 Rn. 12-14, Rn. 19 und *Wormit*, JuS 2017, 641 (643 f.).

148 *Heß*, GewArch 2009, 89 (89).

149 BVerwGE 24, 38 (40); die Untersagungsvorschrift ist damit das notwendige Korrelat zur Gewerbefreiheit, die verhindern soll, dass der Gewerbetreibende schrankenlosen Gebrauch von seiner durch Art. 12 Abs. 1 GG ebenfalls garantierten Gewerbefreiheit ohne Rücksicht auf entgegenstehende Belange der Allgemeinheit macht, *Marcks*, in: Landmann/Rohmer, Gewerbeordnung, 85. El. September 2020, § 35 Rn. 12, 15; *Brüning*, in: Pielow, BeckOK GewO, 52. Edition, Stand: 01.12.2020, § 35 GewO; *Ennuschat*, in: Ennuschat/Wank/Winkler, Gewerbeordnung, 9. Aufl. 2020, § 35 Rn. 2; *Heß*, GewArch 2009, 89 (89 f.); BVerwG, NVwZ 1995, 473 (474); BVerwG, NVwZ-RR 1997, 26 (26); *Wormit*, JuS 2017, 641 (641); siehe dazu auch BT-Drucks. 7/111, S. 4. Dieser schrankenlose Gebrauch der grundsätzlich von Art. 12 Abs. 1 GG gewährleisteten Gewerbefreiheit gilt jedoch nur bei erlaubnisfreien, stehenden Gewerben. Von der Grundsätzlichkeit der fehlenden präventiven behördlichen Kontrolle in Gestalt einer behördlichen Erlaubnispflicht wird bei dem Betrieb einer Privatkrankenanstalt (§ 30

der jeweilige Schutz durch eine Gewerbeuntersagung der jeweilig zuständigen Behörde[150]. Diese kommt jedoch gem. § 35 Abs. 1 GewO nur dann in Betracht, wenn die jeweilig gewerbetreibende Person i.S.d. § 35 Abs. 1 GewO als „unzuverlässig" zu qualifizieren ist. Das zentrale Merkmal der Vorschrift ist somit der Begriff der Unzuverlässigkeit.[151]

Das Merkmal der Unzuverlässigkeit i.S.d. § 35 Abs. 1 GewO stellt dabei ein Persönlichkeitsmerkmal dar, von dessen Vorliegen die weitere Ausübung der Tätigkeit abhängig gemacht wird.[152] Dass die (weitere) Ausübung einer gewissen beruflichen Tätigkeit dabei von subjektiven, in der Person liegenden Voraussetzungen abhängig gemacht wird, ist von Verfassungs wegen – wie bereits aufgezeigt – grundsätzlich nicht ausgeschlossen.[153] Vor der Bedeutung und Tragweite des Grundrechts der Berufsfreiheit ist jedoch entscheidend, dass solche die Berufswahlfreiheit[154] einschränkenden Regelungen als auch auf Grundlage der Norm ergehende Eingriffe dem Schutz eines besonders wichtigen Gemeinschaftsguts dienen.[155] Ein solches Gemeinschaftsgut wird nach herrschender Rechtsprechung im erforderlichen Schutz der Allgemeinheit oder der im Betrieb beschäftigten Personen gesehen.[156]

GewO), einer Spielhalle (§ 33i GewO), eines Pfandleihgewerbes (§ 34 GewO), eines Bewachungsgewerbes (§ 34a GewO), eines Finanzanlagevermittlers (§ 34f GewO) und Immobiliendarlehnsvermittlers (§ 34i GewO) in der Form abgewichen, dass diese angestrebte Tätigkeitausübung unter einem präventiven Erlaubnisvorbehalt steht, der als Voraussetzung u.a. das Vorweisen der Zuverlässigkeit des Gewerbetreibenden verlangt, dazu ausführlich *Wormit*, JuS 2017, 641 (643 f.); siehe dazu auch *Marcks*, in: Landmann/Rohmer, Gewerbeordnung, 85. El. September 2020, § 35 GewO Rn. 15 f., der in Bezug auf das lediglich erlaubnisfreie, anzeigepflichtige Gewerbe betont, dass bei diesem, anders als bei dem erlaubnispflichtigen Gewerbe, sich auch der als unzuverlässig einzustufende Gewerbetreibende zunächst einmal betätigen dürfe, bis die weitere Gewerbeausübung von der Behörde unterbunden werde.

150 § 35 Abs. 7 GewO; § 155 Abs. 1 GewO i.V.m. dem jeweiligen Landesrecht.

151 *Laubinger*, VerwArch 89 (1998), 145 (147 f.); *Heß*, GewArch 2009, 89 (89).

152 *Eifert*, JuS 2004, 565 (566).

153 BVerfGE 7, 377 (379); siehe dazu auch ausführlich S. 72 ff.

154 Die Freiheit der Berufswahl umfasst dabei nicht nur die Entscheidung über den Eintritt und somit des Ergreifens eines bestimmten Berufs, sondern auch die Entscheidung über die Dauer des Verbleibens in diesem, BVerfGE 9, 338 (344) mit Bezugnahme auf BVerfGE 7, 377 (401).

155 BVerfGE 7, 377 (379).

156 BVerwGE 22, 16 (25); BVerwG, Urt. v. 16.03.1982 – 1 C 124/80, Rn. 24 – juris; BVerwG, NVwZ-RR 1997, 26 (26); BVerwG, NVwZ-RR 1991, 408 (408); *Ennuschat*, in: Ennuschat/Wank/Winkler, Gewerbeordnung, 9. Aufl. 2020, § 35 Rn. 2. Deutlich dazu auch

Was jedoch genau unter dem Begriff der Unzuverlässigkeit zu verstehen ist, wird seitens des § 35 Abs. 1 GewO nicht näher definiert.[157] Enumerative Aufzählungen von Verhaltensweisen, die das Merkmal im negativen Sinne erfüllen, fehlen.[158] Dass es jedoch zumindest keine gesetzlich normierten konkreten Ausführungen zu diesem Begriff gibt, beruht auf dessen Rechtsnatur als auch seiner Funktion, handelt es sich doch um einen unbestimmten Rechtsbegriff, der durch seine Offenheit eine größtmögliche Anwendbarkeit seiner selbst für eine größtmögliche Anzahl von Fällen gewährleisten soll, verbunden mit dem Ziel, den jeweilig mit der Norm verfolgten Zweck der Gefahrenabwehr umfassend gewährleisten zu können.[159]

Wie auch in den zuvor erläuterten Teilrechtsgebieten ist es deshalb seit jeher Aufgabe der Rechtsprechung – als auch Literatur[160] –, dem richterlich voll überprüfbaren unbestimmten Rechtsbegriff[161] seine rechtsstaatlich zu fordernde Klarheit zu geben. Dabei haben sich im Laufe der Zeit neben einer Definition auch gewisse Maßstäbe herausgebildet, die erfüllt sein müssen, um den Vorwurf der Unzuverlässigkeit zu begründen:

Danach gilt, dass eine Person gewerberechtlich unzuverlässig ist, wenn diese nach dem Gesamteindruck ihres Verhaltens keine Gewähr dafür bietet, dass sie in Zukunft ihr Gewerbe ordnungsgemäß ausüben wird.[162] Eine nicht

---

Heß, GewArch 2009, 89 (91), der in Bezug auf die Vereinbarkeit der Gewerbeuntersagungen wegen Unzuverlässigkeit mit dem Grundrecht der Berufsfreiheit nach Art. 12 Abs. 1 GG betont, dass der Eingriff insbesondere deshalb gerechtfertigt erscheine, wenn man berücksichtige, aus welchem Freiraum die grundrechtlich gewährleistete Gewerbefreiheit erwachse und sich vergegenwärtige, dass die Untersagung nur dann drohe, wenn der jeweilig Gewerbebetreibende diese Freiheit missbrauche; vgl. auch BT-Drucks. 7/111 S. 4; vgl. ferner *Leisner*, GewArch 2008, 225 (226 f.).

157 *Marcks*, in: Landmann/Rohmer, Gewerbeordnung, 85. El. September 2020, § 35 Rn. 28; *Ennuschat*, in: Ennuschat/Wank/Winkler, Gewerbeordnung, 9. Aufl. 2020, § 35 Rn. 27; *Heß*, GewArch 2009, 89 (89).

158 *Marcks*, in: Landmann/Rohmer, Gewerbeordnung, 85. El. September 2020, § 35 Rn. 28; *Ennuschat*, in: Ennuschat/Wank/Winkler, Gewerbeordnung, 9. Aufl. 2020, § 35 Rn. 27; *Heß*, GewArch 2009, 89 (89).

159 Vgl. *Marcks*, in: Landmann/Rohmer, Gewerbeordnung, 85. El. September 2020, § 35 Rn. 28.

160 Maßgeblich für das Verständnis des Begriffs waren dabei vor allem die Beiträge von *Leisner*, GewArch 2008, 225 ff. und *Heß*, GewArch 2009, 89 ff.

161 *Wormit*, JuS 2017, 641 (644); *Heß*, GewArch 2009, 89 (89).

162 BVerwG, NVwZ 2015, 1544 (1545); BVerwG, NVwZ 1982, 503 (503); BVerwG, DVBl. 1971, 277 (277).

ordnungsgemäße Ausübung des Gewerbetreibenden wird dabei dann angenommen, wenn dieser „nicht willens oder nicht in der Lage ist, die im öffentlichen Interesse zu fordernde einwandfreie Führung [seines] Gewerbes zu gewährleisten."[163]

Zweifel an dieser persönlichen Tauglichkeit liefern dabei in der Vergangenheit oder Gegenwart liegende Tatsachen, die seitens der jeweilig zuständigen Behörde zunächst ermittelt und sodann herangezogen werden, wenn es um die prognostische Beurteilung einer auch in Zukunft ordnungsgemäßen Tätigkeitsausübung durch den Gewerbetreibenden geht.[164] Die für die Beurteilung der (Un-) Zuverlässigkeit maßgeblichen Tatsachen können dabei unterschiedlicher Natur sein. Beispielhaft anzuführen sind neben gesundheitlichen Mängeln des Gewerbetreibenden, auch zahlreiche Verhaltensweisen wie bspw. strafrechtlich oder ordnungsrechtlich relevante, die einen gewissen Schluss auf die Persönlichkeit des Gewerbetreibenden zulassen.[165] Der Kontext der für die Beurteilung maßgeblichen Tatsachen ist dabei offen. Das heißt, dass neben Tatsachen, die im beruflichen Bereich anfallen, auch solche seitens der Behörde berücksichtigt werden können, die sich im außerberuflichen Bereich und sogar vor Aufnahme der gewerblichen Tätigkeit ereignet haben.[166] Unter Berücksichtigung des auch

---

163 *Marcks*, in: Landmann/Rohmer, Gewerbeordnung, 85. El. September 2020, § 35 Rn. 29 m.w.N.

164 *Marcks*, in: Landmann/Rohmer, Gewerbeordnung, 85. El. September 2020, § 35 Rn. 31; *Ennuschat*, in: Ennuschat/Wank/Winkler, Gewerbeordnung, 9. Aufl. 2020, § 35 Rn. 27, 28.

165 Weitere Gründe an der Zuverlässigkeit zu zweifeln, liefern in der Vergangenheit liegende Untersagungen, Widerrufe oder Rücknahmen einer einst erteilten Gewerbeerlaubnis, mangelnde wirtschaftliche Leistungsfähigkeit, Steuerschulden, Verletzung sozialversicherungsrechtlicher Verpflichtungen, mangelnde Sachkunde und sonstige Untersagungsgründe, wie z.B. körperliche Mängel, zum Ganzen im Detail *Marcks*, in: Landmann/Rohmer, Gewerbeordnung, 85. El. September 2020, § 35 Rn. 36-62; siehe dazu auch *Brüning*, in: BeckOK GewO, Pielow, 52. Edition, Stand: 01.03.2020, § 35 GewO Rn. 23 und *Heß*, GewArch 2009, 89 (91f.).

166 Dass auch Tatsachen berücksichtigt werden können, die außerhalb des Gewerbebetriebs eingetreten sind, beruht nach der Rechtsprechung darauf, dass das Merkmal der Unzuverlässigkeit als eine Frage der persönlichen Veranlagung und Haltung nach dem Gesamtbild der Persönlichkeit des Betroffenen beurteilt wird und daher auch Komponenten außerhalb des Gewerbebetriebs oder aus einer Zeit, in der der Betroffene noch gar kein Gewerbe betrieben hat, maßgeblich sein können, BVerwG, GewArch 1965, 7 (8); *Brüning*, in: BeckOK GewO, Pielow, 52. Edition, Stand: 01.03.2020, § 35 GewO Rn. 22 m.w.Rspr..-N.; dazu auch *Ennuschat*, in: Ennuschat/Wank/Winkler,

hier stets zu wahrenden Gebots der Verhältnismäßigkeit wird jedoch gefordert, dass die Tatsachen in einem Zusammenhang mit der jeweilig gewerblich ausgeübten bzw. auszuübenden Tätigkeit stehen müssen, was bedingt, dass sich aus diesen der Schluss auf eine gewerbebezogenen Unzuverlässigkeit ziehen lassen muss[167] – die generelle Unzuverlässigkeit gibt es somit nicht.[168] Hinsichtlich dieses Schlusses wird dabei von § 35 Abs. 1 GewO selbst festgelegt, dass sich die Unzuverlässigkeit auf Grundlage der (ermittelten) Tatsachen „dartun" muss. Hierunter wird verstanden, dass sich zum Zeitpunkt der letzten Verwaltungsentscheidung[169] für die zuständige Behörde der Eindruck ergeben muss, dass künftige weitere Fehlverhaltensweisen wahrscheinlich erscheinen, das heißt zu befürchten sind, und somit eine ordnungsgemäße Tätigkeitsausübung durch den Gewerbetreibenden in Zukunft nicht sicher scheint.[170] Wann diese Wahrscheinlichkeit jedoch gegeben ist bzw. welcher Grad jeweils verlangt werden muss, kann und wird seitens der Rechtsprechung nicht klar beantwortet.[171] Vielmehr wird sich der im allgemeinen Gefahrenabwehrrecht geltenden „Je-desto-Formel" bedient, nach der die Anforderungen an die Wahrscheinlichkeit eines (erneuten) Schadenseintritts umso niedriger sind, je bedeutender und somit

---

Gewerbeordnung, 9. Aufl. 2020, § 35 Rn. 28, 29 und *Marcks*, in: Landmann/Rohmer, Gewerbeordnung, 85. El. September 2020, § 35 Rn. 33 m.w.Rspr.-N.

167 BVerwG, GewArch 1961, 166 (166); BVerwGE 22, 16 (24); BVerwG, GewArch 1966, 9 (10); BVerwG, GewArch 1966, 77 (80 f.); *Brüning*, in: BeckOK GewO, Pielow, 52. Edition, Stand: 01.03.2020, § 35 GewO Rn. 22; *Heß*, GewArch 2009, 89 (90); *Marcks*, in: Landmann/Rohmer, Gewerbeordnung, 85. El. September 2020, § 35 Rn. 34 m.Rspr.-N.; *Ennuschat*, in: Ennuschat/Wank/Winkler, Gewerbeordnung, 9. Aufl. 2020, § 35 Rn. 29.

168 BVerwGE 22, 16 (24). Wenn eine Tatsache aber zunächst zur Annahme der Unzuverlässigkeit für ein bestimmtes Gewerbe führt, kann sich aus dieser aber u.U. zugleich ergeben, dass die Person auch Unzuverlässigkeit für die Ausübung eines anderen Gewerbes ist, vgl. § 35 Abs. 1 Satz 2 GewO, dazu im Detail, *Ennuschat*, in: Ennuschat/Wank/Winkler, Gewerbeordnung, 9. Aufl. 2020, § 35 Rn. 29, 150.

169 Erlass des Widerspruchsbescheids, BVerwG, GerwArch 1982, 294 (294 ff.); *Marcks*, in: Landmann/Rohmer, Gewerbeordnung, 85. El. September 2020, § 35 Rn. 21, 32.

170 BVerwGE 24, 38 (40 f.); *Wormit*, JuS 2017, 641 (644); *Heß*, GewArch 2009, 89 (90); *Ennuschat*, in: Ennuschat/Wank/Winkler, Gewerbeordnung, 9. Aufl. 2020, § 35 Rn. 31; *Marcks*, in: Landmann/Rohmer, Gewerbeordnung, 85. El. September 2020, § 35 Rn. 32.

171 *Marcks*, in: Landmann/Rohmer, Gewerbeordnung, 85. El. September 2020, § 35 Rn. 32; *Ennuschat*, in: Ennuschat/Wank/Winkler, Gewerbeordnung, 9. Aufl. 2020, § 35 Rn. 31.

schutzwürdiger das jeweilige Rechtsgut[172] ist.[173] Bei der von der Behörde vorzunehmenden Wertung ist dabei jedoch nicht nur das durch eine weitere Tätigkeit potentiell gefährdete Rechtsgut zu berücksichtigen, sondern es sind auch die Umstände des Einzelfalls umfassend zu bewerten. Vor allem Aspekte wie die Schwere des bspw. zu beanstandenden Fehlverhaltens, aber auch der Zeitablauf sind zu berücksichtigen.[174] Erst wenn unter Bewertung dieser Gesamtumstände eine ordnungsgemäße Tätigkeitsausübung von dem Gewerbetreibenden in Zukunft nicht zu erwarten ist, darf dieser als „unzuverlässig" qualifiziert und ihm die weitere Ausübung seines Gewerbes nach § 35 Abs. 1 GewO untersagt werden.

2. *Verständnis des Unzuverlässigkeitsbegriffs*

Damit wird deutlich, dass der Begriff der Unzuverlässigkeit, wie auch der Begriff der Unwürdigkeit, als Ausschlussmerkmal fungiert. Mit dem Begriff soll dabei sichergestellt werden, dass nur solche Personen eine gewerbliche Tätigkeit ausüben, die keine Zweifel daran aufkommen lassen, dass sie die von ihnen ausgeübte Tätigkeit ordnungsgemäß ausführen.[175] Personen, die auf Grund ihres in der Vergangenheit liegenden Verhaltens die Besorgnis begründen, dass sie die für die jeweilige Tätigkeit erforderliche persönliche Eignung nicht besitzen bzw. offenbar nicht gewillt sind, die für die gewerbliche Tätigkeit einzuhaltenden Vorschriften zu achten, sollen dabei aus dem Kreis der gewerblich Tätigen zum Schutz der Allgemeinheit als auch bestimmter Individuen ausgeschlossen werden. Dabei ist ebenfalls abschließend festzustellen, dass die persönliche Voraussetzung der Zuverlässigkeit nicht moralisch geprägt ist.[176] Auch hier liefern nur solche Umstände den begründeten Verdacht an einer zweifelhaften Persönlichkeit bzw. persönlichen Eignung, die im Widerspruch zu den Anforderungen

---

172 Zu diesen zählen nach allgemeiner Auffassung das Leben, die Gesundheit, die Freiheit, die Sittlichkeit, das Eigentum, das Vermögen in privater als auch in öffentlich-rechtlicher Hinsicht, *Heß*, GewArch 2009, 89 (90) m.w.N.

173 VGH *Mannheim*, NVwZ-RR 1994, 20 (21); *Marcks*, in: Landmann/Rohmer, Gewerbeordnung, 85. El. September 2020, § 35 Rn. 32; *Ennuschat*, in: Ennuschat/Wank/Winkler, Gewerbeordnung, 9. Aufl. 2020, § 35 Rn. 31; *Heß*, GewArch 2009, 89 (90).

174 Diese beiden Aspekte hervorhebend *Heß*, GewArch 2009, 89 (90), der in Bezug auf letzteren klarstellt, dass je länger die Regelwidrigkeiten zurückliegen, diese umso weniger den zwingenden Schluss im Sinne einer negativen Prognose für das gewerbliche Wirken des Gewerbetreibenden zulassen.

175 *Eifert*, JuS 2004, 565 (567).

176 *Eifert*, JuS 2004, 565 (567).

stehen, die der Einzelne im Rahmen seiner gewerblichen Tätigkeit erfüllen muss.[177] Wobei auch hier, wie bei dem Begriff der Unwürdigkeit, die persönlichen Voraussetzungen, also die inhaltlichen konkreten Anforderungen, je nach Zusammenhang unterschiedlich ausgeprägt sind.[178] Wesentlich ist jedoch, dass mit diesem Begriff im Ergebnis der gleiche Zweck verfolgt wird wie mit dem Begriff der Unwürdigkeit auch, denn sowohl mittels des Unwürdigkeits- als auch Unzuverlässigkeitsbegriffs sollen Personen, die die persönlichen Voraussetzungen für eine ordnungsgemäße Leistungserbringung im Rahmen der jeweiligen Tätigkeit nicht gewährleisten, zum Schutz besonders wichtiger Rechtgüter ausgeschlossen werden.[179]

3. Unwürdigkeit im anwaltlichen Berufsrecht als Synonym der Unzuverlässigkeit

Betrachtet man ausgehend von diesem Zweck des Unzuverlässigkeitsbegriffs erneut den Begriff der Unwürdigkeit im anwaltlichen Berufsrecht, fällt nicht nur auf, dass der mit dem Unwürdigkeitsbegriff verfolgte Zweck ebenfalls auf die Gewährleistung einer ordnungsgemäßen Tätigkeit ausgerichtet ist. Festzustellen ist auch, dass die Begriffe hinsichtlich der Maßstäbe, die zu ihrer Beurteilung herangezogen werden, deutliche Übereinstimmungen aufweisen:

Übereinstimmungen lassen sich dabei nicht nur hinsichtlich der Definitionen entnehmen, wonach bei beiden der Vorwurf dann erhoben wird, wenn es sich um eine Person handelt, die auf Grundlage ihres in der Vergangenheit liegenden Verhaltens den Gesamteindruck erweckt, dass sie in Zukunft die für ihren Beruf geltenden Anforderungen nicht erfüllen wird. Übereinstimmungen lassen sich vor allem auch anhand der Umstände festmachen, die zur Bestimmung des Schlüsselbegriffs herangezogen werden: Festzustellen ist nämlich, dass bei beiden Begriffen nicht nur das in der Vergangenheit liegende Geschehen den maßgeblichen Ausgangspunkt der Persönlichkeitsbewertung bildet. Festzustellen ist auch, dass bei beiden Begriffen gleichermaßen erfragt wird, ob die Person auf Grund des in der Vergangenheit liegenden Geschehens die Besorgnis begründet, dass sie in Zukunft ein Fehlverhalten erneut vorweisen und somit eine ordnungsgemäße Tätigkeitsausübung nicht gewährleisten wird. Damit wird ersichtlich, dass es bei beiden Begriffen darum geht, mittels einer Persönlichkeitsbewertung

---

177 Vgl. *Eifert*, JuS 2004, 565 (567).
178 *Eifert*, JuS 2004, 565 (567); dies ebenfalls deutlich machend BVerwGE 39, 247 (253).
179 Vgl. *Eifert*, JuS 2004, 565 (567).

herauszufinden, ob die Person die jeweiligen persönlichen Voraussetzungen erfüllt, die es für eine ordnungsgemäße Tätigkeitsausübung bedarf. Hinsichtlich der Persönlichkeitsbewertung ist dabei ebenfalls festzustellen, dass bei beiden Begriffen nicht nur das in der Vergangenheit liegende Fehlverhalten, sondern auch die Umstände des Einzelfalls, wie bspw. die Schwere der Tat als auch der Zeitablauf, berücksichtigt werden. Zudem ist anzumerken, dass bspw. Verfehlungen, die in keinem Zusammenhang zu der in Rede stehenden Tätigkeit stehen, den jeweiligen Vorwurf nicht begründen können, was bedingt, dass eine stets tätigkeitsbezogene Auslegung des Begriffs stattfindet.[180] Im Zuge dessen ist auch festzustellen, dass das Persönlichkeitsmerkmal keinesfalls eine Tadellosigkeit einer Person in sämtlichen Lebensbereichen verlangt, sondern die geforderte Integrität nur insoweit bestehen muss, wie es für die jeweilige ordnungsgemäße Tätigkeitsausübung von Nöten ist. Diese Integrität wird dabei in beiden Kontexten vor allem insoweit verstanden, dass die jeweilige Person eine Persönlichkeit und somit eine Bereitschaft vorweist, die von ihr vorzunehmende Tätigkeit ordnungsgemäß durchzuführen.

Da somit die Begriffe definitorisch, inhaltlich als auch von ihrer Zielsetzung deutliche Übereinstimmung(en) aufweisen, ist abschließend festzustellen, dass der Begriff der Unwürdigkeit im anwaltlichen Berufsrecht dem Begriff der Unzuverlässigkeit i.S.d. § 35 Abs. 1 GewO entspricht.[181]

4. *Ähnlichkeit mit dem Unwürdigkeitsbegriff im Hochschulrecht*

Bezüglich des Begriffs der Unwürdigkeit im hochschulrechtlichen Kontext ist zwar anzumerken, dass ein prognostisches Element gerade nicht gefordert

---

180 Vgl. diesbezüglich zur Unzuverlässigkeit *Eifert*, JuS 2004, 565 (568 f.); vgl. auch *Ennuschat*: in: Tettinger/Wank/Ennuschat, GewO, 9. Aufl. 2020, § 35 Rn. 28 f.; bezüglich der Unwürdigkeit siehe S. 40.

181 Den Begriff der Zuverlässigkeit ebenfalls ausdrücklich betonend, *Kleine-Cosack*, in: Kleine-Cosack, BRAO, 7. Aufl. 2015, § 7 Rn. 14; vgl. auch AGH Hamm, Urt. v. 30.10.2015 – 1 AGH 25/15, Rn. 40 – juris, wonach es für eine funktionierende Rechtspflege „zuverlässiger Rechtsanwälte" bedarf. Dies ebenfalls explizit betonend *Schmidt-Räntsch*, in: Gaier/Wolf/Göcken, Anwaltliches Berufsrecht, 3. Aufl. 2020, § 7 BRAO Rn. 33, der zudem betont, dass unwürdig nur ein Verhalten sein könne, das Zweifel daran begründe, dass der Bewerber den Anforderungen an die Zuverlässigkeit als Rechtsanwalt nicht genüge; im Zusammenhang mit dem Unwürdigkeitsbegriff den Begriff der Zuverlässigkeit ebenfalls explizit betonend *Vogel*, Versagung, Rücknahme, Widerruf der Anwaltszulassung wegen Unwürdigkeit der Person, S. 27. Gewisse Ähnlichkeit ebenfalls feststellend VG Schleswig, NJW 2001, 387 (388).

wird. Allerdings ist hier aber ebenfalls festzustellen, dass sein Verständnis – ordnungsgemäße Leistungserbringung zum Erhalt der Funktionsfähigkeit des Wissenschaftsbetriebs – eine gewisse Übereinstimmung mit dem Begriff der Unzuverlässigkeit dahingehend vorweist, dass auch mit diesem eine ordnungsgemäße Leistungserbringung im jeweiligen System gewährleistet werden soll. Im Ergebnis wird man daher beiden Begriffen zumindest hinsichtlich ihres funktionellen Wesens eine Übereinstimmung zusprechen dürfen.[182]

5. *Zwischenergebnis*

Insgesamt ist somit festzustellen, dass der Begriff der Unwürdigkeit im anwaltlichen und hochschulrechtlichen Kontext mit dem Begriff der Unzuverlässigkeit zumindest im funktionalen Sinne deutliche Übereinstimmungen vorweist. Darüber hinaus ist in Bezug auf den Begriff der Unwürdigkeit im anwaltlichen Berufsrecht festzustellen, dass dieser dem Unzuverlässigkeitsbegriff i.S.d. § 35 Abs. 1 GewO wegen seiner definitorischen und inhaltlichen Übereinstimmungen vollends entspricht. Damit lässt sich zumindest für den Begriff der Unwürdigkeit im anwaltlichen Kontext abschließend festhalten, dass dieser – strenggenommen – als Synonym der Unzuverlässigkeit verstanden werden kann.

V. Vertrauen und Zuverlässigkeit

Im Zuge der Analyse der zum Begriff der Unwürdigkeit ergangenen Rechtsprechungen als auch anhand des vorgenommenen Vergleichs zum Unzuverlässigkeitsbegriff i.S.d. § 35 Abs. 1 GewO ist somit zunächst ersichtlich geworden, dass der Begriff der Unwürdigkeit dem der Unzuverlässigkeit vollends bzw. im funktionalen Sinne entspricht.

Bei der Auswertung der Rechtsprechung deutete sich zudem an, dass dem Aspekt des Vertrauens auch in diesen Rechtsgebieten – anwaltlichen Berufsrecht und Hochschulrecht – eine gewisse Bedeutung zugemessen wird. Diese gilt es nachfolgend erneut näher zu betrachten, um zu verdeutlichen, wie der Schutz des dort ebenfalls relevant werdenden Vertrauens – vor allem im anwaltlichen Berufsrecht – über den Begriff der Unzuverlässigkeit erfolgt.

---

182 Ebenso *Beckermann*, VerwArch 109 (2018), 117 (131).

1. Vertrauen im Hochschulrecht

Für das Verständnis des Vertrauens im Hochschulrecht maßgeblich ist die Entscheidung des BVerwG aus dem Jahr 2013. Mit dieser Entscheidung machte das BVerwG – wie aufgezeigt – nicht nur deutlich, wie der Begriff der Unwürdigkeit im Hochschulrecht von nun an zu verstehen ist. Die Entscheidung zeigte auch, welche Bedeutung das Vertrauen für die Funktionsfähigkeit des Wissenschaftsbetriebs hat, wie weit dieses Vertrauen zu verstehen ist und wie dieses über den Begriff der Unwürdigkeit geschützt wird.

Für die Erläuterung dieser Punkte sind dabei die Ausführungen des BVerwG zur Vereinbarkeit der wissenschaftsbezogenen Auslegung des § 35 Abs. 7 Satz 1 LHG BW durch den VGH mit der Wissenschaftsfreiheit nach Art. 5 Abs. 3 Satz 1 GG maßgeblich:

Im Rahmen dieser Entscheidung stellte das Gericht wesentlich klar, dass in der Wissenschaft als prinzipiell offenes System jeder wissenschaftlich Tätige, der mit seinen Forschungen auf die Erkenntnisse anderer aufbaue, darauf vertrauen können müsse, dass diese nicht manipuliert seien. Werde dieses Vertrauen verletzt, führe dies dazu, dass neben der Qualität der jeweiligen Forschungsarbeit auch die Präzision des jeweiligen Fachdiskurses leide, was wiederum dazu führen könne, dass die Glaubwürdigkeit des gesamten Wissenschaftsbetriebs beschädigt werde.

Um einen Schutz dieses Vertrauens zu gewährleisten, stellte das Gericht deshalb fest, dass es keinen unverhältnismäßigen Eingriff in die Wissenschaftsfreiheit des Einzelnen darstelle, wenn zum Schutz der Funktionsfähigkeit des Wissenschaftsbetriebs solchen Personen im Nachhinein der Doktorgrad nach § 35 Abs. 7 Satz 1 LHG BW wieder entzogen werde, die durch ein später begangenes wissenschaftliches Fehlverhalten den mit dem Doktorgrad verbundenen Anschein einer stets wissenschaftskonformen Arbeitsweise bewusst in Abrede stellen.

Damit wird ersichtlich, dass der Bedeutung des Vertrauens für die Funktionsfähigkeit des Wissenschaftsbetriebs eine bedeutende Rolle zukommt. Dies beruht dabei auf der nachvollziehbaren Erwägung, dass eine stets vorzunehmende Überprüfung aller wissenschaftlichen Werke auf ihre Wissenschaftskonformität die Leichtigkeit des wissenschaftlichen Diskurses, aber auch die Möglichkeit wissenschaftlich tätig zu werden, wesentlich erschweren bzw. gänzlich verhindern würde.[183] Um dies jedoch zu gewährleisten, wird es daher von

---

183 Ebenso *Stumpf*, JöR 61 n.F. (2013), 329 (377) und *Lorenz*, DVBl. 2005, 1242 (1244).

der Rechtsprechung als notwendig angesehen, das Vertrauen zu schützen. Hinsichtlich dieses Vertrauens ist jedoch festzustellen, dass es nicht grenzenlos ist. Vielmehr bezieht es sich ausschließlich auf eine ordnungsgemäße Tätigkeitsausübung im Sinne einer redlichen, wissenschaftskonformen Arbeitsweise.

Dass die Weite des Vertrauens dabei beschränkt ist, ergibt sich nicht nur aus den Ausführungen des BVerwG zur Wissenschaft selbst. Deutlich wird dies auch durch das rein wissenschaftsbezogene Verständnis des Doktorgrades selbst, das – von nun an – herangezogen wird, um den Begriff der Unwürdigkeit zu bestimmen. Nach diesem Verständnis verleiht der Doktorgrad seinem jeweiligen Inhaber – wie aufgezeigt – neben dem Nachweis zur selbstständigen wissenschaftlichen Arbeit nämlich nur dahingehend einen Vertrauensvorschuss, dass er sich im Fall seiner weiteren wissenschaftlichen Betätigung stets an die Regeln der guten wissenschaftlichen Praxis halten werde. Da die Wahrung dieses rein tätigkeitsbezogenen Vertrauens für die Funktionsfähigkeit maßgeblich ist, schlussfolgerte daher das Gericht – nachvollziehbar –, dass es keinen unverhältnismäßigen Eingriff in die Wissenschaftsfreiheit des Einzelnen darstelle, wenn diesem zum Schutz des Vertrauens dessen Doktortitel auf Grund seiner wissenschaftlichen Unredlichkeit nachträglich durch den Widerruf wegen Unwürdigkeit wieder entzogen werde. Hat doch der Titelträger, vor allem im Fall der bewussten Fälschung von Forschungsergebnissen, den mit dem Titel verbundenen Vertrauensvorschuss hinsichtlich einer stets wissenschaftskonformen Arbeitsweise in Abrede gestellt, sodass dieser zum Schutz vor Irreführung im Wissenschaftsbetrieb mittels des Widerrufs wegen Unwürdigkeit korrigiert werden müsse.

Daraus wird jedoch deutlich, dass dem Ausschlussmerkmal der Unwürdigkeit hinsichtlich des Vertrauensschutzes eine Schlüsselfunktion zukommt. Gewährt doch dieses Merkmal durch den Ausschluss nicht ordnungsgemäß arbeitender – und somit „unwürdiger" – Personen zugleich das Vertrauen darauf, dass man sich ausschließlich solchen Personen ausgesetzt sieht, bei denen man darauf vertrauen kann, dass diese ihre wissenschaftlichen Erkenntnisse ordnungsgemäß gewonnen haben.

Damit wird aber abschließend ersichtlich, dass der Schutz des Vertrauens zwar über den Begriff der Unwürdigkeit gewährleistet wird, dieser aber nach dem hier dargelegten Verständnis zumindest im funktionalen Sinne dem Begriff der Unzuverlässigkeit entspricht. Dass somit der Schutz des Vertrauens zumindest im funktionalen Sinne über den Begriff der „Unzuverlässigkeit" erfolgt, kann damit abschließend festgestellt werden.

2. Vertrauen im anwaltlichen Berufsrecht

Weniger deutliche Aussagen trifft die Rechtsprechung indes über den Aspekt des Vertrauens im anwaltlichen Berufsrecht. Lediglich die jüngste Entscheidung des BVerfG[184] lässt erahnen, dass es mittels des Versagungsgrunds der Unwürdigkeit ebenfalls darum geht, das Vertrauen in eine bestimmte Gruppe zu schützen.

Anders als bei der zuvor genannten Entscheidung des BVerwG im Hochschulrecht, lassen sich jedoch aus der Entscheidung des BVerfG keine spezifischen Aussagen über das Vertrauen in die Rechtsanwaltschaft entnehmen. Klar wird nur, dass es sich um ein Vertrauen in eine gewisse Integrität der Anwaltschaft im Interesse einer funktionierenden Rechtspflege handelt.[185]

Wie dieses Vertrauen konkret ausgestaltet ist, ergibt sich erst aus der erneuten Betrachtung der zum Unwürdigkeitsbegriff bereits getroffenen Feststellungen. Aus diesen wird zunächst deutlich, dass es Zweck des Unwürdigkeitsbegriffs ist, solche Personen aus der Rechtsanwaltschaft auszuschließen, die auf Grund ihres in der Vergangenheit liegenden Verhaltens eine Persönlichkeit – und somit eine Bereitschaft – erkennen lassen, die mit der Ausübung der anwaltlichen Tätigkeit nicht zu vereinbaren ist. Dabei ist diese Persönlichkeitsanforderung nicht derart ausgeprägt, dass der jeweilige Bewerber eine gewisse Integrität in jeder Lebenslage vorweisen muss. Entscheidend ist vielmehr, dass diese derart ausgeformt ist, dass keine Zweifel daran bestehen, dass eine ordnungsgemäße Tätigkeitsausübung in Form der Wahrnehmung aller einen Rechtsanwalt treffenden Aufgaben und Verpflichtungen gewährleistet wird. Ziel ist es somit sicherzustellen, dass nur solche Personen zur Rechtsanwaltschaft (wieder-)zugelassen werden, die die Sicherheit bieten, dass sie die von ihnen wahrzunehmende Tätigkeit ordnungsgemäß erbringen werden.

Relevanz scheint diese zu fordernde persönliche Eigenschaft insoweit zu haben, dass es sich hierbei gerade um eine Tätigkeit handelt, die von Außenstehenden oder anderen, ebenfalls am Rechtssystem Beteiligten, nicht ohne Weiteres in ihren Einzelheiten überprüft werden kann.

Vor allem Außenstehende sollen sich wohl darauf verlassen können, dass sie sich einem Interaktionspartner gegenübersehen, der keinerlei Zweifel daran begründet, dass er seine, dem Gegenüber wohl übergeordnete Stellung zu seinem Vorteil ausnutzt.[186]

---

184 BVerfG, NJW 2017, 3704 ff.

185 BVerfG, NJW 2017, 3704 (3705).

186 Dafür spricht zumindest die strenge Ahndung von Fehlverhaltensweisen wie die der Untreue, die in der Praxis sowohl den Ausschluss als auch die Versagung der Wiederzulassung zur Rechtsanwaltschaft – fast schon zwingend – begründet, siehe dazu

Bezugnehmend auf das Verständnis des Vertrauensschutzes ist damit wohl Zweck des Unwürdigkeitsbegriffs, Laien als auch Personen, die im Rechtswesen mit den jeweiligen Vertretern einer Profession in Kontakt kommen, ein gewisses Maß an Sicherheit dahingehend zu vermitteln, dass man sich einem Interaktionspartner gegenübersieht, der gerade keinen Anlass dazu bietet, an seinen Fähigkeiten oder seiner Einstellung zur Erfüllung der ihm anvertrauten Aufgaben bzw. Güter zu zweifeln und sich im Zuge dessen vollumfänglich in seine Abhängigkeit begeben und anvertrauen kann.[187]

Dabei muss zwar festgestellt werden, dass ein umfassender Vertrauensschutz insofern erfolgt, dass bereits auch solche Personen aus der Rechtsanwaltschaft

---

erst jüngst AnwGH Hamm, Urt. v. 01.03.2019 - 2 AGH 15/18, Rn. 32 f. - juris, der diesen anordnete, da die (mehrfache) Begehung eines solchen Delikts die anwaltliche Kernpflicht - und damit zusammenhängend wohl auch das ihm entgegengebrachte Vertrauen verletzt; siehe dazu auch BGH, Beschl. v. 28.03.2013 - AnwZ (Brfg) 40/12, Rn. 5 ff. - juris. Dass mit der Verletzung dieser Pflicht zugleich eine Verletzung des Vertrauens einhergeht, macht zumindest *Henssler*, in: Henssler/Prütting, BRAO, 5. Aufl. 2019, § 43 Rn. 226 m.w.N. deutlich, der in Bezug auf diese typische anwaltliche Grundpflicht nach § 43a Abs. 5 BRAO feststellt, dass diese eine typische Konstellation normiere, in der einem Anwalt Vertrauen seitens des Mandanten entgegengebracht werde. Dafür spricht auch die Begründung zu § 43a Abs. 5 BRAO, BT-Drucks 12/4993, 28, wonach die Sorgfaltspflicht eines Anwalts beim Umgang mit fremden Vermögenswerten aus dem vertraglichen Vertrauensverhältnis zu seinen Mandaten und der Erwartung in die uneingeschränkte Integrität des Rechtsanwalts in seiner Stellung als Organ der Rechtspflege entstehe. Dazu ebenfalls *Henssler*, in: Henssler/Prütting, BRAO, 5. Aufl. 2019, § 43a Rn. 219, der hinsichtlich der Begründung des Gesetzesentwurfs anführt, dass mittels der Norm nicht nur und auch nicht in erster Linie der Schutz individueller Mandanteninteressen gewährleistet werden soll, sondern darüber hinaus - ähnlich wie bei der anwaltlichen Verschwiegenheitspflicht - das allgemeine Vertrauen in die Korrektheit und Integrität der Anwaltschaft in allen finanziellen Fragen und damit zugleich die Funktion der Anwaltschaft in der Rechtspflege.

187 Nicht ohne Grund werden daher Anträge von Rechtsanwälten auf Wiederzulassung zur Rechtsanwaltschaft i.S.d. § 7 BRAO nach erfolgtem Ausschluss aus der Rechtsanwaltschaft wegen Untreue auch nach langer Bewährungszeit wegen weiter anhaltender Unwürdigkeit i.S.d. Unzuverlässigkeit abgelehnt, siehe allein dazu BGH, Beschl. v. 28.03.2013 - AnwZ (Brfg) 40/12, Rn. 5 ff. - juris. Hat doch der Wiederbewerber durch sein früheres Verhalten unter Beweis gestellt, dass er die ihn treffenden Pflichten und damit zusammenhängend dem in ihn gesetzten Vertrauen keine Bedeutung zumisst, sodass auf Grund seiner darin zum Ausdruck gekommenen Persönlichkeit erhebliche Zweifel bestehen, dass er diese erneut zeigen wird, sofern sich ihm erneut die Möglichkeit dazu bietet.

ausgeschlossen werden können, die nie in eine konkrete Vertrauenssituation gekommen sind. Dies täuscht jedoch nicht darüber hinweg, dass der eigentliche Kern des Vertrauensverständnisses wohl die konkrete Vertrauenssituation bspw. zwischen Mandanten und Anwälten ist, die geschützt werden soll. Soll doch mit dem Begriff der Unwürdigkeit lediglich bezweckt werden, dass derjenige, der sich in eine solche Vertrauenssituation begibt, die Gewissheit hat, dass er sich seinem Gegenüber voll und ganz anvertrauen kann.

Daraus folgt, dass hier zwischen zwei Punkten zu differenzieren ist:

Zum einen zwischen dem Vertrauen, das sich, gemessen an der konkreten Vertrauenssituation bspw. zwischen Anwalt und Mandanten, auf eine ordnungsgemäße Tätigkeitsausübung bezieht und somit nur dort relevant wird, wo es sich um eine tatsächliche Interaktion von (mindestens) zwei Personen handelt, bei der sich eine Person (der Vertrauende) in die Abhängigkeit seines Gegenübers begibt (Vertrauensperson) und darauf hofft, dass dieser die von ihm auszuübende Tätigkeit ordnungsgemäß vollziehen wird.[188]

Zum anderen zwischen der Gewährleistung dieses Vertrauens. Diese Vertrauensgewährleistung, erfolgt insofern, dass bereits auch solche Verhaltensweisen sanktioniert werden, die noch nicht das konkrete Vertrauensverhältnis an sich betreffen, dieses aber insofern negativ beeinträchtigen (könnten), dass eine Nichtahndung dieser Verhaltensweisen bei der Bevölkerung den Eindruck entstehen lassen (könnte), dass man sich in einer konkreten Vertrauenssituation womöglich einem Vertreter ausgesetzt sieht, der wohl nicht die Persönlichkeit und somit die Bereitschaft vorweist, stets zum Wohle des Mandanten zu handeln.

Aus dem umfassenden Schutz des Vertrauens mittels des Begriffs der Unwürdigkeit, der hier als Unzuverlässigkeit zu verstehen ist, darf jedoch nicht geschlussfolgert werden, dass sich das tatsächliche Vertrauen ebenfalls auf diesen Bereich erstreckt. Es geht mit dem Begriff ausschließlich darum, eine Sicherheit zu gewährleisten. Eine Sicherheit, die einzig darauf ausgerichtet ist, solche Personen auszuschließen, die auf Grund ihres in der Vergangenheit liegenden Verhaltens eine Persönlichkeit zeigen, die erhebliche Zweifel daran begründet, dass die Personen in einer konkreten Situation, in der ihr seitens des Gegenübers tatsächlich Vertrauen entgegengebracht wird, diesem nicht entsprechen wird. Es wird somit – wie im Hochschulrecht (Wissenschaftsbetrieb) auch – beabsichtigt, eine gewisse Form der Sicherheit, zugleich aber auch der Vertrauenswürdigkeit insoweit zu schaffen, dass alle Personen, die mit den Vertretern der Rechtsanwaltschaft in Kontakt treten, die Gewissheit haben, dass sie sich ausschließlich

188 Siehe dazu Ausführungen in Fußnote 186.

ordnungsgemäß arbeitender Personen ausgesetzt sehen. Das Vertrauen an sich bleibt jedoch nur auf die ordnungsgemäße Tätigkeitsausübung beschränkt.

3. Zwischenergebnis: Vertrauen durch Zuverlässigkeit

Aus der Gesamtbetrachtung des konkreten Unwürdigkeitsverständnisses im anwaltlichen und hochschulrechtlichen Kontext wurde zunächst ersichtlich, dass der Begriff der Unwürdigkeit dem Begriff der Unzuverlässigkeit tatsächlich entspricht bzw. diesem funktional ähnelt. Deutlich wurde auch, dass mit dem Unwürdigkeitsbegriff ein gewisser Zweck verfolgt wird: Personen, die eine ordnungsgemäße Tätigkeitsausübung nicht vornehmen bzw. offenbar nicht gewillt sind, diese vorzunehmen, werden bzw. sollen aus der jeweiligen Gruppe und somit aus dem System ausgeschlossen werden. Dies beruht auf der offensichtlich bestehenden Zielsetzung, eine ordnungsgemäße und somit zuverlässige Tätigkeitsausübung zu gewährleisten.

Ebenfalls wurde deutlich, dass mit dem Begriff neben dem Schutz einer zuverlässigen Tätigkeitsausübung ein weiteres Ziel verfolgt wird: Die Gewährleistung eines gewissen Maßes an Vertrauen. Bezüglich des konkreten Vertrauens ist festzustellen, dass sich dieses in beiden Kontexten nur auf eine ordnungsgemäße Tätigkeitsausübung erstreckt. Denn die Frage des Vertrauens wird in beiden Kontexten stets nur dort relevant, wo der Einzelne die von einem anderen ausgeübte Tätigkeit hinsichtlich ihrer fachlichen Richtigkeit nicht vollends überprüfen kann, zugleich aber von dieser abhängig ist.

Da sich diese Form der Abhängigkeit und mangelnden Kontrollierbarkeit – wie aufgezeigt – ausschließlich im Rahmen der jeweiligen Tätigkeit der Vertrauensperson aufzeigt, ist hier von einem rein tätigkeitsbezogenen Vertrauensverständnis auszugehen.

Bezüglich des Schutzes dieses konkreten Vertrauens ist festzustellen, dass dieser mittels des Begriffs der Unwürdigkeit im Sinne der Unzuverlässigkeit stattfindet. Dies geschieht insofern, dass alle Personen, die tatsächlich gegen die für sie geltenden Regelungen der ordnungsgemäßen Leistungserbringung verstoßen (haben) bzw. auf Grund ihres in der Vergangenheit liegenden Verhaltens die Besorgnis begründen, dass sie diese in Zukunft nicht ordnungsgemäß vornehmen werden, ausgeschlossen bzw. nicht zugelassen werden. Haben doch diese Personen durch das von ihnen gezeigte, in der Vergangenheit liegende Verhalten dargetan, dass sie nicht nur nicht willens sind, die für sie geltenden berufsrechtlichen Regelungen zu achten, sondern auch das diesbezüglich bestehende Vertrauen, das sich ausschließlich auf eine ordnungsgemäße Tätigkeitsausübung bezieht, zu erfüllen.

Vor allem dem Einzelnen – gerade auch Außenstehenden – soll durch den Ausschluss bzw. die Nichtzulassung der jeweilig betroffenen Personen offenbar die Sicherheit gewährt werden, dass man sich ausschließlich ordnungsgemäß arbeitender und zugleich solchen Personen ausgesetzt sieht, denen man sich anvertrauen kann.

Daraus ergibt sich, dass Vertrauen und Zuverlässigkeit keine Aspekte sind, die nebeneinanderstehen. Vielmehr korrelieren sie miteinander, indem durch den Ausschluss bzw. durch die Nichtzulassung zur Gruppe nicht nur sichergestellt wird, dass man sich ausschließlich ordnungsgemäß arbeitender Personen ausgesetzt sieht, sondern zugleich auch solchen, denen man vertrauen kann. Im Ergebnis wird damit deutlich, dass mittels des Ausschluss- bzw. Versagungsgrundes der Unwürdigkeit, der hier als Unzuverlässigkeit zu verstehen ist, nicht nur die Gewährleistung zuverlässig arbeitender, sondern auch das Vertrauen hinsichtlich vertrauenswürdiger Personen sichergestellt wird.

Dass ein solch tätigkeitbezogenes Vertrauensverständnis, aber auch dessen Schutz über den Unzuverlässigkeitsbegriff keine Allgemeingültigkeit erfährt, zeigt die nachfolgende Betrachtung des Unwürdigkeitsbegriffs im ärztlichen Kontext.

VI. Der Begriff der Unwürdigkeit im Medizinrecht

1. Anwendungsbereich des Begriffs

a) Die Erteilung der Approbation

Gemäß § 2 Abs. 1 BÄO bedarf derjenige, der im Geltungsbereich der Bundesärzteordnung den ärztlichen Beruf ausüben will, der Approbation als Arzt. Unter einer Approbation ist dabei die staatliche Erlaubnis zur dauernden, eigenverantwortlichen und selbstständigen Ausübung der Heilkunde am Menschen zu verstehen.[189] Mit dem Erhalt begründet die Approbation ihrem jeweiligen Inhaber nicht nur das Recht, die ärztliche Kunst auszuüben, sondern stellt auch gleichzeitig fest, dass der Empfänger die Befähigung zur Ausübung der ärztlichen Kunst besitzt.[190] Der Rechtsnatur nach handelt es sich bei der Approbation „um einen die Befähigung zur Ausübung des ärztlichen Berufs feststellenden

---

189 *Schelling*, in: Spickhoff, Medizinrecht, 3. Aufl. 2018, § 2 BÄO Rn. 2.

190 *Schelling*, in: Spickhoff, Medizinrecht, 3. Aufl. 2018, § 2 BÄO Rn. 2; *Rebhorn*, in: Laufs/Kern/Rebhorn, Handbuch des Arztrechts, 5. Aufl. 2019, § 8 Rn. 5.

Verwaltungsakt.“[191] Dieser wird von der jeweilig zuständigen Behörde des Landes gem. § 12 Abs. 1 BÄO erteilt. Anders als die Erlaubnis nach § 2 Abs. 2 BÄO, ist die ärztliche Approbation nicht teil- und einschränkbar.[192] Eine mit Auflagen oder Nebenbestimmungen versehene Approbation ist damit nichtig.[193]

Hinsichtlich der für die Erteilung relevanten Voraussetzungen hält § 3 Abs. 1 Satz 1 BÄO einen abschließenden Katalog bereit, der im Fall seiner Erfüllung dem jeweiligen Antragsteller einen Rechtsanspruch auf Erteilung der Approbation gegenüber der jeweiligen Behörde zuspricht.[194]

Neben den geforderten Eigenschaften wie der gesundheitlichen Eignung (Nr. 3), einem Medizinstudium und einer ärztlichen Prüfung in der Bundesrepublik Deutschland (Nr. 4) und auch den für die Berufsausübung erforderlichen Sprachkenntnissen (Nr. 5), muss der jeweilige Bewerber auch eine gewisse Charakterfestigkeit im Sinne einer Würdigkeit und Zuverlässigkeit aufweisen (Nr. 2). Erfüllt der Antragsteller eine der in § 3 Abs. 1 Satz 1 BÄO aufgelisteten Voraussetzungen nicht, ist der von ihm gestellte Antrag seitens der Behörde zwingend zu versagen. Dabei handelt es sich insbesondere bei der von dem Gesetzgeber geforderten Voraussetzung der charakterlichen Festigkeit im Sinne einer Würdig- als auch Zuverlässigkeit um eine solche, die ein Bewerber nicht nur im Zeitpunkt der Antragstellung, sondern auch während seiner beruflichen Tätigkeit stets vorzuweisen hat.

---

191 *Rebhorn*, in: Laufs/Kern/Rebhorn, Handbuch des Arztrechts, 5. Aufl. 2019, § 8 Rn. 5; näher zu den Charakteristika eines feststellenden Verwaltungsakts *Maurer/Waldhoff*, Allg. Verwaltungsrecht, 20. Aufl. 2020, § 9 Rn. 47.

192 BVerwG, NJW 1999, 1798 (1799); die Erlaubnis nach § 2 Abs. 2 BÄO ermöglicht eine vorrübergehende oder auf eine bestimmte Tätigkeit beschränkte Ausübung des ärztlichen Berufs im Geltungsbereich der Bundesärzteordnung, siehe dazu im Detail BVerwG, NJW 1999, 1798 (1799) und *Schelling*, in: Spickhoff, Medizinrecht, 3. Aufl. 2018, § 2 BÄO Rn. 2, 3. Aus der Unbeschränkbarkeit der Approbation ergibt sich im Hinblick auf den später relevant werdenden Widerruf der Approbation, dass ein Teilwiderruf als verhältnismäßig milderes Mittel angesichts des mit dem Widerruf verbundenen Eingriffs in Art. 12 Abs. 1 GG nicht möglich ist, siehe dazu BVerwG, NJW 1998, 2756 (2758) und VG Oldenburg, Urt. v. 23.06.2020 – 7 A 2200/19, Rn. 66 – juris.

193 BVerwG, NJW 1998, 2756 (2758); BVerwG NJW 1999, 1798 (1799); *Haage*, in: Rieger/Dahm/Katzenmeier/Steinhilper, HK-AKM, 84. Erg.-Lfg. 2020, 160 Rn. 91; *Schelling*, in: Spickhoff, Medizinrecht, 3. Aufl. 2018, § 2 BÄO Rn. 2; *Rebhorn*, in: Laufs/Kern/Rebhorn, Handbuch des Arztrechts, 5. Aufl. 2019, § 8 Rn. 6 mit Verweis auf diese Urteile.

194 *Schelling*, in: Spickhoff, Medizinrecht, 3. Aufl. 2018, § 3 BÄO Rn. 1.

b) Widerruf und Rücknahme der Approbation

Seitens der jeweilig zuständigen Behörde des Landes besteht die Möglichkeit, eine einst erteilte Approbation wieder zu entziehen, § 5 Abs. 1, Abs. 2 BÄO. Dem Wesen nach handelt es sich sowohl bei der Rücknahme als auch beim Widerruf um einen Verwaltungsakt, der einen zuvor ergangenen Verwaltungsakt – hier die Approbation – wieder aufhebt.[195] Die dafür im allgemeinen Verwaltungsrecht vorgesehenen Vorschriften sind §§ 48 und 49 VwVfG.[196] Die Bundesärzteordnung hält jedoch mit § 5 BÄO einen abschließenden Sondertatbestand bereit, der die Anwendbarkeit der in §§ 48 und 49 VwVfG normierten allgemeinen Verwaltungsvorschriften ausschließt.[197]

Mit den in Abs. 1 und Abs. 2 normierten, als abschließend zu betrachtenden Katalog an Entziehungsgründen stellt § 5 BÄO einen speziell für das ärztliche Berufsrecht geltenden Entziehungstatbestand dar, dem sich die jeweilig zuständige Behörde des Landes, § 12 Abs. 4 BÄO, bei der nachträglichen Entziehung der Approbation bedient.[198] Dabei unterteilt sich der Entziehungstatbestand des § 5 BÄO, gemessen an den in Abs. 1 und Abs. 2 normierten Regelungen, allgemein in einen Rücknahme- (Abs. 1) und Widerrufstatbestand (Abs. 2). Innerhalb dieser Tatbestände findet eine weitere Differenzierung zwischen fakultativen und obligatorischen Rücknahme- bzw. Widerrufsgründen statt.[199]

Den in der Praxis wohl relevantesten Fall stellt die Entziehung einer einst rechtmäßig erteilten Approbation wegen nachträglich eingetretener Unwürdigkeit nach § 5 Abs. 2 Satz 1 i.V.m. § 3 Abs. 1 Satz 1 Nr. 2 BÄO[200]

---

195 Dazu im Allgemeinen *Maurer/Waldhoff*, Allg. Verwaltungsrecht, 20. Aufl. 2020, § 11 Rn. 20.

196 Dazu im Detail *Maurer/Waldhoff*, Allg. Verwaltungsrecht, 20. Aufl. 2020, § 11 Rn. 2; *Wolff/Bachof/Stober/Kluth*, Verwaltungsrecht I, 13. Aufl. 2017, § 51 Rn. 1 ff.

197 Dazu ausführlich BVerwG, NJW 1998, 2756 (2757); *Quaas*, in: Quaas/Zuck/Clemens, Medizinrecht, 4. Aufl. 2018, § 13 Rn. 25; *Schelling*, in: Spickhoff, Medizinrecht, 3. Aufl. 2018, § 5 BÄO Rn. 3 und *Hofstetter*, Arztrecht, S. 33.

198 BVerwG, NJW 1998, 2756 (2757); *Schelling*, in: Spickhoff, Medizinrecht, 3. Aufl. 2018, § 5 BÄO Rn. 3.

199 *Hofstetter*, Arztrecht, S. 33; *Quaas*, in: Quaas/Zuck/Clemens, Medizinrecht, 4. Aufl. 2018, § 13 Rn. 25; vgl. dazu im Detail *Schelling*, in: Spickhoff, Medizinrecht, 3. Aufl. 2018, § 5 BÄO Rn. 5 ff. und *Haage*, in: Narr, Ärztliches Berufsrecht, Teil B. II. Die Approbation, 2. Rücknahme, Widerruf, Ruhen, Verzicht und Wiedererteilung; Berufsverbot, 2. Aufl., 28. EL: Stand Februar 2018, S. 40 Rn. 4 ff.

200 Nach dem Wortlaut des § 5 Abs. 2 Satz 1 BÄO „ist" die Approbation bei Vorliegen einer der Umstände zu entziehen. Es handelt sich hierbei um einen fakultativen Entziehungsgrund. Eine Ermessensentscheidung der Behörde besteht nicht, vgl. dazu

dar.[201] Erfasst werden mit diesem Entziehungstatbestand Konstellationen, in denen der Arzt seine im Zeitpunkt der Antragstellung bestehende Würdigkeit durch ein späteres Verhalten in Abrede stellt.[202] Von dieser Entziehung in Form des Widerrufs ist die Rücknahme gem. § 5 Abs. 1 Satz 2 i.V.m. § 3 Abs. 1 Satz 1 Nr. 2 BÄO[203] zu unterscheiden, bei der es um die Aufhebung eines Verwaltungsakts geht, der gar nicht hätte ergehen dürfen, da bei seinem Erlass die hierfür unabdingbaren Voraussetzungen nicht vorgelegen haben.[204]

2. Zwischenergebnis: Unwürdigkeit und Unzuverlässigkeit

Anders als in den zuvor untersuchten Teilrechtsgebieten ist zunächst festzustellen, dass der Begriff der Unwürdigkeit nicht der einzige ist, der im ärztlichen

---

auch *Hofstetter*, Arztrecht, S. 33; *Schelling*, in: Spickhoff, Medizinrecht, 3. Aufl. 2018, § 5 BÄO Rn. 1, 13, 14 ff.; *Haage*, in: Narr, Ärztliches Berufsrecht, Teil B. II. Die Approbation, 2. Rücknahme, Widerruf, Ruhen, Verzicht und Wiedererteilung; Berufsverbot, 2. Aufl., 28. EL: Stand Februar 2018, S. 44 Rn. 8.

201 *Quaas*, in: Quaas/Zuck/Clemens, Medizinrecht, 4. Aufl. 2018, § 13 Rn. 25. Beruhend darauf, dass die Behörden vor der Erteilung der Approbation deren Voraussetzungen regelmäßig prüfen werden, kommt es eher selten zur Rücknahme der Approbation, stattdessen – mit in den letzten Jahren massiv zunehmender Häufigkeit – zum Widerruf der Approbation, *Rebhorn*, in: Laufs/Kern/Rebhorn, Handbuch des Arztrechts, 5. Aufl. 2019, § 8 Rn. 37; vgl. zudem *Warntjen*, in: AG Medizinrecht im DAV/IMR, Aktuelle Entwicklungen im Medizinstrafrecht, 77 (78), der diesen Fall im Zusammenhang mit dem Arztstrafverfahren als praktisch relevantesten ansieht.

202 Beim Widerruf tritt die Rechtswirkung, anders als bei der Rücknahme, nicht ex tunc, sondern ex nunc ein, was bedeutet, dass die mit der Approbation verbundene Rechtsstellung für die Zukunft entfällt, *Schelling*, in: Spickhoff, Medizinrecht, 3. Aufl. 2018, § 5 BÄO Rn. 1; *Haage*, in: Narr, Ärztliches Berufsrecht, Teil B. II. Die Approbation, 2. Rücknahme, Widerruf, Ruhen, Verzicht und Wiedererteilung; Berufsverbot, 2. Aufl., 28. EL: Stand Februar 2018, S. 44 f. Rn. 8; *Hofstetter*, Arztrecht, S. 33.

203 Obligatorischer Rücknahmegrund, nach dem die Behörde die Entziehung der Approbation wegen Unwürdigkeit und/oder Unzuverlässigkeit anordnen „kann", *Hofstetter*, Arztrecht, S. 33; dazu im Detail *Schelling*, in: Spickhoff, Medizinrecht, 3. Aufl. 2018, § 5 BÄO Rn. 5, 8 ff.

204 Siehe dazu im Detail *Maurer/Waldhoff*, Allg. Verwaltungsrecht, 20. Aufl. 2020, § 11 Rn. 16 ff.; wobei eine Differenzierung zwischen begünstigenden und belastenden Verwaltungsakten angesichts des Umstandes, dass es sich bei § 5 BÄO um einen abschließenden Sondertatbestand handelt, nicht ankommt; vgl. dazu auch *Schelling*, in: Spickhoff, Medizinrecht, 3. Aufl., § 5 BÄO Rn. 1, als auch *Haage*, in: Narr, Ärztliches Berufsrecht, Teil B, II. Die Approbation, 2. Rücknahme, Widerruf, Ruhen, Verzicht und Wiedererteilung; Berufsverbot, 2. Aufl., 28. EL: Stand Februar 2018, S. 40 Rn. 4.

Kontext relevant wird, wenn es um die Versagung als auch die Entziehung der Approbation geht. Da somit neben dem hier relevant werdenden unbestimmten Rechtsbegriff der Unwürdigkeit ein weiterer besteht, stellt sich nicht nur die Frage, wie dieser zu verstehen ist? Es stellt sich auch die Frage, in welchem Verhältnis diese Begriffe zueinander stehen und was mit ihrer kumulativen Verwendung bezweckt werden soll?[205]

3. Verhältnis von Unwürdigkeit und Unzuverlässigkeit

Aus dem Umstand, dass der Gesetzgeber in § 3 Abs. 1 Satz 1 Nr. 2 BÄO - auf den sich § 5 Abs. 1 Satz 2 als auch § 5 Abs. 2 Satz 1 BÄO beziehen - das Kriterium der Unwürdigkeit selbstständig neben das der Unzuverlässigkeit gestellt hat, wird nach verwaltungsgerichtlicher Rechtsprechung geschlussfolgert, dass beide Begriffe einen eigenständigen Bedeutungsgehalt für die Ausübung des ärztlichen Berufs haben.[206] Dies bedeutet nicht nur, dass jeder Begriff für sich den Entzug begründen kann.[207] Es bedeutet auch, dass es dieser beiden Begriffe - anscheinend - kumulativ bedarf, um gemessen am Zweck des § 5 Abs. 2 Satz 1 BÄO - den Schutz der Gesundheitsversorgung der Bevölkerung - diesen bestmöglich zu gewährleisten.[208]

4. Verständnis von Unwürdigkeit und Unzuverlässigkeit

Was dabei unter diesen beiden Begriffen konkret zu verstehen ist und warum sie überhaupt für den Schutz der Gesundheitsversorgung der Bevölkerung von

205 Die Termini Unwürdigkeit und Unzuverlässigkeit werden zudem verwendet in § 2 Abs. 2 Satz 1 Nr. 2 ZHG, § 4 Abs. 1 Nr. 2 BTÄO als auch § 4 Abs. 1 Satz 1 Nr. 2 BApO, wobei bereits hier auffällig ist, dass nur im medizinischen Bereich eine doppelte Begriffsverwendung stattfindet.

206 So zumindest VGH Kassel, NJW 1986, 2390 (2391) mit Verweis auf BVerwGE 31, 307 (314).

207 OVG Saarland, ArztR 2005, (162); BVerwG NJW 1998, 2756 (2757); OVG NRW, MedR 2009, 751 (751). Dadurch ist jedoch nicht ausgeschlossen, dass durch eine Handlung der betreffenden Person nicht beide Merkmale erfüllt sein können, OVG NRW, MedR 2009, 751 (752); *Schelling*, in: Spickhoff, Medizinrecht, 3. Aufl. 2018, § 5 BÄO Rn. 16. Wird der Widerruf jedoch auf eine Gesamtwürdigung der Unwürdigkeit und Unzuverlässigkeit gestützt, ist die Aufhebung der Maßnahme nur möglich, wenn sich der Rechtsbehelf auf beide Merkmale erstreckt, OVG NRW, MedR 2009, 751 (752).

208 BVerwG, NJW 1998, 2756 (2757).

Relevanz sind, gibt weder § 3 Abs. 1 BÄO noch die Begründung des Gesetzesentwurfs[209] zur Bundesärzteordnung zu erkennen.[210]

Aufschluss darüber liefert vielmehr nur die zu dem Begriff ergangene Rechtsprechung, die diese beiden unbestimmten Rechtsbegriffe im Laufe der Zeit inhaltlich bestimmt hat.[211]

a) *Verständnis der Unzuverlässigkeit*

Nach ständiger Rechtsprechung erweist sich ein Arzt zur Ausübung seines Berufs als unzuverlässig, wenn er auf Grund seines bisherigen Verhaltens nicht die Gewähr dafür bietet, dass er seinen Beruf in Zukunft ordnungsgemäß erfüllen wird.[212] Dies ist nach verwaltungsgerichtlicher Rechtsprechung vor allem dann gegeben, wenn Tatsachen die Annahme rechtfertigen, dass der Arzt, entsprechend seinem bisherigen Verhalten in der Vergangenheit und seiner inneren Einstellung, auch in der Zukunft die für ihn geltenden berufsspezifischen Vorschriften und Pflichten nicht einhalten werde.[213]

Inwieweit dabei zu erwarten ist, ob ein Arzt unter Berücksichtigung seines in der Vergangenheit gezeigten Fehlverhaltens in Zukunft ein ähnliches Verhalten erneut vorweisen wird, hat, genau wie beim Begriff der Unwürdigkeit im anwaltlichen Berufsrecht, seitens der jeweilig zuständigen Behörde mittels einer Prognose zu erfolgen.[214]

---

209 Siehe dazu im Detail BT-Drucks. 3/2745, S. 5, 6.

210 So auch *Warntjen*, in: AG Medizinrecht im DAV/IMR, Aktuelle Entwicklungen im Medizinstrafrecht, 77 (80).

211 BVerwG, NJW 2003, 913 (915); *Schelling*, in: Spickhoff, Medizinrecht, 3. Aufl. 2018, § 3 BÄO Rn. 7.

212 BVerwG, NJW 1998, 2756 (2757); BVerwG, NVwZ-RR 1996, 477 (477); BVerwG, Beschl. v. 16.07.1996 – 3 B 44/96, Rn. 4 – juris.

213 BVerwG, NJW 1998, 2756 (2758); BVerwG, Beschl. v. 16.07.1996 – 3 B 44/96, Rn. 4 – juris; VG München, Urt. v. 27.10.2009 – M 16 K 09.2603, Rn. 29 – juris.

214 VG München, Urt. v. 27.10.2009 – M 16 K 09.2603, Rn. 29 – juris; OVG Koblenz, NJW 1990, 1553 (1554); siehe dazu insbesondere BVerwG, NJW 2003, 913 (914), wonach die anzustellende Prognose nicht nur darauf beschränkt sein müsse, dass auf Grund des in der Vergangenheit liegenden Verhaltens „gleiche" (oder zumindest ähnliche) Verstöße gegen berufsrechtliche Pflichten in Zukunft drohen, sondern diese sich auch auf andersartige, gleich schwerwiegende Verstöße gegen berufsrechtliche Pflichten erstrecken könne. Dies wird damit begründet, dass es im Kern solcher Prognosen darum gehe, zu erfragen, ob eine aus den begangenen Verstößen ableitbare Sorg- oder gar Bedenkenlosigkeit im Hinblick auf die generelle Einhaltung von berufsrechtlichen Pflichten seitens des Betroffenen bestehe.

Die hier anzustellende Negativprognose erfolgt dabei unter Berücksichtigung der Gesamtpersönlichkeit des Täters als auch unter Berücksichtigung der Lebensumstände, wie sie sich zum maßgeblichen Zeitpunkt, nämlich zum Zeitpunkt des Abschlusses des Verwaltungsverfahrens, d. h. Zeitpunkt des Erlasses des Widerspruchsbescheids, darstellen.[215] An das Wahrscheinlichkeitsurteil sind dabei jedoch keine allzu hohen Anforderungen zu stellen.[216] Angesichts des hohen Rangs der Volksgesundheit, dem die Bundesärzteordnung dient, genügt die begründete Besorgnis, dass der Arzt in Zukunft seinen ihn treffenden berufsrechtlichen Pflichten und Anforderungen nicht gerecht werden wird.[217] Für die Rechtsprechung ist in diesem Zusammenhang ausschlaggebend, ob die Art, Schwere und Anzahl der Verstöße gegen berufsrechtliche Pflichten dem betreffenden Arzt eine Persönlichkeit ausweisen, die sich nicht durch die allgemeinen Anforderungen der Berufsordnung und die speziell an Pflichtverstöße anknüpfenden Sanktionen beeindrucken lasse.[218] Hierbei sind die mangelnde Bereitschaft der vertieften Auseinandersetzung mit pflichtwidrigem Verhalten als auch der sich wiederholende und schwerwiegende Mangel jeglicher Gewissenhaftigkeit und Verantwortung wesentliche Anhaltspunkte für die Gefahr neuer berufsrechtlicher Pflichtverletzungen.[219]

Hinsichtlich eines etwaigen Wohlverhaltens des Täters gilt, dass dieses nur bis zum Zeitpunkt des Abschlusses des Verwaltungsverfahrens zu berücksichtigen ist.[220] Jegliches Verhalten, das nach diesem Verfahren erfolgt, ist nach verwaltungsgerichtlicher Rechtsprechung erst wieder im Rahmen eines Antrags auf erneute Erteilung der Approbation oder einer Erlaubnis zur erneuten Berufsausübung zu berücksichtigen.[221]

Genau wie beim Begriff der Unwürdigkeit im anwaltlichen Kontext stellen in der verwaltungsgerichtlichen Rechtsprechung insbesondere Straftaten den Kernbereich der Konkretisierung des Begriffs dar. Das Spektrum der strafrechtlich

---

215 BVerwG, NJW 1998, 2756 (2758); BVerwG, NVwZ-RR 1996, 477 (477); BVerwG, Beschl. v. 16.07.1996 – 3 B 44/96, Rn. 4 – juris; BVerwG, NJW 1999, 3425 (3426); BVerwG, NJW 2003, 913 (914).

216 VG München, Urt. v. 27.10.2009 – M 16 K 09.2603, Rn. 29 – juris.

217 OVG Koblenz, NJW 1990, 1553 (1553 f.); VG München, Urt. v. 27.10.2009 – M 16 K 09.2603, Rn. 29 – juris.

218 OVG Rheinland-Pfalz, Urt. v. 20.09.2005 – 6 A 10556/05, Rn. 40 – juris.

219 OVG Rheinland-Pfalz, Urt. v. 20.09.2005 – 6 A 10556/05, Rn. 40 – juris.

220 Dazu beispielhaft OVG NRW, MedR 1992, 294 (295); a.A. *Krafczyk*, GesR 2009, 350 ff.

221 BVerwG, NJW 1998, 2756 (2758); OVG Rheinland-Pfalz, Urt. v. 20.09.2005 – 6 A 10556/05, Rn. 38 – juris.

relevanten Verfehlungen beschränkt sich hierbei keinesfalls nur auf den beruflichen Kontext und die mit diesem verbundenen beruflichen Pflichten und Vorschriften.[222] Auch ein außerberufliches, einmaliges Fehlverhalten kann den Entzug der Approbation wegen Unzuverlässigkeit begründen.[223] Erforderlich ist jedoch, dass diese Verhaltensweisen – wie bereits oben erwähnt – einen Schluss auf die mangelnde Zuverlässigkeit zulassen[224] und von einem vorsätzlichen Handlungsunrecht geprägt sind.[225]

Dabei ist in Bezug auf den Begriff der Unwürdigkeit im anwaltlichen Kontext nicht nur festzustellen, dass sich die beiden Begriffe bezüglich ihrer Definition und der Aspekte, die zu ihrer Begründung herangezogen werden, entsprechen. Es ist zudem festzustellen, dass beide Begriffe den gleichen Zweck verfolgen. Soll doch erkennbar mit beiden Begriffen gewährleistet werden, dass nur solche Personen Teil der jeweiligen Profession sind, die nach ihrer Gesamtpersönlichkeit die Bereitschaft besitzen, eine ordnungsgemäße Tätigkeitsausübung vorzunehmen. Dies beruht letztendlich auf dem Zweck, das Funktionieren eines Systems bzw. den Schutz eines besonders wichtigen Rechtsguts durch eine ordnungsgemäße Leistungserbringung zu gewährleisten.

b) *Verständnis der Unwürdigkeit*

Wesentlich anders verhält es sich mit dem Begriff der Unwürdigkeit:

Nach ständiger Rechtsprechung ist ein Arzt (nachträglich) unwürdig zur Ausübung des Berufs, „wenn er durch sein Verhalten nicht mehr das Ansehen und

---

222 Siehe zum Abrechnungsbetrug und zur Verletzung der Pflicht zur persönlichen Leistungserbringung, BVerwG, NJW 1998, 2756 (2757); siehe explizit nur zum Abrechnungsbetrug OVG NRW, MedR 1992, 294 (294 ff.); OVG Münster, MedR1989, 52 (53 f.); BVerwG, NJW 1991, 1557 (1557).

223 BVerwG, Beschl. v. 14.04.1998 – 3 B 95/97, Rn. 13 – juris.

224 Einen solchen Schluss ziehend und die Unzuverlässigkeit bejahend VGH BW, NJW 1987, 1502 (1502 f.), wonach die von einem Arzt begangene Anzahl von neun strafrechtlichen Verstößen (u.a. sexuelle Beleidigung einer Patientin, fortgesetzter Bestellungsbetrug gegenüber Versandhäusern) in einem Zeitraum von nur acht Jahren und die immer noch fehlende Einsicht im hohen Maße den Verdacht aufdrängen, dass der Betroffene „die Regeln der ärztlichen Heilkunst dann nicht beachten [werde], wenn sich ihm dadurch Möglichkeiten zur persönlichen Bereicherung auftun."

225 Fahrlässige Verhaltensweisen begründen nach einhelliger Auffassung der Rechtsprechung grundsätzlich nicht den Vorwurf der Unzuverlässigkeit, VG Leipzig, MedR 2000, 336 (338); *Schelling*, in: Spickhoff, Medizinrecht, 3. Aufl. 2018, § 5 BÄO Rn. 38 mit Verweis auf VG Leipzig, MedR 2000, 336 (338).

Vertrauen besitzt, das für die Ausübung [des ärztlichen] Berufs unabdingbar nötig ist."[226]

Dies ist nach ständiger Rechtsprechung der Fall, wenn es sich bei dem zu beanstandenden Fehlverhalten um ein solches handelt, das bei Würdigung aller Umstände eine weitere Berufsausübung im maßgeblichen Zeitpunkt der Beurteilung, das heißt Abschluss des Verwaltungsverfahrens, als untragbar erscheinen lässt.[227] Trotz Übereinstimmung des Beurteilungszeitpunktes ist jedoch, anders als beim Begriff der Unzuverlässigkeit, eine Negativprognose gerade nicht erforderlich.[228] Der für die Beurteilung relevante Umstand ist lediglich das in der Vergangenheit liegende Fehlverhalten eines Arztes.[229]

Hinsichtlich dieses Verhaltens wird seitens der Rechtsprechung gefordert, dass nur ein solches Verhalten den Widerruf der Approbation wegen Unwürdigkeit rechtfertigen kann, das geeignet ist, das Vertrauen der Bevölkerung in den Berufsstand nachhaltig zu erschüttern bzw. zu zerstören, bliebe dieses für den Fortbestand der Approbation folgenlos.[230]

c) *Zwischenergebnis: Das Nebeneinander von Unwürdigkeit und Unzuverlässigkeit*

Betrachtet man allein das inhaltliche Verständnis von Unwürdigkeit und Unzuverlässigkeit im Arztrecht, fällt auf, dass sich die beiden Begriffe, anders als in der Literatur[231] und Rechtsprechung[232] dargestellt, nicht nur in zeitlicher Hinsicht voneinander unterscheiden. Sie schützen auch gänzlich unterschiedliche Güter, die, betrachtet man den Schutzzweck des § 5 Abs. 2 Satz 1 BÄO, für das Funktionieren einer optimalen Gesundheitsversorgung – anscheinend – unabdingbar sind.[233] Während mit der Unzuverlässigkeit eine ordnungsgemäße

226 BVerwG, Beschl. v. 28.01.2003 – 3 B 149/02, Rn. 4 – juris; BVerwG, NJW 1999, 3425 (3426); BVerwG, NJW 1993, 806 (806); BVerwG, NJW 1991, 1557 (1557).

227 BVerwG, NJW 1999, 3425 (3426); Bay. VGH, MedR 1991, 94 (94 f.).

228 BVerwG, NJW 1991, 1557 (1557); BVerwG, NJW 1993, 806 (806); BVerwG, NJW 1999, 3425 (3426).

229 BVerwG, NJW 1991, 1557 (1557); BVerwG, NJW 1993, 806 (806); *Braun/Gründel*, MedR 2001, 396 (396).

230 BVerwG, GesR 2011, 244 (245); BVerwG, Beschl. v. 31.07.2019 – 3 B 7/18, Rn. 9 – juris.

231 Siehe dazu beispielhaft *Braun/Gründel*, MedR 2001, 396 (396); *Stollmann*, MedR 2010, 682 (684 f.); *Braun*, GesR 2014, 73 (77).

232 BVerwG, Beschl. v. 02.11.1992 – 3 B 87/92, Rn. 15 f. – juris.

233 So zumindest BVerwG, NJW 1998, 2756 (2757), wonach es dieser beiden Eigenschaften zur Ausübung des ärztlichen Berufs bedürfe, um den Schutz der Gesundheitsversorgung des einzelnen Patienten und der Bevölkerung sicherzustellen.

Leistungserbringung seitens der Ärzteschaft unter Berücksichtigung der für den Arztberuf geltenden Berufspflichten gewährleistet werden soll, soll mit dem Begriff der Unwürdigkeit das Vertrauen als auch das Ansehen in die Ärzteschaft sichergestellt werden[234]. Letzteres erfolgt dabei offenbar insofern, dass Personen, die diesem Vertrauen als auch Ansehen durch ihre Verhaltensweisen schaden, als (nachträglich) unwürdig qualifiziert und durch entsprechende gesetzlich angeordnete Maßnahmen – wie durch den Widerruf der Approbation – aus der Ärzteschaft ausgeschlossen werden.

Bezogen auf die mit dem Begriff der Würde verbundene Erwartungshaltung ist damit zunächst festzustellen, dass auf Grund des Nebeneinanders von Unwürdigkeit und Unzuverlässigkeit von einem Arzt charakterlich verlangt wird, dass dieser „würdig" und „zuverlässig" ist, bedarf es doch offenbar dieser beiden Merkmale, um den Schutz der Gesundheitsversorgung der Bevölkerung optimal zu gewährleisten, § 5 Abs. 2 Satz 1 BÄO.

VII. Die Sonderstellung des Unwürdigkeitsbegriffs

Vergleicht man diese interne Besonderheit mit dem inhaltlichen Verständnis des Unwürdigkeitsbegriffs in den zuvor untersuchten Teilrechtsgebieten, wird ersichtlich, dass der Begriff der Unwürdigkeit im Arztrecht eine Sonderstellung einnimmt:

Diese Sonderstellung ergibt sich dabei nicht nur aus dem Umstand, dass sich der Begriff der Unwürdigkeit, gerade im anwaltlichen Berufsrecht, mit dem der Unzuverlässigkeit im ärztlichen Kontext vollends deckt – was zugleich die These untermauert, dass der Unwürdigkeitsbegriff im anwaltlichen Kontext dem der Unzuverlässigkeit i.S.d. § 35 GewO entspricht.[235] Sie ergibt sich vor allem daraus, dass in den anderen Rechtsgebieten ein gesonderter Schutz des Vertrauens, aber auch des Ansehens, mittels des Unwürdigkeitsbegriffs gerade nicht stattfindet.

---

234 Ebenso *Braun/Gründel*, MedR 2001, 396 (398).

235 Ebenso *Hofstetter*, Arztrecht, S. 34; vgl. zudem *Kleine-Cosack*, NJW 2004, 2473 (2474), der ebenfalls wie Hofstetter in Bezug auf den ärztlichen Unzuverlässigkeitsbegriff feststellt, dass dieser mit dem gewerblichen Unzuverlässigkeitsbegriff identisch sei. Da jedoch der anwaltliche Unwürdigkeitsbegriff mit dem gewerblichen Unzuverlässigkeitsbegriff ebenfalls identisch ist, lässt sich daraus feststellen, dass sowohl der ärztliche Unzuverlässigkeitsbegriff als auch der anwaltliche Unwürdigkeitsbegriff mit dem gewerblichen Unzuverlässigkeitsbegriff identisch sind, was die oben genannte These, dass der Begriff der Unwürdigkeit im anwaltlichen Kontext als Unzuverlässigkeit im gewerblichen Sinne zu verstehen ist, untermauert.

In den zuvor betrachteten Rechtsgebieten wurde nämlich deutlich, dass der Begriff der Unwürdigkeit tatsächlich dem der Unzuverlässigkeit entspricht bzw. ähnelt und der Schutz des rein tätigkeitsbezogenen Vertrauens unmittelbar durch den Begriff der „Unzuverlässigkeit" erfolgt.[236] Ein gesonderter Schutz des Vertrauens sowie des Ansehens somit gerade nicht wie im ärztlichen Kontext über das Persönlichkeitsmerkmal der Unwürdigkeit stattfindet.[237]

Unter Berücksichtigung dieses vollkommen gegenläufigen Verständnisses des Unwürdigkeitsbegriffs als auch des Vertrauens(-schutzes) stellt sich nicht nur die Frage, warum von diesem „untrennbaren Zusammenhang" zwischen Unzuverlässigkeit und Vertrauen im ärztlichen Kontext gerade nicht ausgegangen wird. Es stellt sich gerade auch die Frage, ob es einen dafür nachvollziehbaren Grund gibt, warum ein gesonderter Schutz des Vertrauens über den Begriff der Unwürdigkeit erfolgt.[238]

Die damit aufkommende Frage nach einem womöglich bestehenden Sonderverständnis des Vertrauens wird im Folgenden erörtert.

Welche Bedeutung das Vertrauen und Ansehen für die Gesundheitsversorgung der Bevölkerung haben, ergibt sich aus einer verfassungsrechtlichen Beurteilung der Ermächtigungsgrundlage für den Widerruf der Approbation wegen Unwürdigkeit. Diese gilt es zunächst zu betrachten und auszuwerten, ehe sich daran anschließend einem womöglich bestehenden Sonderverständnis des Vertrauens gewidmet werden kann, das einen gesonderten Schutz über den Begriff der Unwürdigkeit möglicherweise rechtfertigt.

---

236 Siehe dazu S. 64 ff.

237 In Bezug auf das Ansehen wurde zudem festgestellt, dass diesem keine schutzbedürftige Bedeutung zugemessen und somit gerade nicht gesondert geschützt wird.

238 Diese Frage stellt sich gerade auch vor dem Hintergrund, dass es sich bei der anwaltlichen und ärztlichen Tätigkeit um eine solche handelt, die auf Grund ihrer gleichartigen beruflichen Qualifikation – beide sind klassische freie Berufe, siehe dazu *Kluth*, Zukunft der freien Berufe, Chancen auch in der globalisierten Welt, Deutsches Ärzteblatt, Jg. 104, Heft 48, A 3314 (3314) – eigentlich den gleichen Anforderungen unterworfen sein müssten. Dies ist jedoch offenbar nicht der Fall, da ein Arzt um seinen Beruf ausüben zu dürfen hinsichtlich seines Charakters „zuverlässig als auch würdig", der Anwalt jedoch nur „zuverlässig" sein muss. Dies ebenfalls anmerkend, *Beckermann*, VerwArch 109 (2018), 117 (132 f.).

Kapitel 2: Haltbarkeit der Sonderstellung unter kritischer Betrachtung des ärztlichen Vertrauensverständnisses

A. Die Bedeutung von Ansehen und Vertrauen für die Gesundheitsversorgung der Bevölkerung

I. Der Eingriff in Art. 12 Abs. 1 GG

Mit dem Merkmal der Würdigkeit wird die Wahl des Arztberufs von einem in der Person liegenden Umstand abhängig gemacht.[239] Personen, die dieses Merkmal nicht (mehr) vorweisen, wird die (weitere) Ausübung dieses Berufs zwingend untersagt, vgl. § 5 Abs. 2 Satz 1 und § 3 Abs. 1 Satz 1 Nr. 2 BÄO.[240] Insbesondere § 5 Abs. 2 Satz 1 i.V.m. § 3 Abs. 1 Satz 1 Nr. 2 BÄO stellt dabei klar, dass die Approbation zwingend zu widerrufen ist, wenn sich die Person als unwürdig erweist.

Dass die (weitere) Ausübung einer beruflichen Tätigkeit dabei vom Vorliegen subjektiver Merkmale abhängig gemacht wird, sogenannte subjektive Berufszulassungsbeschränkungen, ist von Verfassungs wegen nicht ausgeschlossen, Art. 12 Abs. 1 Satz 2 GG.[241] Art. 12 Abs. 1 Satz 2 GG eröffnet dem Gesetzgeber die Möglichkeit, die Berufsfreiheit des Einzelnen einzuschränken.[242] Zu beachten ist jedoch, dass solche Eingriffe in die von Art. 12 Abs. 1 GG garantierte

239 Dazu im Allgemeinen BVerfGE 7, 377 (406 f.) und BVerfGE 9, 338 (345) wonach eine subjektive Zulassungsvoraussetzung immer dann vorliegt, wenn es um den Besitz persönlicher Eigenschaften, Fähigkeiten, Fertigkeiten geht, die es bedarf, um einen Beruf auszuüben.

240 Die Freiheit der Berufswahl umfasst dabei nicht nur die Entscheidung über den Eintritt und somit des Ergreifens eines bestimmten Berufs, sondern auch die Entscheidung über die Dauer des Verbleibens in diesem, BVerfGE 9, 338 (344) mit Bezugnahme auf BVerfGE 7, 377 (401).

241 BVerfGE 7, 377 (401 ff.); BVerfGE 63, 266 (286).

242 Der Regelungsvorbehalt des Satzes 2 bezieht sich – entgegen seines Wortlauts – dabei nicht nur auf die Berufsausübung, sondern auch auf die Berufswahl, da in der Betätigung des einen zugleich die Betätigung als auch Bestätigung des anderen zu sehen ist, BVerfGE 7, 377 (401 f.); BVerfG, NJW 1958, 1035 (1037); siehe dazu auch *Scholz*, in: Maunz/Düring, GG-Kommentar, 92. EL August 2020, Art. 12 GG Rn. 312 und *Tettinger*, AöR 108, 92 (105).

Berufsfreiheit nicht in jeder Hinsicht statthaft sind. Dies gilt insbesondere vor der Bedeutung und Tragweite des Grundrechts der Berufsfreiheit. In Bezug auf dieses wurde seitens des BVerfG im sogenannten „Apotheker-Urteil" klargestellt, dass dieses Grundrecht für die Persönlichkeit des Einzelnen eine besondere Bedeutung habe und umfassend zu gewährleisten sei.[243] Dies gilt dabei insbesondere vor dem Hintergrund, dass es erst die jeweilige berufliche Tätigkeit sei, die die Persönlichkeit des Einzelnen insoweit „voll ausformt und vollendet, [...] [indem er] sich einer Tätigkeit widmet, die für ihn Lebensaufgabe und Lebensgrundlage ist und durch die er zugleich seinen Beitrag zur gesellschaftlichen Gesamtleistung erbringt."[244] Dabei wird gerade in Bezug auf das Recht der Berufswahl betont, dass dieses umfassend zu gewährleisten sei.[245]

Angesichts dieser Bedeutung gilt daher, dass gesetzgeberische Eingriffe in Art. 12 Abs. 1 GG stets im Verhältnis zur Bedeutung und Tragweite des Grundrechts für den jeweilig von dem Eingriff Betroffenen stehen müssen.[246] Unter Beachtung des rechtsstaatlich stets zu gewährleistenden Gebots der Verhältnismäßigkeit hat das BVerfG im sogenannten „Apotheker-Urteil"[247] daher die „Drei-Stufen-Theorie"[248] entwickelt, an der sich gesetzgeberische Eingriffe in Art. 12 Abs. 1 GG messen lassen müssen.[249]

Die Drei-Stufen-Theorie differenziert dabei zwischen Eingriffen in Form von Regelungen, die die „bloße" Berufsausübung an sich und solchen, die die Berufswahl in subjektiver oder objektiver Hinsicht betreffen.[250] Gemessen an diesen Stufen werden unterschiedliche öffentliche Interessen verlangt, die dem

243 BVerfGE 7, 377 (397).

244 BVerfGE 7, 377 (397); *Scholz*, in: Maunz/Düring, GG-Kommentar, 92. EL August 2020, Art. 12 GG Rn. 9, 20; *Meesen*, JuS 1982, 397 (397).

245 BVerfGE 7, 377 (397); *Meesen*, JuS 1982, 397 (397); vgl. ferner *Scholz*, in: Maunz/Düring, GG-Kommentar, 92. EL August 2020, Art. 12 GG Rn. 9, 20 und *Tettinger*, AöR 108, 92 (94 f.).

246 Dazu *Kluth*, in: Narr, Ärztliches Berufsrecht, Teil A. I. Einführung, 1. Beruf als soziales und rechtliches Phänomen, 2. Aufl., 28. EL: Stand Februar 2018, S. 8 Rn. 9, der in Bezug auf die Funktion des Grundrechts der Berufsfreiheit zur Persönlichkeitsentfaltung betont, dass Berufen, bei denen die Persönlichkeitsentfaltung durch und in der Berufstätigkeit traditionell von großer Bedeutung sei – wie dem Arztberuf – in besonderer Weise der umfassende Schutz des Grundrechts zukomme.

247 BVerfGE 7, 377 ff.

248 BVerfGE 7, 377 (405 ff.).

249 BVerfGE 7, 377 (405 ff.); vgl. auch *Meesen*, JuS 1982, 397 (397).

250 BVerfGE 7, 377 (405 ff.).

widerstreitenden Individualinteresse des jeweilig von dem Eingriff Betroffenen vorgehen müssen, um einen Eingriff in die Interessen des Betroffenen verfassungsrechtlich rechtfertigen zu können.[251] Da das Merkmal der Unwürdigkeit als ein subjektives bzw. persönliches Merkmal zu qualifizieren ist, von dessen Vorliegen die (weitere) Ausübung der ärztlichen Tätigkeit abhängig gemacht wird, ist diese subjektive Berufszulassungsbeschränkung i.S.d. § 5 Abs. 2 Satz 1 und § 3 Abs. 1 Satz 1 Nr. 2 BÄO verfassungsrechtlich nur dann nicht zu beanstanden, wenn sie dem Schutz eines besonders wichtigen Gemeinschaftsguts dient.[252]

Folglich muss es sich bei dem Vertrauen sowie dem Ansehen in die Ärzteschaft, die durch das Merkmal der Unwürdigkeit geschützt werden, um besonders wichtige Gemeinschaftsgüter handeln.

II. Besonders wichtiges Gemeinschaftsgut

Was unter einem besonders wichtigen Gemeinschaftsgut zu verstehen ist, wird seitens des Gesetzgebers nicht näher definiert. Ohnehin handelt es sich bei den Begriffen des „Gemeinwohls" als auch des „besonderen" und „überragend wichtigen Gemeinschaftsguts" im Sinne der Stufentheorie um Begriffe, die von einer gewissen Offenheit und gesetzgeberischen Gestaltungsfreiheit geprägt sind.[253] Gerade im System der offenen Wirtschafts-, Arbeits- und Sozialverfassung des Grundgesetzes ist es nach Ansicht des BVerfG dem Gesetzgeber überlassen, zu definieren, welche Güter als solche in dem oben beschriebenen Sinn zu qualifizieren sind.[254] Völlig konturenlos sind diese Begriffe jedoch nicht. Vielmehr erfolgt hinsichtlich des hier relevant werdenden Merkmals des besonders wichtigen Gemeinschaftsguts eine Differenzierung zwischen „relativen" und „absoluten" Gemeinschaftsgütern, wobei zwischen der Wertigkeit der Güter unterschieden wird.

Als absolute Gemeinschaftsgüter werden dabei solche Güter deklariert, die unabhängig vom tagespolitischen Geschehen allgemein anerkannt sind und durch verfassungsrechtliche Grundentscheidungen dem Gesetzgeber direkt vorgegeben

251 BVerfGE 7, 377 (405 ff.).

252 BVerfGE 7, 377 (405 ff.); BVerfGE 13, 97 (107).

253 BVerfGE 13, 97 (107); *Scholz*, in: Maunz/Düring, GG-Kommentar, 92. EL August 2020, Art. 12 GG Rn. 336.

254 BVerfGE 13, 97 (107); vgl. auch *Scholz*, in: Maunz/Düring, GG-Kommentar, 92. EL August 2020, Art. 12 GG Rn. 336.

sind.[255] Auf Grund ihrer verfassungsrechtlichen Verankerung stehen sie auf einer Stufe mit den Grundrechten und rechtfertigen Eingriffe in deren Kernbereich.[256]

Relative Gemeinschaftsgüter sind hingegen im Grundgesetz nicht direkt verfassungsrechtlich verankert.[257] Der Gesetzgeber definiert sie selbst auf Grund seiner jeweiligen wirtschafts-, sozial- und gesellschaftspolitischen Vorstellungen und Ziele.[258] „Ähnlich wie Gemeinwohlerwägungen werden sie vom Gesetzgeber konkretisiert und in den Rang von Gemeinschaftsaufgaben gehoben."[259] Hinsichtlich der Qualifizierung eines bestimmten öffentlichen Interesses als relatives Gemeinschaftsgut gilt jedoch, dass das BVerfG diese Wertentscheidung nicht ohne Weiteres beanstanden kann – etwa weil die politischen Anforderungen umstritten sind.[260] Das BVerfG „ist insoweit auf die Prüfung beschränkt, ob die öffentlichen Interessen, deren Schutz die gesetzliche Regelung dient, überhaupt Gemeinschaftswerte von so hohem Rang darstellen können, daß sie eine Einschränkung der freien Berufswahl rechtfertigen. Den Anschauungen des Gesetzgebers hierrüber darf es die Anerkennung nur versagen, wenn sie offensichtlich fehlsam oder mit der Wertordnung des Grundgesetzes unvereinbar sind."[261]

---

255 BVerfGE 13, 97 (107); *Gubelt*, in: v.Münch/Kunig, Grundgesetz-Kommentar, 4. Aufl. 1992, Art. 12 Rn. 56.

256 *Stockhausen*, Ärztliche Berufsfreiheit und Kostendämpfung, S. 62; *Gubelt*, in: v. Münch/Kunig, Grundgesetz-Kommentar, 4. Aufl. 1992, Art. 12 Rn. 56.

257 BVerfGE 13, 97 (107); *Stockhausen*, Ärztliche Berufsfreiheit und Kostendämpfung, S. 62; *Gubelt*, in: v.Münch/Kunig, Grundgesetz-Kommentar, 4. Aufl. 1992, Art. 12 Rn. 56.

258 BVerfGE 13, 97 (107); *Gubelt*, in: v.Münch/Kunig, Grundgesetz-Kommentar, 4. Aufl. 1992, Art. 12 Rn. 56.

259 *Stockhausen*, Ärztliche Berufsfreiheit und Kostendämpfung, S. 62; BVerfGE 13, 97 (107); *Scholz*, in: Maunz/Düring, GG-Kommentar, 92. EL August 2020, Art. 12 GG Rn. 336.

260 BVerfGE 13, 97 (107); *Gubelt*, in: v.Münch/Kunig, Grundgesetz-Kommentar, 4. Aufl. 1992, Art. 12 Rn. 56.

261 BVerfGE 13, 97 (107); zustimmend *Spanner*, DÖV 7/1972, 217 (219 f.); wohl ebenfalls zustimmend *Gubelt*, in: v.Münch/Kunig, Grundgesetz-Kommentar, 4. Aufl. 1992, Art. 12 Rn. 58, der jedoch ergänzend anmerkt, dass bei der Überprüfung der Bestimmung eines Gemeinschaftsgutes als „wichtiges" berücksichtigt werden müsse, ob das vom einfachen Gesetzgeber herangezogene wichtige Gemeinwohlinteresse von der Mehrheit der Bevölkerung bzw. des entsprechenden Personenkreises zur Zeit des Gesetzgebungsverfahrens als solches anerkannt werde; kritisch hingegen *Rupp*, AöR 92, 212 (221 f.).

Welche Rechtsgüter aber als absolute oder relative Gemeinschafsgüter zu qualifizieren sind, ist nicht strikt vorgegeben bzw. klar erkennbar.[262] Vielmehr ist ihre Wertigkeit anhand einer Abwägung von Verfassungsrechtsgütern erst zu ermitteln.[263]

Zumindest in Bezug auf die Gesundheitsversorgung der Bevölkerung (Volksgesundheit) wird jedoch durch die höchstrichterliche Rechtsprechung klargestellt, dass diese als ein absolutes Gemeinschaftsgut zu qualifizieren ist,[264] sodass tiefgehende Eingriffe in die Berufsfreiheit unter Berücksichtigung dessen Schutzes verfassungsrechtlich zulässig sind – freilich aber nur insoweit, wie diese verhältnismäßig sind.[265] Das Vertrauen und Ansehen in die Ärzteschaft wird hingegen weder als relatives noch als absolutes eigenständiges Schutzgut seitens der verfassungsrechtlichen Rechtsprechung ausdrücklich benannt. Unter Berücksichtigung der Drei-Stufen-Theorie hätte dies zur Folge, dass deren Schutz über das Merkmal der Unwürdigkeit i.S.d. § 5 Abs. 2 Satz 1 und § 3 Abs. 1 Satz 1 Nr. 2 BÄO verfassungsrechtlich nicht zulässig wäre.

Seit dem Nichtannahmebeschluss des BVerfG aus dem Jahr 2017[266] ist jedoch klar, welche Bedeutung zumindest dem Vertrauen in die Ärzteschaft für das besonders wichtige Gemeinschaftsgut der Gesundheitsversorgung der Bevölkerung zugemessen wird.

1. Nichtannahmebeschluss des BVerfG aus dem Jahr 2017

Am 08.09.2017 beschloss die 1. Kammer des ersten Senats des BVerfG, die von einem Arzt erhobene Verfassungsbeschwerde gegen den Widerruf seiner Approbation wegen Unwürdigkeit nicht anzunehmen, da eine Verletzung seiner gerügten Grundrechte, Art. 12 Abs. 1 und 19 Abs. 4 GG, weder durch die von ihm gerügte gesetzliche Grundlage des § 5 Abs. 2 Satz 1 i.V.m. § 3 Abs. 1 Satz 1 Nr. 2 BÄO noch durch die von den Gerichten vorgenommene Auslegung und Anwendung des § 5 Abs. 2 Satz 1 i.V.m. § 3 Abs. 1 Satz 1 Nr. 2 BÄO festzustellen sei.

Hinsichtlich der Verletzung des Grundrechts nach Art. 19 Abs. 4 GG stellte das Gericht klar, dass entgegen der Auffassung des Beschwerdeführers die Vorschrift des § 5 Abs. 2 Satz 1 i.V.m. § 3 Abs. 1 Satz 1 Nr. 2 BÄO nicht wegen des

262 *Stockhausen*, Ärztliche Berufsfreiheit und Kostendämpfung, S. 62.

263 Dazu im Detail *Krebs*, Vorbehalt des Gesetzes und Grundrechte, S. 94-101.

264 BVerfGE 9, 338 (346 f.); BVerfGE 13, 97 (107).

265 BVerfGE 9, 338 (346 f.); BVerfGE 13, 97 (107); *Stockhausen*, Ärztliche Berufsfreiheit und Kostendämpfung, S. 63.

266 BVerfG, Nichtannahmebeschl. v. 08.09.2017 – 1 BvR 1657/17 – juris.

hierin verwendeten unbestimmten Rechtsbegriffs der Unwürdigkeit keine hinreichende Rechtsgrundlage für den Widerruf der Approbation darstelle.[267] Dazu führte es im Wesentlichen aus, dass der Grundsatz der hinreichenden Bestimmtheit es zwar gebiete, dass eine gesetzliche Ermächtigung, die es der Exekutive erlaube, belastende Maßnahmen zu Lasten der von der Norm Betroffenen vorzunehmen, nach ihrem Inhalt, Zweck und Ausmaß so hinreichend bestimmt und begrenzt sein müsse, dass das Handeln der Verwaltung messbar und in einem gewissen Ausmaß voraussehbar und berechenbar sei.[268] Diese Anforderungen seien jedoch nicht so weit zu verstehen, dass der Gesetzgeber dazu verpflichtet sei, den Tatbestand mit genau erfassbaren Maßstäben zu umschreiben und somit von der Verwendung unbestimmter Rechtsbegriffe abzusehen.[269] Erforderlich sei ausschließlich, „dass die von der Norm Betroffenen die Rechtslage erkennen und ihr Verhalten danach einrichten können."[270] Hinsichtlich dieser Anforderungen stellte das Gericht fest, dass § 5 Abs. 2 Satz 1 i.V.m. § 3 Abs. 1 Satz 1 Nr. 2 BÄO diesen gerecht werde, da sich die für die Auslegung des unbestimmten Rechtsbegriffs maßgeblichen Gesichtspunkte „hinreichend aus dem Gesamtzusammenhang, insbesondere der dem Arzt zukommenden Aufgabe, der Gesundheit des einzelnen Menschen und des gesamten Volkes zu dienen (§ 1 Abs. 1 BÄO), sowie seinen berufsrechtlichen Pflichten entnehmen [lassen]."[271]

Hinsichtlich der vom Beschwerdeführer gerügten Verletzung des Art. 12 Abs. 1 GG stellte es des Weiteren fest, dass die Anwendung und Auslegung von § 5 Abs. 2 Satz 1 i.V.m. § 3 Abs. 1 Satz 1 Nr. 2 BÄO in den angegriffenen Entscheidungen keinen durchgreifenden verfassungsrechtlichen Bedenken begegne.[272] Dabei betonte das Gericht, dass es sich bei dem Widerruf der Approbation zwar um einen tiefgehenden Eingriff in die Berufswahlfreiheit des Beschwerdeführers handle.[273] Dieser jedoch nicht zu beanstanden sei, da die Gerichte bei der Auslegung und Anwendung des § 5 Abs. 2 Satz 1 i.V.m. § 3 Abs. 1 Satz 1 Nr. 2 BÄO durch eine umfassende Abwägung der widerstreitenden Interessen den Anforderungen auf der Rechtfertigungsebene hinreichend Rechnung getragen hätten.[274] Hinsichtlich der Entscheidungen sei nämlich festzustellen, dass die

267 BVerfG, Nichtannahmebeschl. v. 08.09.2017 – 1 BvR 1657/17, Rn. 9 – juris.
268 BVerfG, Nichtannahmebeschl. v. 08.09.2017 – 1 BvR 1657/17, Rn. 10 – juris.
269 BVerfG, Nichtannahmebeschl. v. 08.09.2017 – 1 BvR 1657/17, Rn. 10 – juris.
270 BVerfG, Nichtannahmebeschl. v. 08.09.2017 – 1 BvR 1657/17, Rn. 10 – juris.
271 BVerfG, Nichtannahmebeschl. v. 08.09.2017 – 1 BvR 1657/17, Rn. 11 – juris.
272 BVerfG, Nichtannahmebeschl. v. 08.09.2017 – 1 BvR 1657/17, Rn. 12 – juris.
273 BVerfG, Nichtannahmebeschl. v. 08.09.2017 – 1 BvR 1657/17, Rn 13 – juris.
274 BVerfG, Nichtannahmebeschl. v. 08.09.2017 – 1 BvR 1657/17, Rn. 13 – juris.

Gerichte bei der Auslegung und Anwendung der Norm nicht auf ein Verhalten abgestellt hätten, „das im beruflichen Umfeld oder gesellschaftlichen Bereich auf Missfallen [stoße], sondern maßgeblich auf das für eine ordnungsgemäße Aufgabenerfüllung unabdingbare Vertrauen zwischen Arzt und Patient, welches für nachhaltig zerstört erachtet wurde."[275] Bezüglich dieses Vertrauens stellte das BVerfG fest, dass dieses mit dem Schutzgut der Volksgesundheit untrennbar verbunden sei, „in dessen Interesse Patienten die Gewissheit haben müssen, sich dem Arzt als ihrem Helfer uneingeschränkt anvertrauen zu können und nicht etwa durch Misstrauen davon abgehalten werden, ärztliche Hilfe in Anspruch zu nehmen."[276] Da die Volksgesundheit ein besonders wichtiges Gemeinschaftsguts sei, stellte das Gericht fest, dass zu dessen Schutz eine subjektive Berufszulassungsschranke nicht außer Verhältnis stünde.[277] Dadurch, dass die Gerichte bei der Auslegung des Begriffs der Unwürdigkeit maßgeblich auf diesen Schutzzweck abgestellt hätten, sei daher auch festzustellen, dass sie der Bedeutung und Tragweite des Art. 12 Abs. 1 GG hinreichend Rechnung getragen hätten.[278]

2. *Vertrauen in die Ärzteschaft als Teil des besonders wichtigen Gemeinschaftsguts*

Aus dem Nichtannahmebeschluss wird zwar nicht klar, wie das Vertrauen konkret zu verstehen ist. Deutlich wird jedoch – und dies ist hier zunächst entscheidend –, welche Bedeutung dem Vertrauen für die Gesundheitsversorgung der Bevölkerung zukommt:

Der Nichtannahmebeschluss zeigt nämlich auf, dass dem Vertrauen in die Ärzteschaft hinsichtlich der Gesundheitsversorgung der Bevölkerung eine Schlüsselrolle zukommt. Relevant scheint dieses Vertrauen insbesondere dort zu sein, wo es um die ordnungsgemäße Aufgabenerfüllung einer ärztlichen Tätigkeit gegenüber den Patienten geht. Einen solchen Schluss lässt zumindest die Aussage des BVerfG zu, wonach die Gerichte bei der Auslegung und Anwendung des § 5 Abs. 2 Satz 1 i.V.m. § 3 Abs. 1 Satz 1 BÄO und somit des Vorwurfs der Unwürdigkeit „nicht nur auf ein Verhalten [abstellen dürfen], das im beruflichen Umfeld oder gesellschaftlichen Bereich auf Missfallen [stoße], sondern maßgeblich auf das für eine ordnungsgemäße Aufgabenerfüllung unabdingbare

275 BVerfG, Nichtannahmebeschl. v. 08.09.2017 – 1 BvR 1657/17, Rn 13 – juris.
276 BVerfG, Nichtannahmebeschl. v. 08.09.2017 – 1 BvR 1657/17, Rn. 13 – juris.
277 BVerfG, Nichtannahmebeschl. v. 08.09.2017 – 1 BvR 1657/17, Rn. 13 – juris.
278 BVerfG, Nichtannahmebeschl. v. 08.09.2017 – 1 BvR 1657/17, Rn. 13 – juris.

Vertrauen zwischen Arzt und Patient“[279]. Dieses Vertrauen scheint dabei für die Gesundheitsversorgung der Bevölkerung insoweit maßgeblich, dass nur bei seinem fortwährenden Bestehen Patienten offenbar gewillt sind, sich einem „Arzt als ihrem Helfer uneingeschränkt anzuvertrauen“[280]. Würde sich doch der einzelne Patient – so zumindest die Argumentation des BVerfG – bei einem bestehenden Misstrauen gegenüber dem einzelnen Arzt nicht mehr in dessen Abhängigkeit begeben.[281]

Da es somit gilt, dieses Vertrauen zu schützen, zeigt das Gericht mit dem Nichtannahmebeschluss nicht nur auf, dass der Vorwurf der Unwürdigkeit und der mit ihm verbundenen Widerruf nach § 5 Abs. 2 Satz 1 i.V.m. § 3 Abs. 1 Satz 1 Nr. 2 BÄO stets dann zu erfolgen hat, wenn es sich um ein Fehlverhalten handelt, das das Vertrauen der Patienten in die Ärzteschaft zerstört. Das Gericht zeigt mit der Entscheidung auch auf, dass die subjektive Berufszulassungsschranke i.S.d. § 5 Satz 1 Abs. 2 i.V.m. § 3 Abs. 1 Satz 1 Nr. 2 BÄO verfassungsrechtlich nicht zu beanstanden ist.[282] Geht es doch darum, mittels des Merkmals der Unwürdigkeit solche Personen aus der Ärzteschaft auszuschließen, die durch ihr gezeigtes Verhalten das Vertrauen der Bevölkerung in die Ärzteschaft zerstören. Dies beruht schließlich auf der Erwägung, dass eine optimale Gesundheitsversorgung der Bevölkerung nur dann gewährleistet werden kann, wenn ein Vertrauen der Patienten in die Ärzteschaft besteht.

Anzumerken ist zwar, dass der Senat den hier gezogenen Rückschluss, dass ein fehlendes Vertrauen eine ordnungsgemäße Aufgabenerfüllung verhindern und somit das Schutzgut der Gesundheitsversorgung der Bevölkerung im Ergebnis womöglich beeinträchtigen würde, nicht vornimmt. Dies scheint jedoch zwingend, betrachtet man den hier geschilderten Zusammenhang vom Ausgangspunkt der ordnungsgemäßen Leistungserbringung über den des Vertrauens hin zum Schutzgut der Volksgesundheit.[283]

---

279 BVerfG, Nichtannahmebeschl. v. 08.09.2017 – 1 BvR 1657/17, Rn 13 – juris.

280 BVerfG, Nichtannahmebeschl. v. 08.09.2017 – 1 BvR 1657/17, Rn. 13 – juris.

281 BVerfG, Nichtannahmebeschl. v. 08.09.2017 – 1 BvR 1657/17, Rn. 13 – juris.

282 Vgl. BVerfG, Nichtannahmebeschl. v. 08.09.2017 – 1 BvR 1657/17, Rn. 13 – juris.

283 In die gleiche Richtung argumentierend VG Hamburg, Urt. v. 23.02.2019 – 17 K 4618/18, Rn. 31 – juris. In Bezug auf den untrennbaren Zusammenhang von Volksgesundheit und Vertrauen heißt es dort, dass die Wahrung des Schutzgutes der Volksgesundheit es erfordere, „dass sich Patienten jederzeit dem Arzt als ihrem allein fachlich-medizinischen Erwägungen verpflichtetem Helfer uneingeschränkt anvertrauen können. Haben sie jedoch Anlass, infolge eines schwerwiegenden Fehlverhaltens des Arztes an seiner grundlegenden ärztlichen Integrität zu zweifeln, liegt es

Unter Berücksichtigung dessen wird somit nicht nur deutlich, dass das BVerfG den Aspekt des Vertrauens der Patienten in die Ärzteschaft als ein notwendiges Bindeglied zwischen ordnungsgemäßer Aufgabenerfüllung und der Gewährleistung der Gesundheitsversorgung der Bevölkerung ansieht. Ersichtlich wird auch, dass das BVerfG das Merkmal der Unwürdigkeit als eine zulässige Berufszulassungsbeschränkung ansieht, der es bedarf, um den Schutz des Vertrauens der Patienten in die Ärzteschaft zu gewährleisten. Handelt es sich doch bei letzterem um einen wesentlichen Aspekt, der in einem untrennbaren Zusammenhang zum besonders wichtigen Gemeinschaftsgut der Gesundheitsversorgung der Bevölkerung steht, zu dessen Schutz eine subjektive Berufszulassungsschranke i.S.d. § 5 Abs. 2 Satz 1 i.V.m. § 3 Abs. 1 Satz 1 Nr. 2 BÄO nicht außer Verhältnis ist.[284]

Dies gilt wohl auch vor dem Hintergrund, dass seitens des BVerfG in Bezug auf den Schutz eines besonders wichtigen Gemeinschaftsguts festgestellt wird, dass subjektive Zulassungsbeschränkungen bereits dann als statthaft angesehen werden, wenn eine Gefährdung eines besonders wichtigen Gemeinschaftsguts „möglich" scheint.[285] Da eine solche mögliche Gefährdung des besonders wichtigen Gemeinschaftsguts der Gesundheitsversorgung der Bevölkerung bei einem anhaltenden, fehlenden Vertrauen der Patienten in die Ärzteschaft offenbar nicht auszuschließen ist, scheint die subjektive Berufszulassungsbeschränkung der Unwürdigkeit i.S.d. § 5 Abs. 2 i.V.m. § 3 Abs. 1 S.1 Nr. 2 BÄO unter Berücksichtigung des mit dem Begriff der Unwürdigkeit verfolgten Zwecks – Schutz des Vertrauens in die Ärzteschaft – auch vor diesem Hintergrund verfassungsrechtlich nicht zu beanstanden.[286]

Bezogen auf die Anwendung und Auslegung dieser gesetzlichen Regelungen zeigt jedoch der Nichtannahmebeschluss auch auf, dass die Bejahung des Vorwurfs der Unwürdigkeit und damit verbunden der Widerruf der Approbation wegen Unwürdigkeit angesichts des mit dem Widerruf verbundenen Eingriffs in Art. 12 Abs. 1 GG nicht wegen jedem Fehlverhalten erfolgen darf. Vielmehr wird

---

nahe, dass die Patienten davon abgehalten werden, im Bedarfsfall ärztliche Hilfe in Anspruch zu nehmen. Erst hieraus ist eine Gefährdung des hochstehenden Rechtsguts der Volksgesundheit herzuleiten." (Rn. 31).

284 BVerfG, Nichtannahmebeschl. v. 08.09.2017 – 1 BvR 1657/17, Rn. 13 – juris.

285 BVerfGE 7, 377 (406 f.); dazu auch *Scholz*, in: Maunz/Düring, GG-Kommentar, 92. EL August 2020, Art. 12 GG Rn. 337, der dies unter Bezugnahme auf BVerfGE 7, 377 (406f.) ausdrücklich betont.

286 Dies ebenfalls mit Verweis auf den Nichtannahmebeschluss des BVerfG betonend VG Hamburg, Urt. v. 23.02.2019 – 17 K 4618/18, Rn. 29-31 – juris.

vom BVerfG eine restriktive Anwendung des Begriffs gefordert. Dies gilt dabei offenbar insofern, dass nur ein solches Fehlverhalten den Vorwurf der Unwürdigkeit begründen und die mit ihm verbundene Rechtsfolge auslösen kann, das das für die ordnungsgemäße Aufgabenerfüllung unabdingbar notwendige Vertrauen der Patienten in die Ärzteschaft nachhaltig verletzt bzw. zerstört[287] – und somit das besonders wichtige Gemeinschafsgut der Gesundheitsversorgung der Bevölkerung gefährdet.

Aus dem Nichtannahmebeschluss ist weiter zu entnehmen, dass das Ansehen in die Ärzteschaft, zumindest nach der dargelegten Auffassung des BVerfG in diesem Beschluss, mit dem Schutzgut der Gesundheitsversorgung der Bevölkerung nicht in einem untrennbaren Zusammenhang steht.

Dies ergibt sich dabei nicht nur aus dem Umstand, dass die 1. Kammer des ersten Senats diesem, mangels ausdrücklichen Eingehens, anscheinend keine Bedeutung zumisst, wenn nur das Vertrauen und nicht das Ansehen explizit genannt und nur ersterem eine besondere Bedeutung für die ordnungsgemäße Aufgabenerfüllung zugesprochen wird.[288] Deutlich wird dies auch daran, dass das Gericht explizit betont, dass der Vorwurf der Unwürdigkeit nicht allein deshalb schon erhoben werden kann, weil es sich um ein Fehlverhalten handelt, „das im beruflichen Umfeld oder gesellschaftlichen Bereich auf Missfallen stößt“[289]. Da diese Wertung auch in anderen Kontexten – vor allem im anwaltlichen Berufsrecht – in Bezug auf das (standesbedingte) Ansehen vorgenommen wird, lässt sich hier wohl ebenfalls folgern, dass dem Ansehen keine schützenswerte Bedeutung für die Gesundheitsversorgung der Bevölkerung zugemessen wird.[290]

Somit ist abschließend festzustellen, dass ausschließlich das Vertrauen mit dem besonders wichtigen Gemeinschaftsgut der Gesundheitsversorgung der Bevölkerung in einem untrennbaren Zusammenhang steht und dass dessen

---

287 BVerfG, Nichtannahmebeschl. v. 08.09.2017 – 1 BvR 1657/17, Rn. 13 – juris; dies ebenfalls mit Verweis auf den Nichtannahmebeschluss des BVerfG betonend VG Hamburg, Urt. v. 23.02.2019 – 17 K 4618/18, Rn 29-31 – juris.

288 Vgl. BVerfG, Nichtannahmebeschl. v. 08.09.2017 – 1 BvR 1657/17, Rn. 13 – juris.

289 BVerfG, Nichtannahmebeschl. v. 08.09.2017 – 1 BvR 1657/17, Rn. 13 – juris.

290 Dies im anwaltlichen Kontext in Bezug auf den Vorwurf der Unwürdigkeit deutlich betonend BVerfG, NJW 1984, 2341 (2343). Den Aspekt des standesbedingten Ansehens im ärztlichen Kontext beim Vorwurf der Unwürdigkeit unter Bezugnahme auf den Beschluss des BVerfG verneinend VG Hamburg, Urt. v. 23.02.2019 – 17 K 4618/18, Rn. 30 – juris.

Schutz über das Merkmal der Unwürdigkeit verfassungsrechtlich nicht zu beanstanden ist.[291]

291 Bezogen auf den Aspekt des Vertrauens zum gleichen Ergebnis kommend *Braun/Gründel*, MedR 2001, 396 (398). Kritisch ist jedoch anzumerken, dass Braun/Gründel den Aspekt des Vertrauens nicht gesondert behandeln, sondern diesen und das Ansehen in die Ärzteschaft als zusammengehörigen untrennbaren Bestandteil der Gesundheitsversorgung der Bevölkerung bezeichnen, die es zu schützen gilt. Diese Annahme beruht - dem Anschein nach - auf der Bezugnahme der verwaltungsgerichtlichen Rechtsprechung, vgl. *Braun/Gründel*, MedR 2001, 396 (397 f.), die - wie später erkennbar werden wird - nicht eine Differenzierung zwischen Ansehen und Vertrauen vornimmt, sondern den Begriff des Vertrauens wesentlich über den des Ansehens definiert. Unter Bezugnahme auf den Nichtannahmebeschluss des BVerfG, der keinerlei positive Äußerung zum Ansehen tätigt, scheint eine solche Schlussfolgerung jedoch nicht haltbar.
Zu einem ebenfalls falschen Schluss kommend *Braun*, GesR 2014, 73 (74 f.), der unter Berufung auf die Entscheidung des OVG Niedersachsen, GesR 2013, 565 ff. folgert, dass der Zweck des Widerrufs der Schutz des Ansehens der Ärzteschaft sei. Zwar legt das OVG in seiner Entscheidung dar, dass der Zweck des Widerrufs nicht die Sanktion eines Verhaltens, sondern der Schutz des Ansehens in die Ärzteschaft sei, OVG Niedersachsen, GesR 2013, 565 (567). Es führt jedoch gleichzeitig aus, dass dieser Schutz des Ansehens freilich nicht der Selbstzweck sei, sondern der Zweck darin liege, „das für jede Heilbehandlung unabdingbare Vertrauen der Patienten in die Integrität der Personen aufrecht zu erhalten, denen mit der Approbation die staatliche Erlaubnis zur selbstständigen Ausübung der Heilkunde verliehen ist und in deren Behandlung sich die Patienten begeben." (OVG Niedersachsen, GesR 2013, 565 (567). Dass dieses Vertrauen der einzig schützenswerte Aspekt ist, zeigt sich dabei daran, dass das OVG in Bezug auf das Vertrauen betont, dass dieses für das Arzt-Patienten-Verhältnis konstitutiv sei und damit für das besonders hochrangige Gemeinschaftsgut der Gesundheitsversorgung der Bevölkerung, OVG Niedersachsen, GesR 2013, 565 (567). Dass dabei das Vertrauen offensichtlich über den Aspekt des Ansehens, oder wie im Urteil bezeichnet, über das Bild eines Arztes und den allgemeinen Vorstellungen von dessen Persönlichkeit definiert wird, OVG Niedersachsen, GesR 2013, 565 (567), ändert nichts daran, dass es sich ausschließlich beim Vertrauen um das zu schützenden Gut handelt und nicht in etwa das des Ansehens. Vielmehr ist das Ansehen lediglich eine - so wird es später noch ersichtlich werden - in der Rechtsprechung stets herangezogene Definitionshilfe, die - wie später ebenfalls ersichtlich werden wird - dem schützenwerten Aspekt des Vertrauens eine Weite gibt, die das übersteigt, was in anderen Rechtsgebieten, in denen der Begriff der Unwürdigkeit ebenfalls vertreten ist, gegenüber den dort jeweiligen Tätigen hinsichtlich des ihnen entgegengebrachten Vertrauens gilt.

3. *Zwischenergebnis: Der untrennbare Zusammenhang zwischen dem Vertrauen und der Gesundheitsversorgung der Bevölkerung*

Die eingangs aufgeworfene Frage, welche grundlegende Bedeutung das Ansehen und Vertrauen in die Ärzteschaft für die Gesundheitsversorgung der Bevölkerung haben, kann somit dahingehend beantwortet werden, dass es ausschließlich des gesonderten Schutzes des Vertrauens der Bevölkerung in die Ärzteschaft bedarf, um die Gesundheitsversorgung der Bevölkerung zu gewährleisten. Ist doch nur dieses Vertrauen – und nicht etwa das Ansehen –, Teil des besonders wichtigen Gemeinschaftsguts der Gesundheitsversorgung der Bevölkerung.[292]

Darüber hinaus ist festzuhalten, dass durch den Nichtannahmebeschluss des BVerfG die begriffliche Fassung „Vertrauen der Bevölkerung in die Ärzteschaft" eine begriffliche Präzisierung erfährt. Dies erfolgt insofern, dass es sich um das „Vertrauen der Patienten" in die Ärzteschaft handelt. In Bezug auf die nachfolgende Betrachtung des konkreten Vertrauensverständnisses ist dies insofern relevant, dass diese Präzisierung zugleich eine Einschränkung der Betrachtungsweise des Vertrauensverständnisses mit sich bringt. Können doch folglich nur solche Personen als „unwürdig" qualifiziert und bspw. mittels des Widerrufs aus der Ärzteschaft ausgeschlossen werden, die durch ihr Verhalten das Vertrauen der Patienten in die Ärzteschaft nachhaltig beeinträchtigen bzw. zerstören. Gerade nur dieses Vertrauen bildet den Maßstab des erforderlichen Eingriffs in die Berufswahlfreiheit des Arztes.

Diese begriffliche Präzisierung hat dabei nicht nur Auswirkungen auf die nachfolgende Betrachtung des konkreten Vertrauensverständnisses, sondern auch auf den allgemein anzuwendenden Verhältnismäßigkeitsmaßstab. Ist doch ein Eingriff in Art. 12 Abs. 1 GG, wie bspw. im Fall des in der Praxis stets relevanten Widerrufs der Approbation, unter Berücksichtigung der zuvor ergangenen Ausführungen nur insoweit verhältnismäßig, wie dieser der Abwehr einer Gefahr für das Vertrauensverhältnis von Arzt und Patienten dient.[293]

Ferner fehlgehend VG Stuttgart, MedR 2000, 142 (144), das ebenfalls betont, dass das Ansehen und Vertrauen Teile des wichtigen Gemeinschaftsguts der Gesundheitsversorgung der Bevölkerung seien.

292 Dass dem Aspekt des Ansehens bezüglich des Verständnisses des Vertrauens der Bevölkerung in die Ärzteschaft dennoch eine entscheidende Rolle zugesprochen wird, wird an späterer Stelle noch ersichtlich werden.

293 BVerwG, Beschl. v. 31.07.2019 – 3 B 7.18, Rn. 12 f. – juris; VG Hamburg, Urt. v. 23.02.2019 – 17 K 4618/18, Rn. 29-31 – juris.

Die somit festgestellte, grundlegende Bedeutung des Vertrauens für das besonders wichtige Gemeinschaftsgut täuscht jedoch nicht über die eingangs aufgeworfene Frage hinweg, warum dieses Vertrauen, anders als in den zuvor untersuchten Teilrechtsgebieten, nicht über den Begriff der Unzuverlässigkeit geschützt wird?

Ein bloßer Verweis darauf, dass diesem Vertrauen eine besondere Bedeutung zukommt, wird diese gesonderte Behandlung des Rechtsgutes nicht rechtfertigen können. Denn auch in den zuvor untersuchten Teilrechtsgebieten wurde ersichtlich, dass dem dort herrschenden Vertrauen ebenfalls eine besondere Bedeutung im Hinblick auf das Funktionieren eines Systems zukommt, dieses jedoch unmittelbar über den Begriff der Unzuverlässigkeit geschützt wird.

Ein gesonderter Schutz dieses Vertrauens scheint daher prima facie nur insoweit erforderlich, wie es sich um ein gänzlich anderes Vertrauensverständnis handelt, das das in den zuvor untersuchten Rechtsgebieten übersteigt und im Zuge dessen gesondert geschützt werden muss. Dies wird im Folgenden untersucht.

B. Das derzeitige Rechtsprechungsverständnis über das Vertrauen in die Ärzteschaft

Innerhalb der Rechtsprechung als auch Literatur gibt es keine Definition, was unter dem Vertrauen der Patientenschaft in die Ärzteschaft konkret zu verstehen ist. Vielmehr hat sich im Laufe der Zeit, neben einem allgemeinen Bewertungsmaßstab (I.), nur eine umfangreiche Kasuistik (II.) dazu herausgebildet, welche Verhaltensweisen nach Sicht der Rechtsprechung geeignet sind, den Vorwurf der Unwürdigkeit und somit den des enttäuschten Vertrauens zu begründen. Diese werden im Folgenden dargelegt, um ausgehend davon ein Gesamtverständnis zu erhalten, wie der Begriff des Vertrauens der Patienten in die Ärzteschaft zu definieren und konkret zu verstehen ist, um somit zugleich nachvollziehen zu können, ob es sich bei diesem Vertrauensverständnis tatsächlich um ein besonders schutzwürdiges Vertrauen handelt.

I. Allgemeiner Maßstab des (enttäuschten) Vertrauens

Gemessen an den soeben beschriebenen Voraussetzungen, bei denen ein schwerwiegender Eingriff in Art. 12 Abs. 1 GG in Form des Widerrufs der Approbation wegen Unwürdigkeit verfassungsrechtlich zulässig ist, wird auch seitens der Rechtsprechung stets betont, dass es eines besonders schwerwiegenden Fehlverhaltens bedarf, um den Vorwurf der Unwürdigkeit zu begründen.[294] Wie dieses

294 Vgl. VG Hamburg, Urt. v. 23.02.2019 – 17 K 4618/18, Rn. 29 – juris.

schwerwiegende Fehlverhalten aber konkret auszusehen hat, wird seitens der Rechtsprechung nicht näher definiert.[295] Auffällig ist jedoch, dass die Rechtsprechung als Ausgangspunkt der Bewertung des schwerwiegenden Fehlverhaltens vor allem strafrechtliche Verfehlungen heranzieht, um über die Unwürdigkeit im jeweiligen Einzelfall zu urteilen.[296]

1. Strafrechtliches Fehlverhalten als Ausgangspunkt der Beurteilung der Unwürdigkeit

Konkrete Anforderungen an das strafrechtlich relevante Fehlverhalten scheinen dabei jedoch nicht zu bestehen. Zumindest äußert sich die Rechtsprechung diesbezüglich nicht. Es scheint vielmehr so, dass jegliches strafrechtliche Verhalten hinsichtlich der Erhebung des Vorwurfs der Unwürdigkeit herangezogen werden kann. Darauf deutet zumindest die verwaltungsgerichtliche Rechtsprechung hin, wenn betont wird, dass eine Qualifizierung des strafrechtlich relevanten Verhaltens im Sinne eines bestimmten Mindeststrafmaßes – Vergehen oder Verbrechen nach § 12 Abs. 1 und Abs. 2 StGB – oder einer bestimmten Verwirklichungsform – Versuch oder Vollendung – nicht erforderlich sei.[297] Ferner wird festgestellt, dass sich kein Regelsatz aufstellen lasse, wonach nur bestimmte bspw. berufliche Fehlverhaltensweisen den Entzug begründen können.[298] Entscheidend sei vielmehr die Bewertung des konkreten Einzelfalls.[299]

---

295 BVerwG, GesR 2013, 44 (44); siehe dazu auch die Stellungnahme des Bundesrates im Rahmen des von der Bundesregierung eingebrachten Entwurfs einer Bundesärzteordnung aus dem Jahr 1961, in dem es heißt, dass die seitens der Bundesregierung gewählte Formulierung in § 3 Abs. 1 Nr. 3 („insbesondere einer schweren strafrechtlichen Verfehlung") zu streichen sei, auf Grund der Einschätzung, dass dieses Merkmal zur Charakterisierung derjenigen Verfehlungen, die zur Versagung der Bestallung führen – und somit auch zum nachträglichen Entzug –, überflüssig sei, BT-Drucks 3/2745 S. 8.

296 Siehe als Beispiel dazu VG Hamburg, Urt. v. 23.02.2019 – 17 K 4618/18, Rn. 33-37 – juris und VG München, Urt. v. 27.10.2009 – M 16 K 09.2603, Rn. 31-37 – juris; siehe auch VG Braunschweig, Urt. v. 12.09.2007 – 1 A 364/06, Rn. 16 – juris; dies zudem feststellend *Braun/Gründel*, MedR 2001, 396 (397); *Schelling*, in: Spickhoff, Medizinrecht, 3. Aufl. 2018, § 5 BÄO Rn. 21.

297 BVerwG, GesR 2013, 44 (44); BVerwG, Beschl. v. 18.08.2011 – 3 B 6/11, Rn. 8 – juris.

298 BVerwG, Beschl. v. 28.01.2003 – 3 B 149/02, Rn. 5 – juris; VG Braunschweig, Urt. v. 12.09.2007 – 1 A 364/06, Rn. 16 – juris.

299 BVerwG, GesR 2013, 44 (44).

Dies bedingt, dass wohl jedes strafrechtlich relevante Verhalten[300] grundsätzlich herangezogen werden kann, wenn es um die Beurteilung der Unwürdigkeit der betreffenden Person geht.[301]

In Bezug auf das schwerwiegende Fehlverhalten ist damit festzustellen, dass es somit für die Behörden als auch Rechtsprechung gerade Straftaten sind, die den Kernbereich der Konkretisierung des Unwürdigkeitsbegriffs darstellen.[302]

Praktische Bedeutung kommt dem strafrechtlich relevanten Verhalten nach Ansicht der verwaltungsgerichtlichen Rechtsprechung deshalb zu, da es gerade die in einem Strafverfahren – insbesondere in einem rechtskräftigen Strafurteil – getroffenen Tatsachenfeststellungen sind, die für die Behörde die fundierte Grundlage bilden, um ihre Wertentscheidung hinsichtlich des Vorwurfs der Unwürdigkeit zu begründen.[303] Bezüglich der Rechtsprechung wird dabei zwar klargestellt, dass die jeweilig zuständigen Verwaltungsbehörden als auch Gerichte bezüglich ihrer Entscheidung über den Widerruf der Approbation wegen Unwürdigkeit nicht auf die strafrechtlichen Feststellungen angewiesen

---

300 Dies wird vor allem an späterer Stelle noch deutlich werden, wenn es um ein außerberufliches rein steuerrechtlich relevantes Fehlverhalten im Sinne der Steuerhinterziehung geht, das für sich als rein berufsneutrales Verhalten keinen Bezug zur ärztlichen Tätigkeit vorweist, dieses dennoch seitens der Rechtsprechung herangezogen wird, wenn es um die Unwürdigkeitsbeurteilung eines Arztes geht.

301 BVerwG, GesR 2011, 244 (245); BVerwG, GesR 2013, 44 (44).

302 *Braun/Gründel*, MedR 2001, 396 (397); vgl. dazu auch VGH Mannheim, NJW 2010, 692 (693), wenn es betont, dass die Unwürdigkeit des Antragstellers gegeben sei, da er „nicht nur eine, sondern zahlreiche Straftaten begangen [habe], die in besonderer Weise geeignet [seien], das ihm als Arzt entgegengebrachte Vertrauen zu zerstören." Dies gilt nach ständiger Rechtsprechung auch für den Begriff der Unzuverlässigkeit, siehe dazu insgesamt *Schelling*, in: Spickhoff, Medizinrecht, 3. Aufl. 2018, § 5 BÄO Rn. 17, 21. Als systematischer Beleg dafür, dass strafrechtlich relevante Verhaltensweisen in der Praxis das „schwerwiegende Fehlverhalten" darstellen, wird man auch den Wortlaut des § 6 Abs. 1 Nr. 1 BÄO ansehen können, wonach das Ruhen der Approbation angeordnet werden kann, wenn gegen den Arzt wegen des Verdachts einer Straftat, aus der sich seine Unwürdigkeit und/oder Unzuverlässigkeit ergeben kann, ein Strafverfahren eingeleitet wird.

303 BVerwG, Beschl. v. 16.02.2016 – 3 B 68/14, Rn. 20 – juris; BVerwG, Beschl. v. 18.11.2011 – 3 B 6.11, Rn. 10 – juris; BVerwG Urt. v. 26.09.2002 – 3 C 37/01, Rn. 40 – juris; BVerwG, Beschl. v. 28.04.1998 – 2 B 174/97, Rn. 4 – juris; OVG Niedersachsen, MedR 2009, 483 (484); VG Braunschweig, Urt. v. 12.09.2007 – 1 A 364/06, Rn. 16 – juris; ferner dazu *Stollmann*, MedR 2010, 682 (685 f.); *Schelling*, in: Spickhoff, Medizinrecht, 3. Aufl. 2018, § 5 BÄO Rn. 21 und *Braun/Gründel*, MedR 2001, 396 (397).

seien, sondern die für den Approbationsentzug relevanten Tatsachen eigenständig ermitteln und bewerten.[304] Dies dürfte jedoch in der Praxis – außer im Fall des Vorliegens gewichtiger Anhaltspunkte, die auf eine Unrichtigkeit der strafgerichtlichen Feststellungen schließen lassen – eher die Ausnahme sein.[305] Besteht doch grundsätzlich keine Pflicht als auch kein Bedürfnis eine solche Ermittlung eigenständig vorzunehmen,[306] da die Aufklärungsmöglichkeiten des Sachverhalts in einem Strafverfahren deutlich weiter als in einem Verwaltungsverfahren sind[307] und einem rechtskräftigen Strafurteil eine materielle Richtigkeitsgewähr zukommt.[308]

Seitens der Rechtsprechung wird aber betont, dass aus dem „bloßen" strafrechtlich relevanten Fehlverhalten und aus den im zugrundliegenden Strafverfahren bzw. Strafurteil getroffenen Feststellungen allein noch nicht der Schluss

---

304 BVerwG, Beschl. v. 28.04.1998 – 2 B 174/97, Rn. 4 – juris; VG Köln, Urt. v. 30.05.2017 – 7 K 1352/17, Rn. 37 ff. – juris, wonach die vom Strafverfahren gewonnenen Erkenntnisse trotz Einstellung des Verfahrens seitens der Gerichte genutzt werden können, um den Vorwurf der Unwürdigkeit zu überprüfen; Bay. VGH, Urt. v. 08.11.2011 – 21 B 10.1543, Rn. 29 – juris; *Stollmann*, MedR 2010, 682 (685 f.); *Schelling*, in: Spickhoff, Medizinrecht, 3. Aufl. 2018, § 5 BÄO Rn. 21, 42 ff.

305 BVerwG, Beschl. v. 16.02.2016 – 3 B 68/14, Rn. 20 – juris; BVerwG, Beschl. v. 18.11.2011 – 3 B 6.11, Rn. 10 – juris; *Warntjen*, in: AG Medizinrecht im DAV/IMR, Aktuelle Entwicklungen im Medizinstrafrecht, 77 (88 f.).

306 BVerwG, Beschl. v. 16.02.2016 – 3 B 68/14, Rn. 20 – juris; BVerwG, Beschl. v. 18.11.2011 – 3 B 6.11, Rn. 10 – juris. Daraus ergibt sich, dass es kein Verwertungsverbot gibt, so *Stollmann*, MedR 2010, 682 (686) unter Bezugnahme auf die vorgenannte Rechtsprechung.

307 Gemäß § 26 Abs. 3 Satz 1 VwVfG besteht in einem Verwaltungsverfahren keine Aussagepflicht von Zeugen gegenüber der jeweilig zuständigen Behörde.

308 OVG Niedersachsen, MedR 2009, 483 (484). Gleiches gilt ebenfalls für die in einem rechtskräftigen Strafbefehl getroffenen Feststellungen, BVerwG, Urt. v. 26.09.2002 – 3 C 37/01, Rn. 37 f. – juris; VG München, Urt. v. 27.10.2009 – M 16 K 09.2603, Rn. 34 – juris; zwar handelt es sich bei diesem nicht um ein Urteil, das in einem ordentlichen Strafverfahren ergeht. Da jedoch der Strafbefehl auf Grund einer tatsächlichen und rechtlichen Prüfung durch das jeweilig zuständige Gericht ergeht, einen strafrechtlichen Schuldspruch enthält, strafrechtliche Rechtfolgen gegen den Beschuldigten festsetzt und gem. § 410 Abs. 3 StPO die Wirkung eines strafgerichtlichen Urteils erlangen kann, wird seitens der Rechtsprechung klargestellt, dass auch die in einem Strafbefehl enthaltenen Feststellung zur Bewertung der Unwürdigkeit oder Unzuverlässigkeit einer Person herangezogen werden können, BVerwG, Urt. v. 26.09.2002 – 3 C 37/01, Rn. 37 f. – juris; vgl. dazu auch *Stollmann*, MedR 2010, 682 (686) m.w.N.

auf die Unwürdigkeit eines Arztes gezogen werden könne.[309] Vielmehr bedürfe es stets einer konkreten Bewertung des Einzelfalls, bei der die gegebenen Umstände maßgeblich seien.[310]

2. *Bewertung der Umstände des Einzelfalls*

Hinsichtlich der konkreten Bewertung des Einzelfalls ist jedoch festzustellen, dass, anders als bei dem Unzuverlässigkeitsbegriff,[311] eine allumfassende Bewertung sämtlicher Umstände nicht stattfindet. Aspekten wie einem womöglich weiterhin bestehenden konkreten Einzelfallvertrauen,[312] einem gewissem Maß an Bekanntheit des Verhaltens in der Öffentlichkeit – bspw. durch Presseberichterstattung –[313] als auch eine Berücksichtigung persönlicher Lebensumstände – wie drohende Arbeitslosigkeit[314], ein relativ hohes Lebensalter[315] oder

309 Dazu ausführlich VG Hamburg, Urt. v. 23.02.2019 – 17 K 4618/18, Rn. 34 – juris, das eindeutig klarstellt, dass, anders als im Beamtenverhältnis, aus der strafrechtlichen Verurteilung allein noch nicht der Schluss auf die Unwürdigkeit gezogen werden könne. Dabei wird in Bezug auf das Beamtenverhältnis klargestellt, dass die in § 24 Abs. 1 Beamtenstatusgesetz getroffene Rechtfolge – zwingende Entfernung des straffällig gewordenen Beamten aus dem Dienst bei einer strafrechtlichen Verurteilung von mindestens einem Jahr Freiheitsstrafe – dem besonderen Beamten- und Treueverhältnis zwischen Dienstherrn und Beamten Rechnung trage, dieses jedoch nicht durch die staatlich erteilte Approbation begründet werde, weshalb im Ergebnis auch keine Vergleichbarkeit des Approbationswiderrufs mit dem anders geregelten Beamtenrecht hergestellt werden könne, VG Hamburg, Urt. v. 23.02.2019 – 17 K 4618/18, Rn. 34 – juris; dies gilt gleichermaßen auch für den Begriff der Unzuverlässigkeit, BVerwG, NJW 1991, 1557 (1557).

310 VG Hamburg, Urt. v. 23.02.2019 – 17 K 4618/18, Rn. 34 – juris.

311 Siehe dazu S. 76 ff.

312 BVerwG, Beschl. v. 06.03.2003 – 3 B 10/03, Rn. 3 – juris; VG Regensburg, Urt. v. 28.04.2016 – RN 5 K 15.1137, Rn. 39 – juris; vgl. auch VGH Mannheim, NJW 2010, 692, (693 f.), mit Bezugnahme auf den vorgenannten Beschluss des BVerwG.

313 BVerwG, Beschl. v. 28.01.2003 – 3 B 149/02, Rn. 4 – juris; VG Regensburg, Urt. v. 28.04.2016 – RN 5 K 15.1137, Rn. 39 – juris; Bay. VGH, Beschl. v. 19.07.2013 – 21 ZB 12.2581, Rn. 15 – juris; Bay. VGH, Urt. v. 08.11.2011 – 21 B 10.1543, Rn. 26 – juris; vgl. dazu auch *Schelling*, in: Spickhoff, Medizinrecht, 3. Aufl. 2018, § 5 BÄO Rn. 32 m.w.N.; a.A.: *Braun/Gründel*, MedR 2001, 396 (400); OVG NRW, Beschl. v. 15.01.2003 – 13 A 2774/01, Rn. 20 – juris und VG Leipzig, Beschl. v. 22.11.1999 – 5 K 1866/99, Rn 51 – juris mit Verweis auf VGH BW, Beschl. v. 19.07.1991 – 9 S 1227/91, Rn. 10 – juris.

314 VG Regensburg, Urt. v. 28.04.2016 – RN 5 K 15.1137, Rn. 39 – juris.

315 VGH Mannheim, NJW 2010, 692 (695); VG Regensburg, Urt. v. 28.04.2016 – RN 5 K 15.1137, Rn. 39 – juris.

die Vermögenssituation der Familie[316] – wird seitens der Rechtsprechung keine Bedeutung zugemessen.[317] Einzig und allein entscheidend ist die Bewertung des in Frage stehenden Verhaltens aus Sicht eines objektiven besonnenen Dritten.[318] Für die Bejahung der Unwürdigkeit wird dabei verlangt, dass sich das zu beanstandende Verhalten für einen objektiven Dritten als Zerstörung der für die ärztliche Tätigkeit unverzichtbaren Vertrauensbasis darstellen muss.[319] Dies ist nach verwaltungsgerichtlicher Rechtsprechung stets dort gegeben, wo das Fehlverhalten nicht mit den Vorstellungen in Einklang gebracht werden kann, die ein objektiver besonnener Dritter von der Persönlichkeit und dem Berufsbild eines Arztes hat.[320]

Wie dieses Bild von einem sich „würdig" erweisenden Arzt jedoch konkret aussieht, lässt sich nicht verallgemeinern. Vielmehr ergibt sich dieses erst aus einer Gesamtschau der Fallkonstellationen, die nach der sogenannten herrschenden Rechtsprechung regelmäßig den Vorwurf der Unwürdigkeit begründen.

II. Fallkonstellationen

Die hier nun relevant werdenden Fallkonstellationen lassen sich – ähnlich wie im anwaltlichen Berufsrecht[321] – grob in ein berufliches **(1.)** und ein außerberuflichen Fehlverhalten unterteilen **(2.)**.

1. Berufliches Fehlverhalten

Nach verwaltungsgerichtlicher Rechtsprechung begründen dabei primär solche strafrechtlichen Verfehlungen den Vorwurf der Unwürdigkeit, die sich im Zusammenhang mit der beruflichen Tätigkeit eines Arztes ereignen und

---

316 Sächsisches OVG, Beschl. v. 30.03.2005 – 4 B 710/04, Rn. 4 – juris; VG Regensburg, Urt. v. 28.04.2016 – RN 5 K 15.1137, Rn. 39 – juris.

317 Umfassend VG Regensburg, Urt. v. 28.04.2016 – RN 5 K 15.1137, Rn. 39 – juris; siehe dazu im Ganzen zudem *Stollmann*, MedR 2010, 682 (684).

318 BVerwG, Beschl. v. 28.01.2003 – 3 B 149/02, Rn. 4 – juris; VG Hamburg, Urt. v. 23.02.2019 – 17 K 4618/18, Rn. 31 – juris.

319 BVerwG, Beschl. v. 28.01.2003 – 3 B 149/02, Rn. 4 – juris; BVerwG, GesR 2011, 244 (245) Rn. 4; VG Hamburg, Urt. v. 23.02.2019 – 17 K 4618/18, Rn. 31 – juris; OVG Saarlouis, GesR 2013, 568 (571).

320 BVerwG, GesR 2011, 244 (245) Rn. 4; OVG Saarlouis, GesR 2013, 568 (571); vgl. dazu auch *Schelling*, in: Spickhoff, Medizinrecht, 3. Aufl. 2018, § 5 BÄO Rn. 19, wo die Begrifflichkeit „man" in Bezug auf einen objektiven Dritten verwendet wird.

321 Siehe dazu S. 38 ff.

zugleich die ihn treffenden, beruflichen Pflichten verletzen.[322] Das in der Rechtsprechung zum Unwürdigkeitsbegriff relevant werdende Verhalten lässt sich hier erneut unterteilen. Zu unterscheiden ist dabei zwischen einem Verhalten, das den Kernbereich einer ärztlichen Tätigkeit betrifft (**a**), und einem Verhalten, das Pflichten betrifft, die mit der eigentlichen beruflichen Tätigkeit im nahen Zusammenhang stehen (**b**).

a) Kernbereich der ärztlichen Tätigkeit

Hinsichtlich der den Kernbereich betreffenden Verfehlungen begründen nach verwaltungsgerichtlicher Rechtsprechung insbesondere solche Verhaltensweisen den Vorwurf der Unwürdigkeit, die sich willentlich gegen die Rechtsgüter richten, dessen Schutz sich ein Arzt vor allem in Bezug auf seine berufliche Tätigkeit primär verschrieben hat, § 1 BÄO. Die Rede ist hier von Verhaltensweisen, die das körperliche Wohl bzw. die körperliche Integrität eines Patienten im Rahmen eines bestehenden Arzt-Patienten-Verhältnisses bewusst benachteiligen.

Das Feld der Fallkonstellationen der bewussten Benachteiligung reicht dabei von einem willentlichen Hinwegsetzen über ärztliche Standards bis hin zur gänzlichen Nichtbeachtung dieser.[323] Zur Zerstörung des Vertrauens sind nach verwaltungsgerichtlicher Rechtsprechung dabei insbesondere solche Verhaltensweisen geeignet, die von einem eigennützigen Handeln des Arztes unter gleichzeitiger Missachtung des Patientenwohls geprägt sind.[324] Als Beispiel hierfür dienen zum einen die wiederholte vorsätzliche, medizinisch nicht indizierte Behandlung von Patienten – bspw. in Form von Dialysemaßnahmen[325] oder Impfungen, die seitens eines Arztes an Patienten einzig und allein zum Zwecke der Abrechnung gegenüber den Krankenkassen vorgenommen wurden.[326]

---

322 VGH Mannheim, NJW 2010, 692 (693); vgl. auch *Schelling*, in: Spickhoff, Medizinrecht, 3. Aufl. 2018, § 5 BÄO Rn. 20.

323 VG Berlin, Urt. v. 17.01.2018 – 14 K 176.15, Rn. 38-61 – juris; VGH Mannheim, NJW 2010, 692 (693); vgl. ferner OVG Saarland, Urt. v. 29.11.2005 – 1 R 12/05, Rn. 85-109 – juris.

324 Vgl. dazu allein schon VGH Mannheim, NJW 2010, 692 (693) und VG Stuttgart, Urt. v. 01.10.2009 – 4 K 597/09, Rn. 17-19 – juris; vgl. dazu auch *Schelling*, in: Spickhoff, Medizinrecht, 3. Aufl. 2018, § 5 BÄO Rn. 20 m.w.Rspr.-N.

325 OVG NRW, MedR 2008, 226 (228).

326 VGH Mannheim, NJW 2010, 692 (693); vgl. dazu auch VG Karlsruhe, Urt. v. 03.05.2011 – 1 K 1399/09, Rn. 43-56 – juris.

Zum anderen der sexuelle Missbrauch von Patienten unter Ausnutzung eines Behandlungsverhältnisses.[327]

Hinsichtlich dieser Fehlverhaltensweisen ist dabei festzustellen, dass sich der Vorwurf des enttäuschten Vertrauens offenbar auf das bewusste Ausnutzen der Unwissenheit und zugleich Hilflosigkeit von Patienten in einer konkreten Behandlungssituation bezieht. Sind es doch offenbar die Patienten, die das Erfordernis eines bestimmten ärztlichen Handelns auf Grund ihres Laienstatus nicht beurteilen können und sich im Zuge dessen auf die medizinische Indikation der jeweilig vom Arzt vorgenommenen Handlung verlassen.[328] In einem solchen Vertrauen werden die Patienten offensichtlich empfindsam beeinträchtigt, wenn sie im Zuge dieser konkreten Unwissenheit und Abhängigkeit medizinisch nicht indizierte Behandlungen[329] oder ausschließlich sexuell motivierte Handlungen[330] des jeweilig behandelnden Arztes hinnehmen müssen. Damit verwundert es folglich nicht, dass solche, die körperliche Integrität als auch das Selbstbestimmungsrecht bewusst beeinträchtigenden Verhaltensweisen nach Ansicht der Rechtsprechung unbestritten geeignet sind, den Vorwurf der Unwürdigkeit zu begründen und somit den Widerruf zu rechtfertigen.[331]

---

327 VG Stuttgart, Urt. v. 01.10.2009 – 4 K 597/09, Rn. 17-19; vgl. auch OVG Lüneburg, Beschl. v. 19.02.2015 – 8 LA 102/14 – juris; VG Oldenburg, Urt. v. 31.01.2017 – 7 A 2236/15 – juris.

328 Vgl. VGH Mannheim, NJW 2010, 692 (693).

329 VGH Mannheim, NJW 2010, 692 (693).

330 VG Stuttgart, Urt. v. 01.10.2009 – 4 K 597/09, Rn. 17-19 – juris; OVG Lüneburg, Beschl. v. 19.02.2015 – 8 LA 102/14, Rn. 35 – juris.

331 VGH Mannheim, NJW 2010, 692 (693 f.); OVG Lüneburg, Beschl. v. 19.02.2015 – 8 LA 102/14, Rn. 35 f. m.w.Rspr-N. – juris und VG Oldenburg, Urt. v. 31.01.2017 – 7 A 2236/15, Rn. 46 f. m.w.Rspr.-N. – juris; vgl. auch VG Berlin, Beschl. v. 12.04.2018 – VG 14 L 844.17 – BeckRS 2018, 7766, Rn. 38 f., das bezogen auf den sexuellen Missbrauch unter Ausnutzung eines Behandlungsverhältnisses betont, dass die ärztliche Diagnostik und Behandlung es regelmäßig erfordern, dass sich Patienten vor einem Arzt entblößen und körperliche Berührungen hinnehmen müssten, „die über ein Handschütteln oder einen ähnlichen auch zwischen Fremden sozial üblichen Körperkontakt deutlich [hinausgingen]. Da hierfür ggf. die persönliche Schamschwelle zu überwinden und [die Patienten] in einer solchen Situation regelmäßig besonders verletzlich [seien], [müssen] sich [diese] fest darauf verlassen können, dass sich die ärztliche Maßnahmen auf das medizinisch Gerechtfertigte beschränken und eine sachfremde, insbesondere sexuell begründete Motivation des oder der Heilkundigen ausgeschlossen [sei]. [Erweise] sich diese Erwartung [jedoch] als irrig, […] [sei] ein solcher Vorgang im höchsten Maße geeignet, das für die Heilbehandlung unerlässliche Vertrauen in den betreffenden Arzt / die betreffende Ärztin sowie in die Ärzteschaft

Auffällig ist jedoch, dass seitens der Rechtsprechung die Rede von einem enttäuschten Vertrauen in Bezug auf den Vorwurf der Unwürdigkeit offenbar nur so weit geht, wie es sich um Handlungen handelt, die von einem vorsätzlichen Handlungsunrecht geprägt sind. Einen solchen Schluss lassen zumindest die Entscheidungen des VG Leipzig[332] und des VG Augsburg[333] erkennen. In diesen Entscheidungen hatten sich die Gerichte mit der Frage zu beschäftigen, inwieweit eine strafrechtliche Verurteilung wegen fahrlässiger Tötung bzw. fahrlässiger Körperverletzung in Folge eines Behandlungsfehlers einen Widerruf wegen Unwürdigkeit und Unzuverlässigkeit begründen kann.[334] In Bezug auf den hier relevant werdenden Vorwurf der Unwürdigkeit stellten die Gerichte dabei fest, dass das zu beanstandende Verhalten nicht geeignet sei, den Vorwurf der Unwürdigkeit zu begründen.[335] Vor allem das VG Leipzig führte dazu aus, dass in diesem Verhalten weder ein sittlicher Makel noch eine Enttäuschung eines einem Arzt entgegengebrachten Vertrauens zu sehen sei.[336] Gerade in Bezug auf letzteres wurde dabei betont, dass sich das Vertrauen in einen Arzt bzw. die Ärzteschaft als solche nicht so weit erstrecke, dass bei diesen eine Fehlfreiheit in Gänze zu erwartet sei.[337]

Die dargestellten Entscheidungen zeigen hinsichtlich des Gesamtverständnisses des Vertrauens damit Folgendes auf:

Aus den oben genannten, den Vorwurf der Unwürdigkeit begründenden Fallkonstellationen wird ersichtlich, dass sich die Frage des Vertrauens offensichtlich nur dort stellt, wo sich Patienten in ein konkretes Behandlungsverhältnis begeben. Dieses Verhältnis ist dabei von einer gewissen Form der Abhängigkeit gekennzeichnet. Diese Abhängigkeit besteht hierbei insofern, dass Patienten mangels fachlicher Eigenexpertise auf die Handlungen des Fachexperten zur Erhaltung eines höchstpersönlichen Gutes angewiesen sind, diese aber mangels

---

generell nachhaltig zu erschüttern und das Opfer daran zu hindern, sich zukünftig rechtzeitig, unbefangen und vertrauensvoll in ärztliche Behandlung zu begeben" (VG Berlin, Beschl. v. 12.04.2018 – VG 14 L 844.17 – BeckRS 2018, 7766, Rn. 39).

332 VG Leipzig, MedR 2000, 336 ff.

333 VG Augsburg, Urt. v. 01.12.2016 – Au 2 K 16.578 – juris.

334 VG Leipzig, MedR 2000, 336 (339); VG Augsburg, Urt. v. 01.12.2016 – Au 2 K 16.578, Rn. 18-24 – juris.

335 VG Leipzig, MedR 2000, 336 (339); VG Augsburg, Urt. v. 01.12.2016 – Au 2 K 16.578, Rn. 24 – juris.

336 VG Leipzig, MedR 2000, 336 (339).

337 *Schelling*, in: Spickhoff, Medizinrecht, 3. Aufl. 2018, § 5 BÄO Rn. 26 mit Bezugnahme auf VG Leipzig, MedR 2000, 336 (339).

fachlicher Eigenexpertise nicht auf ihre fachliche Korrektheit bzw. ihr Erfordernis überprüfen können. Im Zuge dieser Abhängigkeit aber auch gleichzeitig bestehender Ungewissheit hoffen Patienten darauf, dass der Arzt seine auf einem Wissensvorsprung bestehende, fachliche Expertise zu ihrem Wohle und nicht zu ihren Lasten anwenden wird.

Der Bezugspunkt des Vertrauens in einem Arzt-Patienten-Verhältnis ist demnach die auf einer fachlichen Expertise beruhende ordnungsgemäße Leistungserbringung, die sich ihrerseits wiederum anhand der dafür geltenden Standards bemisst.

In Bezug auf das enttäuschte Vertrauen – und somit auf den Vorwurf der Unwürdigkeit – ist festzustellen, dass dieser Vorwurf augenscheinlich nur aus solchen Konstellationen resultiert, in denen sich ein Arzt bewusst oder zumindest billigend in Kauf nehmend über das Wohl des Patienten zur Erreichung eines eigenen Ziels unter gleichzeitiger Vernachlässigung einer der ärztlichen Standards entsprechenden Leistungserbringung hinwegsetzt.[338] Dies ist bspw. der Fall, wenn es um den sexuellen Missbrauch unter Ausnutzung eines Behandlungsverhältnisses oder die Vornahme einer medizinisch nicht indizierten Behandlung zum Zwecke der Abrechnung geht. Fahrlässige Fehlverhaltensweisen, wie bspw. die fahrlässige Tötung oder fahrlässige Körperverletzung eines Patienten im Zuge eines Behandlungsfehlers, begründen hingegen nicht den Vorwurf der Unwürdigkeit.

Daraus folgt in Bezug auf ein allgemeines Vertrauensverständnis, dass sich die Frage des Vertrauens, wie auch in den anderen Teilrechtsordnungen, vor allem (erst) aus solchen Umständen ergibt, bei denen sich der Laie bzw. eine andere Person (Vertrauender) mangels eigener fachlicher Expertise (Autonomie) zur Erhaltung eines bestimmten Gutes zwangsläufig in die Abhängigkeit

---

338 Vgl. dazu bspw. VG Berlin, Urt. v. 17.01.2018 – 14 K 176.15, Rn 53-59 – juris, in dem mit besonderer Bezugnahme auf die Vernachlässigung des Patientenwohl die Unwürdigkeit begründet wird; als Beleg dafür, dass von einem enttäuschten Vertrauen in die Kernpflicht eines Arztes dort gesprochen wird, wo es sich um eine willentliche, den ärztlichen Standards nicht entsprechende Behandlung handelt, auch jüngst VG Hamburg, Urt. v. 23.02.2019 – 17 K 4618/18 – juris, wonach trotz des strafrechtlichen Vorwurfs des Abrechnungsbetrugs nach § 263 Abs. 1 StGB Unwürdigkeit nicht zu erkennen sei, da der Arzt stets eine den ärztlichen Standards entsprechende Behandlung aller Patienten gewährleistet, somit das körperliche Wohl aller Patienten durch sein Verhalten nicht vernachlässigt und somit das Vertrauen in die Ärzteschaft in keiner Weise in Abrede gestellt habe, VG Hamburg, Urt. v. 23.02.2019 – 17 K 4618/18, Rn. 49-61 – juris.

eines anderen (Vertrauensperson) begeben muss und sich diesem, inklusive seines jeweiligen anvertrauten Gutes, hinsichtlich der allein von ihm (der Vertrauensperson) zu treffenden Entscheidungen – Erhalt oder willentliche Beeinträchtigung des anvertrauten Gutes – ausgeliefert sieht.

Festzustellen ist damit jedoch, dass sich das grundlegende Verständnis des Vertrauens im ärztlichen Kontext zumindest bezüglich dieser Fallkonstellationen nicht von dem grundlegenden Vertrauensverständnis im hochschulrechtlichen sowie im anwaltlichen Kontext unterscheidet. Stellt sich doch auch gerade bezüglich letzteren die Frage des Vertrauens ebenfalls stets (erst) in solchen Situationen, in denen eine empfindliche Beeinträchtigung des anvertrauten Gutes im Zuge willentlicher Zuwiderhandlungen der Vertrauensperson (Anwalt) möglich ist – wie z.B. bei der Veruntreuung anvertrauter Vermögenswerte.

Dass somit mit dem Widerruf der Approbation wegen Unwürdigkeit ein spezieller Schutz des Vertrauens bezweckt wird, ist damit noch nicht ersichtlich geworden. Vielmehr wird mit diesem und damit zusammenhängend mit dem Begriff der Unwürdigkeit genau wie in den zuvor untersuchten Teilrechtsgebieten der gleiche Zweck verfolgt:

Die Gewährleistung des Vertrauens hinsichtlich einer ordnungsgemäßen, den ärztlichen Standards entsprechenden Leistungserbringung durch den Ausschluss von solchen Personen, die dieser zuwiderhandeln.

Dies beruht offenbar auf dem Ziel, das abstrakte Bild von dem sich bestätigenden Vertrauen zu erhalten, auf dessen Grundlage sich Außenstehende dazu veranlasst sehen, sich in die Abhängigkeit einer Profession und dessen Vertretern zu begeben.[339]

Ein wesentlicher Unterschied zu dem Vertrauen gegenüber den zuvor erläuterten Berufen wird damit aber noch nicht ersichtlich. Erkenntlich wird lediglich, dass dieser Schutz des Vertrauensverständnisses über den Begriff der

339 Dies verdeutlicht zumindest die in der Rechtsprechung wiederkehrende Aussage, wonach es nicht darauf ankomme, dass eine konkrete Gefährdung bestimmter Personen tatsächlich eintreten müsse, um den Vorwurf der Unwürdigkeit zu begründen, VGH Mannheim, NJW 1991, 2366 (2368); VG Stuttgart, MedR 2000, 142 (144); vgl. dazu auch *Braun/Gründel*, MedR 2001, 396 (399), die im Zusammenhang mit der Frage, ob strafrechtliche Verfehlungen, die nicht dazu führen, dass ein Kundenstamm fernbleibt, mit Verweis auf die Entscheidung des VG Stuttgart, MedR 2000, 142 (144) betonen, dass es nicht darauf ankommen könne, ob einzelne „treue" Patienten weiterhin den Arzt aufsuchen, da mit dem Widerruf der Approbation nicht das Vertrauen in den einzelnen Arzt, sondern das Vertrauen in den Berufsstand der Ärzteschaft geschützt werden soll.

Unwürdigkeit aber nicht über den der Unzuverlässigkeit erfolgt. Dass ein solcher Schutz aber mit Sicherheit auch mittels des Unzuverlässigkeitsbegriffs erfolgen kann, wird an späterer Stelle noch deutlich werden. Abschließend ist damit festzustellen, dass sich das Verständnis des Vertrauens – noch – nicht von dem des Vertrauens in den zuvor untersuchten Teilrechtsgebieten unterscheidet. Folglich scheint ein gesonderter Schutz des Vertrauens über den Begriff der Unwürdigkeit mangels eines bestehenden Sonderverständnisses zumindest bis hierher noch nicht erforderlich.

Etwas anderes könnte sich jedoch aus den folgenden Fallkonstellationen ergeben.

b) Die mit der ärztlichen Tätigkeit im Zusammenhang stehenden Pflichten

Nach ständiger Rechtsprechung des BVerwG gilt, dass der Anwendungsbereich des § 3 Abs. 1 Satz 1 Nr. 2 BÄO nicht nur auf das unmittelbare Arzt-Patienten-Verhältnis begrenzt ist.[340] Es gilt vielmehr, dass auch ein solches Fehlverhalten den Vorwurf der Unwürdigkeit begründen kann, das mit der Ausübung der ärztlichen Heilkunst nicht im unmittelbaren Zusammenhang steht, aber dennoch die ärztliche Tätigkeit als solches betrifft.[341] Im Zentrum dieser beruflichen Fehlverhaltensweisen im weiteren Sinne stehen dabei insbesondere solche Verfehlungen, die das Verhältnis eines Arztes zu anderen Institutionen betreffen, mit denen dieser bei der Ausübung seines Berufs in Rechtsbeziehungen steht.[342] Im Rahmen dieser Rechtsbeziehungen beschäftigt sich die Rechtsprechung stetig wiederkehrend mit der Frage, inwieweit der von einem Arzt verübte Abrechnungsbetrug zulasten der am Gesundheitssystem beteiligten Krankenkassen den Vorwurf der Unwürdigkeit begründen kann.[343] Relevanz besitzt diese Frage dabei nicht nur in Bezug auf den Abrechnungsbetrug im gesetzlichen Krankenversicherungssystem (bb)), sondern auch in Bezug auf den Abrechnungsbetrug privatliquidierender Ärzte (aa)).

---

340 BVerwG, Beschl. v. 28.08.1995 – 3 B 7/95, Rn. 10 – juris; BVerwG, Beschl. v. 09.01.1991 – 3 B 75/90, Rn. 5 – juris.

341 BVerwG, Beschl. v. 28.08.1995 – 3 B 7/95, Rn. 10 – juris; BVerwG, Beschl. v. 09.01.1991 – 3 B 75/90, Rn. 5 – juris; VG München, Urt. v. 27.10.2009 – M 16 K 09.2603, Rn. 27 – juris.

342 VG München, Urt. v. 27.10.2009 – M 16 K 09.2603, Rn. 27 – juris.

343 Ebenso *Hofstetter*, Arztrecht, S. 36 f.

Inwieweit ein solches Fehlverhalten nach ständiger Rechtsprechung den Vorwurf der Unwürdigkeit begründen kann, ist im Folgenden näher zu untersuchen. Dabei liegt der Fokus der nachfolgenden Betrachtung auch hier auf der Frage, inwieweit ein solches Fehlverhalten das Vertrauen der Patienten in die Ärzteschaft insoweit nachhaltig schädigt, dass einem Arzt die Approbation nach § 5 Abs. 2 Satz 1 i.V.m. § 3 Abs. 1 Satz 1 Nr. 2 BÄO zwingend entzogen werden muss.

Die Erläuterung dieser Frage beginnt mit der näheren Betrachtung der Fallkonstellation des Abrechnungsbetrugs privatliquidierender Ärzte, bevor sich daran anschließend mit dem Abrechnungsbetrug im gesetzlichen Krankenversicherungssystem beschäftigt wird. Die rechtliche Wertung des Fehlverhaltens privatliquidierender Ärzte ist dabei insofern von besonderer Bedeutung, als dass hier ein direktes Verhältnis von Arzt und Patient, anders als beim Abrechnungsbetrug im gesetzlichen Krankenversicherungssystem – wie sich noch zeigen wird –, gegeben ist und somit wohl eher Aufschluss darüber geben kann, inwieweit ein solches Fehlverhalten das Vertrauen nachhaltig beeinträchtigt. Zur Erläuterung dieser Vertrauensbeeinträchtigung ist die Entscheidung des BVerwG aus dem Jahr 2012 zum Abrechnungsbetrug privatliquidierender Ärzte auszuwerten.

aa) Die Entscheidung des BVerwG aus dem Jahr 2012 zum Abrechnungsbetrug privatliquidierender Ärzte

In dieser Entscheidung hatte sich das Gericht mit der Frage zu beschäftigen, ob der von einem privatliquidierenden Arzt begangene Abrechnungsbetrug gegenüber seinen Patienten und/ oder zum Nachteil der privaten Krankenversicherung den Widerruf seiner Approbation wegen Unwürdigkeit begründen kann.[344] Diesbezüglich stellte das BVerwG fest, dass dieser Abrechnungsbetrug ohne Weiteres Anlass dazu biete, den Widerruf der Approbation wegen Unwürdigkeit behördlich durchzuführen.[345] Dabei betonte das BVerwG explizit, dass es auf eine Verletzung der Kernpflicht eines Arztes hinsichtlich der Begründung der Unwürdigkeit – wie vom Kläger behauptet und von der ersten Instanz[346] vertreten – nicht ankomme.[347] Relevant sei ausschließlich der Verstoß gegen die Pflicht zur ordnungsgemäßen Abrechnung.[348] In Bezug auf diese Pflicht zur

344 BVerwG, Beschl. v. 20.09.2012 – 3 B 7/12, Rn. 3-6 – juris.
345 BVerwG, Beschl. v. 20.09.2012 – 3 B 7/12, Rn. 5 – juris.
346 VG München, Urt. v. 27.10.2009 – M 16 K 09.2603, Rn. 40 f. – juris.
347 BVerwG, Beschl. v. 20.09.2012 – 3 B 7/12, Rn. 5 – juris.
348 BVerwG, Beschl. v. 20.09.2012 – 3 B 7/12, Rn. 5 – juris.

ordnungsgemäßen Abrechnung stellte das Gericht klar, dass diese Pflicht, genau wie die Pflicht zur korrekten Abrechnung der ärztlichen Leistungen gegenüber den gesetzlichen Krankenkassen, auch gegenüber den Patienten gelte.[349] Gehöre doch diese Pflicht selbstverständlich zu den Berufspflichten eines Arztes, die dieser stets zu achten und zu wahren habe.[350]

Hinsichtlich einer womöglich erforderlichen, differenzierten Betrachtung zwischen dem privaten als auch gesetzlichen Krankenversicherungswesen betonte das Gericht, dass eine solche Differenzierung gerade nicht geboten sei.[351] Handle es sich doch sowohl beim Abrechnungsbetrug gegenüber der gesetzlichen als auch privaten Krankenversicherung um ein schwerwiegendes berufliches Fehlverhalten, das – mit Ausnahme des Vermögensinteresses von Privatpatienten – neben der gleichgelagerten Gefährdung der finanziellen Basis der Kassen zugleich das Gesundheitssystem in einem gleichen Umfang schädige;[352] „was vor allem dann der Fall sei, wenn private Krankenversicherungen und staatliche Beihilfestellen nach Vorlage der Rechnungen durch die Versicherten und Beihilfeberechtigen für Leistungen [aufkämen], die nicht angefallen [seien] oder nicht so, wie abgerechnet, erbracht worden [seien].“[353]

Auf Grund dessen stellte das Gericht fest, dass der Abrechnungsbetrug privatliquidierender Ärzte genau wie der Abrechnungsbetrug gegenüber den gesetzlichen Krankenversicherungen grundsätzlich dazu geeignet sei, den Vorwurf der Unwürdigkeit zu begründen.[354]

Die Entscheidung zeigt zunächst auf, dass der Abrechnungsbetrug an sich den Widerruf der Approbation wegen Unwürdigkeit nach herrschender Rechtsprechung begründen kann. Bezüglich des Abrechnungsbetrugs privatliquidierender Ärzte wird dabei in Bezug auf den Vorwurf der Unwürdigkeit klargestellt, dass dieser wertungsgemäß nicht anders gehandhabt werden darf als ein Abrechnungsbetrug im gesetzlichen Krankenversicherungssystem. Eine differenzierte Betrachtung wird abgelehnt, da beide Fehlverhaltensweisen, unabhängig von der Konstellation des Abrechnungswesens, die finanzielle Basis der am Krankenversicherungssystem beteiligten Krankenkassen schädigen.

349 BVerwG, Beschl. v. 20.09.2012 – 3 B 7/12, Rn. 5 – juris.
350 BVerwG, Beschl. v. 20.09.2012 – 3 B 7/12, Rn. 5 – juris.
351 BVerwG, Beschl. v. 20.09.2012 – 3 B 7/12, Rn. 5 – juris.
352 BVerwG, Beschl. v. 20.09.2012 – 3 B 7/12, Rn. 5 – juris.
353 BVerwG, Beschl. v. 20.09.2012 – 3 B 7/12, Rn. 5 – juris.
354 BVerwG, Beschl. v. 20.09.2012 – 3 B 7/12, Rn. 5 – juris.

Inwieweit diese Verhaltensweise jedoch das Vertrauen der Patienten in die Ärzteschaft insoweit schädigt, dass sie zum Erhalt des Grundvertrauens der Patienten in die Ärzteschaft mittels des Widerrufs zwingend geahndet werden muss, wird zumindest aus dieser Entscheidung nicht deutlich. Klar wird lediglich, dass der Abrechnungsbetrug im privaten Krankenversicherungswesen nicht anders beurteilt werden darf als der im gesetzlichen Krankenversicherungswesen.

Sofern man also Aufschluss darüber haben möchte, inwieweit der Abrechnungsbetrug per se das Vertrauen der Patienten in die Ärzteschaft nachhaltig erschüttert, bedarf es der Betrachtung des Abrechnungsbetrugs im gesetzlichen Krankenversicherungssystem.

Bezüglich dieser Fehlverhaltensweisen ist zunächst zu klären, welche grundlegende Bedeutung der ordnungsgemäßen Abrechnung im gesetzlichen Krankenversicherungssystem zukommt. Scheint doch diese maßgeblich für den Vorwurf der Unwürdigkeit und somit den des enttäuschten Vertrauens (bb)) zu sein.

bb) Die Pflicht zur peinlich genauen Leistungsabrechnung im gesetzlichen Krankenversicherungssystem

Bedeutung erlangt diese Pflicht zur peinlich genauen Leistungsabrechnung im Honorierungs- und Abrechnungssystem der vertragsärztlichen Versorgung.[355] Dieses gilt es im Folgenden in der gebotenen Kürze darzulegen, um die Wertigkeit dieser Pflicht im System der gesetzlichen Krankenversicherung zu ermitteln. Das Honorierungssystem lässt sich wie folgt kurz zusammenfassen:

Die den Vertragsarzt aufsuchenden gesetzlich krankenversicherten Patienten (GKV-Patienten) sind trotz des zwischen ihnen und dem Arzt bestehenden Behandlungsvertrags, § 630a BGB, und dem Erhalt der ärztlichen Leistungen diesem gegenüber nicht zur Zahlung verpflichtet.[356] Die von dem Arzt erbrachten Leistungen rechnet dieser am Quartalsende unter Beachtung des einheitlichen Bewertungsmaßstabs (EBM), des Bundesmantelvertrags für Ärzte (BMV-Ä), der Richtlinien des Gemeinsamen Bundesausschusses nach § 92 Abs. 1 Satz 2 SGB V und des Gesamtvertrages[357] gegenüber seiner Kassenärztlichen Vereinigung

---

355 BSG, Urt. v. 21.03.2012 – B 6 KA 22/11 R, Rn. 35 – juris; vgl. dazu im Detail, *Hellmann/Herffs*, Der ärztliche Abrechnungsbetrug, S. 13 ff.

356 *Hellmann/Herffs*, Der ärztliche Abrechnungsbetrug, S. 1.

357 Die Gesamtverträge werden von der jeweiligen Kassenärztliche Vereinigung (KV) mit den für ihren Bezirk zuständigen Landesverbänden der Krankenkassen und den Ersatzkassen über die vertragsärztliche Versorgung der Mitglieder mit Wohnort in ihrem Bezirk einschließlich der mitversicherten Familienangehörigen geschlossen, wobei die Landesverbände der Krankenkassen die Gesamtverträge mit Wirkung für

(KV) ab.[358] Die von dem Arzt eingereichten Abrechnungsunterlagen werden seitens der KV in unterschiedlichen Stufen überprüft und sodann an die Krankenkassen weitergleitet, die ihrerseits weitere Prüfungsmöglichkeiten haben.[359] Die jeweilige Kasse gleicht die Forderung mit einer Gesamtvergütung an die KV aus, die ihrerseits wiederum die Gesamtvergütung nach dem jeweils geltenden und nach dem KV-Bezirk unterschiedlichen Honorarverteilungsmaßstab an die Vertragsärzte verteilt.[360]

Dieser Pflicht der ordnungsgemäßen Abrechnung in diesem System wird nach der bundessozialgerichtlichen Rechtsprechung insbesondere auf Grund der fehlenden Möglichkeit der KV und Krankenkassen, jegliche von einem Arzt angegebene Leistung vor Weiterleitung an die zahlungspflichtigen Krankenkassen auf ihre Korrektheit zu überprüfen, Relevanz zugesprochen.[361] Gerade weil eine vollumfängliche Überprüfung seitens der KV und Krankenkassen jedoch nicht möglich sei (vgl. hierzu § 106a Abs. 2 und § 106 Abs. 2 Satz 1 i. V. m. Satz 2 ff. SGB V),[362] wird seitens der Rechtsprechung betont, dass die in der gesetzlichen Krankenversicherung tätigen Institutionen, KV und Krankenkassen, darauf vertrauen können müssen, dass ein Arzt ordnungsgemäß seine Leistung erbringe und stets peinlich genau abrechne.[363] Würde dies nicht möglich sein, würde, so das BSG weiter, die Funktionsfähigkeit des gesetzlichen Krankenkassensystems vor allem in finanzieller Hinsicht im erheblichen Maße beeinträchtigt werden.[364]

---

die Krankenkassen der jeweiligen Kassenart schließen, § 83 Abs. 1 Satz 1 SGB V. Den allgemeinen Inhalt der Gesamtverträge vereinbaren die Kassenärztliche Bundesvereinigung mit dem Spitzenverband Bund der Krankenkassen in Bundesmantelverträgen (BMV), wobei der Inhalt der Bundesmantelverträge Bestandteil der Gesamtverträge ist, § 82 Abs. 1 Satz 1, 2 SGB V. Die Vergütung der an der vertragsärztlichen Versorgung teilnehmenden Ärzte und Einrichtungen werden von den Landesverbänden der Krankenkassen und den Ersatzkassen mit den KV durch die Gesamtverträge geregelt.

358 *Hellmann/Herffs*, Der ärztliche Abrechnungsbetrug, S. 1.

359 *Hellmann/Herffs*, Der ärztliche Abrechnungsbetrug, S. 1.

360 *Hellmann/Herffs*, Der ärztliche Abrechnungsbetrug, S. 1.

361 BSG, Urt. v. 21.03.2012 – B 6 KA 22/11 R, Rn. 35 – juris; BSG, Urt. v. 30.03.1977 – 6 RKA 4/76, Rn. 15 – juris; BSG, Urt. v. 24.11.1993 – 6 RKa 70/91, Rn. 22 – juris.

362 BSG, Urt. v. 21.03.2012 – B 6 KA 22/11 R, Rn. 35 – juris.

363 BSG, Urt. v. 21.03.2012 – B 6 KA 22/11 R, Rn. 35 – juris; BSG, Urt. v. 24.11.1993 – 6 RKa 70/91, Rn. 22 – juris; BSG, Urt. v. 18.08.1972 – 6 RKa 28/71, Rn. 14 – juris.

364 BSG, Urt. v. 21.03.2012 – B 6 KA 22/11 R, Rn. 35 – juris; BSG, Urt. v. 24.11.1993 – 6 RKa 70/91, Rn. 22 – juris.

cc) Approbationsrechtliche Relevanz der Fehlverhaltensweisen

Approbationsrechtliche Relevanz wird diesen Verhaltensweisen offensichtlich zugewiesen, da es sich bei den strafrechtlich relevanten Fehlverhaltensweisen i.S.d. § 263 Abs. 1 StGB um Verstöße gegen tragende Säulen des gesetzlichen Krankenversicherungssystems handelt.[365] Vor allem die jüngere Rechtsprechung bemüht sich, dies stets klarzustellen, indem wiederholt betont wird, „dass die korrekte Abrechnung der ärztlichen Leistungen gegenüber den (gesetzlichen) Krankenkassen selbstverständlich zu den Berufspflichten gehör[e] und dass die Gefährdung der finanziellen Basis der Kassen durch betrügerische oder leichtfertige Falschabrechnungen in großem Umfang eine gravierende berufliche Verfehlung darstell[e].“[366] Dass ein Abrechnungsbetrug dabei den Entzug der Approbation wegen Unwürdigkeit fast schon zwangsläufig zur Folge hat, wird seitens der Rechtsprechung – vor allem was den Abrechnungsbetrug im gesetzlichen Krankenversicherungssystem betrifft – mit einem bloßen Verweis auf ältere Entscheidungen als selbstverständlich angesehen.[367] Inwieweit aber die Fehlverhaltensweise des Abrechnungsbetrugs tatsächlich negative Auswirkungen auf das Vertrauen der Bevölkerung in die Ärzteschaft hat, wird auch seitens der Rechtsprechung zum Abrechnungsbetrug im gesetzlichen Krankenversicherungssystem nicht näher erläutert. Nur vereinzelt finden sich, wie bspw. in der Entscheidung des VG München vom 20.10.2009[368], einige Erklärungsansätze dafür, warum dieses Verhalten das grundlegende Vertrauen der Patienten in die Ärzteschaft im Fall seiner Nichtahndung nachhaltig erschüttern und somit zerstören soll.

dd) Die Entscheidung des VG München vom 20.10.2009 als Ansatzpunkt für das Verständnis des Vertrauens

In dieser Entscheidung stellte das VG München fest, dass der Arzt durch den von ihm begangenen Abrechnungsbetrug gegenüber den gesetzlichen Krankenkassen das Vertrauen der Patienten in die Ärzteschaft nachhaltig beeinträchtigt

365 BVerwG, Urt. v. 26.09.2002 – 3 C 37/01, Rn. 20 – juris.

366 So BVerwG, Beschl. v. 20.09.2012 – 3 B 7/12, Rn. 5 – juris unter Bezugnahme auf BVerwG, Urt. v. 26.09.2002 – 3 C 37/01, Rn. 20 – juris.

367 Vgl. dazu allein der kurze Verweis des 3. Senats des BVerwG in BVerwG, Beschl. v. 28.08.1995 – 3 B 7/95, Rn. 10 – juris auf BVerwG, Beschl. v. 09.01.1991 – 3 B 75/90, Rn. 3 – juris.

368 VG München, Urt. v. 20.10.2009 – M 16 K 09.3072 – juris.

habe und sich somit als nachträglich unwürdig zur Ausübung des ärztlichen Berufs erweise.[369] Dazu führte das Gericht Folgendes aus:

In Bezug auf den Vorwurf der Unwürdigkeit stellte das VG unter Berufung auf die gängige Rechtsprechung zunächst grundlegend klar, dass sich der Vorwurf der Unwürdigkeit nicht ausschließlich aus einem Verhalten ergeben müsse, das die Ausübung der Heilkunde im engeren Sinne und somit das unmittelbare Arzt-Patienten-Verhältnis betreffe.[370] Das VG stellte vielmehr fest, dass sich nach ständiger Rechtsprechung der Vorwurf auch aus einem solchen Verhalten ergeben könne, das mit der eigentlichen ärztlichen Tätigkeit nicht im nahen Zusammenhang stehe oder sogar – abhängig von der Schwere der Tat – von diesem vollkommen losgelöst sei.[371] Unter Berücksichtigung dieser ständigen Rechtsprechung folgerte es, dass somit auch ein Abrechnungsbetrug grundsätzlich den Vorwurf der Unwürdigkeit begründen könne.[372] Hinsichtlich der Weite dieses Anwendungsverständnisses führte das Gericht aus, dass diese die Überlegung zugrunde lege, „dass die Ausübung des (zahn-)ärztlichen Berufs und die entsprechende Wertschätzung und das Vertrauen der Patientenschaft und der Öffentlichkeit nicht nur eine fachlich beanstandungsfreie Behandlung der Patienten, sondern auch die Einhaltung der sonstigen berufsrechtlichen Pflichten [...] umfasse."[373] Zu diesen berufsrechtlichen Pflichten gehöre auch die Wahrung des Ansehens und Vertrauens in den Berufsstand.[374] Abstellend auf den Aspekt des Ansehens stellte das Gericht abschließend fest, dass „durch [die] Einbeziehung der Ansehenswahrung des Berufsstandes in den Pflichtenkreis des Arztes [...] von [jedem] dem ärztlichen Stand angehörigen [...] Berufsträger, ‚eine in jeder Hinsicht integre Lebensführung' verlangt werde."[375]

Unter Berücksichtigung dieser allgemein geltenden Maßstäbe führte das VG in Bezug auf das Abrechnungsverhalten des Arztes gegenüber den Kostenträgern für die Heilbehandlung – wie z.B. die KV – aus, dass dieses die Würdigkeit des Arztes tangiere.[376] Bezüglich der Bedeutung der konkreten Abrechnung gegenüber der KV stellte das Gericht zunächst klar, dass deren Beachtung einen wesentlichen Bestandteil einer würdigen Erfüllung der beruflichen Pflichten

369 VG München, Urt. v. 20.10.2009 – M 16 K 09.3072, Rn. 30-43 – juris.
370 VG München, Urt. v. 20.10.2009 – M 16 K 09.3072, Rn. 32 – juris.
371 VG München, Urt. v. 20.10.2009 – M 16 K 09.3072, Rn. 32 – juris.
372 VG München, Urt. v. 20.10.2009 – M 16 K 09.3072, Rn. 32 – juris.
373 VG München, Urt. v. 20.10.2009 – M 16 K 09.3072, Rn. 32 – juris.
374 VG München, Urt. v. 20.10.2009 – M 16 K 09.3072, Rn. 32 – juris.
375 VG München, Urt. v. 20.10.2009 – M 16 K 09.3072, Rn. 32 – juris.
376 VG München, Urt. v. 20.10.2009 – M 16 K 09.3072, Rn. 33 – juris.

eines Arztes darstelle.[377] Hinsichtlich der Bedeutung dieser Pflicht führte es – wie bereits unter B. I. b) bb) aufgezeigt – aus, dass eine funktionierende und fortschrittliche Gesundheitsfürsorge ein der Knappheit unterliegendes volkswirtschaftliches Gut sei und die Leistungsfähigkeit und Qualität des Gesundheitswesens von dem ihm zur Verfügung stehenden Finanzmitteln abhänge, weshalb das Verhältnis des Arztes zu den Krankenkassen und sonstigen Kostenträgern nicht losgelöst von der eigentlichen Aufgabe eines Arztes, nämlich der sachgerechten Heilbehandlung, gesehen werden könne.[378] Hinsichtlich der Verletzung dieser Pflicht stellte das Gericht fest, dass diese negative Auswirkungen auf die Patienten insofern habe, dass deren Krankenkassenbeiträge durch ein solches Verhalten indirekt in die Höhe getrieben werden würden.[379] Unter Berücksichtigung dessen folgerte das VG, dass dieses Verhalten daher generell dazu geeignet sei, „das Vertrauen in den Arzt oder sein Ansehen in der Öffentlichkeit zu schädigen."[380]

Was dabei aber unter dem konkret, leidenden Vertrauen der Bevölkerung in die Ärzteschaft zu verstehen sei, führte das Gericht unter Berücksichtigung des im rechtskräftigen Strafbefehl festgestellten Sachverhalts aus.[381]

Unter Berücksichtigung der abgeurteilten Taten stellte das Gericht fest, dass der Arzt das von den Patienten in ihn gesetzte Vertrauen missbraucht habe, „indem er sich über Jahre hinweg unter Aufwendung erheblicher krimineller Energie und augenscheinlich ohne Unrechtsbewusstsein in erheblichem Ausmaß unter Verstoß gegen strafrechtlich sanktionierte Verhaltensregeln auf Kosten anderer bereichert [habe]."[382] Den Vorwurf des missbrauchten Vertrauens stützte das Gericht dabei auf eine enttäuschte Erwartungshaltung seitens der Patientenschaft. Hinsichtlich dieser Erwartungshaltung führte das Gericht aus, dass diese derart ausgestaltet sei, dass ein billig und gerecht denkender Durchschnittspatient von einem Arzt erwarte, dass dieser „nicht in strafbarere Weise sein Gewinnstreben über die Vermögensinteressen anderer [setze]."[383] Bezüglich der Bedeutung dieser Erwartungshaltung für die Wahrung des Vertrauens der Patienten in die Ärzteschaft führte das Gericht aus, dass diese von Relevanz sei,

377 VG München, Urt. v. 20.10.2009 – M 16 K 09.3072, Rn. 33 – juris.
378 VG München, Urt. v. 20.10.2009 – M 16 K 09.3072, Rn. 33 – juris.
379 VG München, Urt. v. 20.10.2009 – M 16 K 09.3072, Rn. 33 – juris.
380 VG München, Urt. v. 20.10.2009 – M 16 K 09.3072, Rn. 33 – juris.
381 Vgl. VG München, Urt. v. 20.10.2009 – M 16 K 09.3072, Rn. 35-41 – juris.
382 VG München, Urt. v. 20.10.2009 – M 16 K 09.3072, Rn. 42 – juris.
383 VG München, Urt. v. 20.10.2009 – M 16 K 09.3072, Rn. 42 – juris.

da nur so „der erkrankte und leidende Patient, der sich in die Obhut eines Arztes [begebe], sicher sein [könne], dass [sich] der ihn behandelnde Arzt, dem er sich ganz [anvertraue], [hinsichtlich der Behandlung seiner] Leiden und [seiner] Gebrechen in erster Linie an dem [orientiere], was der Kranke [bedürfe], und nicht an dem, was seinen Gewinn [maximiere].“[384] Dabei betonte das Gericht, dass „[d]er heutige Durchschnittspatient [wisse] und [akzeptiere], dass es sich bei einem Arzt um einen Gewinn zu erzielenden ‚Unternehmer‘ [handle], er vertrau[e] aber zu Recht darauf, dass der Arzt in einem denkbaren Konflikt zwischen seinem materiellen Interesse und den Gesundheitsinteressen des Patienten jene [hintenanstelle]. Insoweit [beinhalte] das ärztliche Berufsethos auch den Gedanken eines zuallererst idealistisch handelnden Arztes, der [gerade] durch [das] vom Kläger gezeigte [Verhalten] konterkariert [werde].“[385] Dabei betonte das VG, dass es „den Arztberuf keineswegs dahingehend idealisieren [möchte], dass [dieser] ein Verzicht auf Gewinnmaximierung und gleichsam berufsmäßige Bescheidenheit [verlange]. Die Öffentlichkeit [erwarte jedoch] von einem Arzt zu Recht, dass er die fremdes Vermögen schützenden Gebote der Rechtsordnung [einhalte]“[386]. In dieser Erwartungshaltung werde die Öffentlichkeit jedoch „empfindlich enttäuscht, wenn ein Arzt, [wie im vorliegenden Fall], jahrelang unter Ausnutzung seines Ansehens als Arzt Vermögensdelikte begeh[e], um sich damit ohne Not, […], wenn nicht entschuldbar, so doch wenigstens erklärbar […], [bereichere].“[387]

ee) Schlussfolgerung auf das Vertrauen

Die Entscheidung zeigt auf, dass sich nach Auffassung der Rechtsprechung das Vertrauen der Patienten in die Ärzteschaft nicht nur auf das Arzt-Patienten-Verhältnis, sondern offensichtlich auch auf das Verhältnis der Ärzteschaft zu anderen Institutionen erstreckt[388] – andernfalls würde das Merkmal der Unwürdigkeit wie im vorliegenden Fall nicht bejaht werden.

---

384 VG München, Urt. v. 20.10.2009 – M 16 K 09.3072, Rn. 42 – juris.

385 VG München, Urt. v. 20.10.2009 – M 16 K 09.3072, Rn. 42 – juris.

386 VG München, Urt. v. 20.10.2009 – M 16 K 09.3072, Rn. 42 – juris.

387 VG München, Urt. v. 20.10.2009 – M 16 K 09.3072, Rn. 42 – juris.

388 So bspw. auch das VG München, Urt. v. 27.10.2009 – M 16 K 09.2603, Rn. 27 – juris, das betont, dass der Begriff der Würde in § 3 Abs. 1 Satz 1 Nr. 2 BÄO sich nicht nur auf das Verhältnis von Arzt und Patient, sondern auch auf das Verhältnis des Arztes zu anderen Institutionen, mit denen ihn bei der Ausübung seines Berufs Rechtsbeziehungen verbinden, erstrecke.

Dem Vertrauen in die Ärzteschaft liegt dabei augenscheinlich eine weite Erwartungshaltung zugrunde, der der Arzt entsprechen muss, um weiterhin „vertrauenswürdig" zu sein. Ihren Ausgangspunkt findet die Erwartungshaltung dabei offenbar im Arzt-Patienten-Verhältnis. Deutlich macht dies zumindest die Entscheidung des VG München, wenn in Bezug auf den Patienten klargestellt wird, dass dieser darauf vertrauen können müsse, dass er sich hinsichtlich seiner Leiden einem Arzt in der konkreten Behandlungssituation vollkommen anvertrauen könne und zugleich die Gewissheit habe, dass sich der Arzt bei der von ihm vorzunehmenden Behandlung ausschließlich am Wohl des Patienten orientiere.[389]

Zweifel an der Erfüllung dieser Erwartungshaltung und somit an der Vertrauenswürdigkeit des einzelnen Arztes lösen dabei jedoch nicht ausschließlich – wie man zunächst vermuten mag – solche Verhaltensweisen aus, die das Arzt-Patienten-Verhältnis konkret betreffen, sondern offenbar auch solche, die noch nicht einmal mit diesem im Zusammenhang stehen. Zu diesen Verhaltensweisen gehört offensichtlich auch der Abrechnungsbetrug von Ärzten gegenüber der KV und den Krankenkassen.

Warum diese Fehlverhaltensweisen den Vorwurf der Unwürdigkeit und damit zusammenhängend den des enttäuschten Vertrauens begründen, wird jedoch bei objektiver Betrachtung der Umstände, die das einzelne Vertrauensverhältnis und die damit zusammenhängende Frage des erfüllten bzw. enttäuschten Vertrauens an sich prägen, nicht klar:

Gemein ist beiden Rechtsverhältnissen – Verhältnis der KV und Krankenkassen mit den Vertragsärzten und Verhältnis von Arzt und Kassenpatient – zwar, dass in jedem das Vertrauen eine bedeutende Rolle einnimmt und dieses jeweils durch eine Handlung des Arztes bestätigt werden muss, sodass dem Arzt bei der Erfüllung des in ihn gesetzten Vertrauens bei beiden Rechts- und Vertrauensverhältnissen eine Schlüsselrolle zukommt. Festzustellen ist aber, dass die Umstände, die die Frage des Vertrauens auslösen, gänzlich andere sind, die gerade nicht miteinander zusammenhängen. Dies gilt sowohl in inhaltlicher als auch zeitlicher Hinsicht: Während im Rahmen des Arzt-Patienten-Verhältnisses – unter Berücksichtigung der oben getätigten Ausführungen zum Kernbereich der ärztlichen Tätigkeit – nämlich die fehlende fachliche Expertise des Laien die Frage des Vertrauens hinsichtlich einer ordnungsgemäßen Behandlung auslöst. Ist im Rahmen des Arzt-KV/Krankenkassen-Verhältnis der die Frage des Vertrauens auslösende Faktor die fehlende Möglichkeit der vollumfänglichen Überprüfung

389 VG München, Urt. v. 20.10.2009 – M 16 K 09.3072, Rn. 42 – juris.

der von einem Arzt abgerechneten Leistungen. Bestätigt werden die im Rahmen dieser Rechtsbeziehungen bestehenden Vertrauensfragen zwar im Ergebnis durch eine jeweilige Verhaltensweise des Arztes. Festzustellen ist jedoch, dass diese Verhaltensweisen in zeitlicher Hinsicht nicht miteinander zusammenhängen: Während im Rahmen des Verhältnisses von Arzt und KV/Krankenkassen die vertrauenserfüllende Handlung im Sinne einer ordnungsgemäßen Abrechnung nämlich erst am Ende des Quartals stattfindet, wird hingegen im Verhältnis von Arzt und Patient die vertrauenserfüllende Handlung durch eine ordnungsgemäße ärztliche Behandlung im Zuge des Behandlungsvertrags meist unverzüglich vorgenommen. Voneinander abhängig sind diese beiden Vertrauensverhältnisse damit in inhaltlicher und zeitlicher Hinsicht grundsätzlich nicht. Dies wäre nur dann anders zu beurteilen, sofern der jeweilig behandelnde Arzt zum Zeitpunkt der konkreten Behandlung des Patienten bereits einen Vorsatz zur Falschabrechnung vorweist und im Zuge dessen eine minderwertige Behandlung des Patienten vornimmt.

Daraus folgt jedoch, dass rein objektiv betrachtet die Verletzung des einen Vertrauens – Falschabrechnung gegenüber der KV und den Krankenkassen – solange keine Auswirkung auf das Vertrauensverhältnis zwischen Arzt und Kassenpatient – Vertrauen in eine ordnungsgemäße Behandlung – haben kann, wie der soeben genannte Ausnahmefall nicht vorliegt.[390] Eine Schlussfolgerung, dass die Verletzung des einen Vertrauens somit auch die des anderen zwingend mit sich bringt, lässt sich bei objektiver Betrachtung der hier in Rede stehenden Vertrauensverhältnisse folglich nicht aufstellen.

390 Ebenso *Braun/Gründel*, MedR 2001, 396 (399), die betonen, dass angesichts der angespannten Finanzlage vieler Krankenkassen, der Budgetierung der Arzthonorare und des Bestrebens von Gesetzgeber und Kassen, die Beitragssätze in Grenzen zu halten, der redliche Umgang mit den Geldmitteln zwar eine nicht abweisbare Rolle spiele und insoweit zwischen dem ärztlichen und dem wirtschaftlich korrekten Verhalten ein innerer Zusammenhang bestehe. All dies jedoch nicht darüber hinwegtäuschen könne, dass der Vertrauenstatbestand nur die ärztliche Heilkunst umfasse. Ebenso auch *Stober*, NJW 1981, 617 (618), der in Bezug auf den Abrechnungsbetrug gegenüber gesetzlichen und privaten Krankenkassen die Auffassung vertritt, dass sich das Vertrauen der Bevölkerung in die Ärzteschaft nur auf die Heilkunst und somit in die Fähigkeit eines Arztes, die Gesundheit des Menschen zu bewahren und wiederherzustellen, beziehe. Dabei stellt Stober zudem klar, dass die Bevölkerung den Ärzten nicht mehr und nicht weniger Vertrauen in vermögensrechtlicher Hinsicht entgegenbringe wie auch anderen Berufsgruppen, *ders.*, NJW 1981, 617 (618).

Dass jedoch diese objektive Betrachtung für das Vertrauensverständnis anscheinend nicht maßgeblich ist, zeigt die Argumentationsstruktur des VG in Bezug auf den Unwürdigkeitsbegriff:

In der Entscheidung des VG wird betont, dass sich der Vorwurf der Unwürdigkeit und somit der des enttäuschten Vertrauens, nicht ausschließlich aus einer fachlich zu beanstandenden Behandlung des Patienten ergebe. Vielmehr wird klargestellt, dass sich der Vorwurf auch aus solchen Fehlverhaltensweisen ergebe, die mit der eigentlichen ärztlichen Tätigkeit nicht im Zusammenhang stehen. Warum diese Fehlverhaltensweisen dabei den Vorwurf der Unwürdigkeit begründen, erklärt das VG mit der Erwägung, dass sich die von einem Arzt zu erfüllende Berufswürdigkeit auch auf die Wahrung sämtlicher Berufspflichten beziehe. Zu diesen Berufspflichten gehört nach Auffassung des VG auch die Wahrung des Ansehens. Abstellend auf dieses betont das Gericht, dass von einem Arzt eine in jeder Hinsicht integre Lebensführung verlangt werde. Verstöße hiergegen begründen dabei anscheinend nicht nur eine Verletzung des Ansehens, sondern wohl auch direkt eine des Vertrauens. Ein solcher Schluss ergibt sich dabei wohl nicht nur aus den zuvor genannten allgemeinen Erwägungen des VG zum Unwürdigkeitsvorwurf, sondern auch aus den konkreten Ausführungen des VG hinsichtlich des in Rede stehenden Abrechnungsbetrugs. Hinsichtlich dieses Fehlverhaltens stellte das Gericht unter Zugrundlegung dieser allgemeinen Maßstäbe nämlich fest, dass der Arzt das in ihn gesetzte Vertrauen schwerwiegend verletzt habe, indem er die Erwartungshaltung der Patientenschaft, das ärztliche Gewinnstreben nicht in strafbarer Weise über die Vermögensinteressen anderer zu setzen, durch sein Verhalten verletzt habe und im Zuge dessen die Patientenschaft nicht mehr die Sicherheit habe, dass sich der Arzt voll und ganz an dem orientiere, was der einzelne Patient bedürfe.[391]

Deutlich wird damit, dass das Gericht das Verständnis des Vertrauens und die damit verbundene Erwartungshaltung, die der einzelne Arzt erfüllen muss, um sich diesem Vertrauen als würdig zu erweisen, nicht nur auf eine ordnungsgemäße Behandlung von Patienten, sondern auch auf eine Tadellosigkeit in sämtlichen beruflichen Bereichen erstreckt. Diese Erwartungshaltung wird dabei nicht aus dem Aspekt des Vertrauens aus sich heraus, sondern über den Aspekt des Ansehens bestimmt, würde doch andernfalls die oben erwähnte Schlussfolgerung des Gerichts in Bezug auf das Vertrauen unter Berücksichtigung der zuvor ergangenen Ausführungen über den Anwendungsbereich des Unwürdigkeitsbegriffs nicht stattfinden.

---

391 VG München, Urt. v. 20.10.2009 – M 16 K 09.3072, Rn. 42 – juris.

Damit wird jedoch abschließend deutlich, dass sich das Verständnis des Vertrauens außerhalb der eigentlichen beruflichen Tätigkeit eines Arztes – der Behandlung der Patienten – nicht aus sich selbst heraus, sondern über den Aspekt des Ansehens bestimmt. Gibt doch dieser Aspekt die Erwartungshaltung vor, die der Arzt erfüllen muss, um weiterhin das Vertrauen der Patienten in die Ärzteschaft zu wahren und somit berufswürdig zu bleiben.

In Bezug auf die Erwartungshaltung ist dabei festzustellen, dass diese von dem Bild eines heilenden und helfenden Arztes, der anderen Personen und Institutionen durch Straftaten keinen Schaden zufügt, bestimmt wird. Verhaltensweisen, die diesem Ansehen zuwiderlaufen, wie bspw. der Abrechnungsbetrug, begründen dabei den Vorwurf des enttäuschten Vertrauens und somit den der Unwürdigkeit. Scheint doch ein Arzt, der diesem Bild eines in jeder Hinsicht integer handelnden Menschen zuwiderhandelt, nach Ansicht der Rechtsprechung offensichtlich nicht vertrauenswürdig genug, um sich dem Leiden einzelner Patienten zu widmen, sodass zum Erhalt des Vertrauens in die Ärzteschaft diesem Arzt die Approbation entzogen werden muss.

Dass ein solches Vertrauensverständnis als auch dessen Wahrung über den Aspekt des Ansehens dabei kein Einzelfall ist, machen Entscheidungen wie die des Bay. VGH und die des OVG Lüneburg deutlich, wenn in diesen zum einen betont wird, dass „wegen des besonderen Vertrauensverhältnisses, das zwischen [dem Arzt] und den Patienten vorhanden sein [müsse], nicht nur eine sorgfältige und ordnungsgemäße, sondern auch eine sonst in jeder Hinsicht integre Berufsausübung [erwartet werde].“[392] Zum anderen klar kommuniziert wird, dass es primäres Ziel des Widerrufs der Approbation wegen Unwürdigkeit sei, das Ansehen der Ärzteschaft in der Öffentlichkeit zu wahren, freilich nicht um des Selbstzwecks des Ansehens willen, sondern um das Vertrauen der Patienten in die Ärzteschaft weiterhin zu gewährleisten.[393] Dass gerade letzteres Beleg für die vorgenannte Interpretation des Vertrauens über den Aspekt des Ansehens ist, muss nicht weiter begründet werden, tritt doch diese durch den mit dem Widerruf verbundenen Zweck offensichtlich zu Tage.

Zurückkommend auf das allgemeine Vertrauensverständnis muss damit unter Berücksichtigung dieses Rechtsprechungsverständnisses festgestellt werden, dass sich das Vertrauen der Patienten in die Ärzteschaft nach Ansicht der herrschenden Rechtsprechung nicht nur auf die ordnungsgemäße Behandlung des Patienten, sondern auch auf eine Tadellosigkeit der beruflichen Tätigkeitsausübung in

392 Bay. VGH, Urt. v. 12.03.1990 – 21 B 89.01871, Rn. 32 – juris.
393 OVG Lüneburg, Beschl. v. 17.02.2015 – 8 LA 26/14, Rn. 23 – juris.

jeder Hinsicht bezieht. Würden doch andernfalls Verhaltensweisen, die dieser in jeder Hinsicht integren Berufsausübung zuwiderlaufen, nicht mittels des Widerrufs wegen Unwürdigkeit geahndet werden, da dieser Entziehungsgrund nur dort in Betracht kommt, wo es sich um ein Verhalten handelt, das aus Sicht eines objektiven Dritten das Vertrauen in die Ärzteschaft nachhaltig zerstört.

Dass diese Verhaltensweisen dabei keinen Bezug zur eigentlichen ärztlichen Tätigkeit und dem Berührungspunkt des eigentlichen Arzt-Patienten-Verhältnisses vorweisen, ist nach Auffassung der Rechtsprechung offenbar irrelevant. Ist doch diese augenscheinlich der Auffassung, dass sich das Vertrauen der Patienten auch auf diese Verhaltensweisen erstreckt.

Dass es mit dieser Ahndung von Fehlverhaltensweisen wohl wirklich darum geht, das Vertrauen der Patienten in die Ärzteschaft insofern zu schützen, dass Verhaltensweisen sanktioniert werden, die das Vertrauen tatsächlich zerstören, mag man angesichts der oben erwähnten Kritik hinsichtlich eines objektiv bestehenden Vertrauensverhältnisses wohl schon hier bezweifeln dürfen. Vielmehr wirkt es so, als würde es primäres Ziel der Rechtsprechung sein, bereits solche Fehlverhaltensweisen zu ahnden, die nur Zweifel bei der Ärzteschaft hinsichtlich der eigentlichen ärztlichen Tätigkeit und dem damit zusammenhängenden Vertrauensverhältnis auslösen würden. Dass eine solche Ahndung angesichts ihres fehlenden Bezugs zur eigentlichen ärztlichen Tätigkeit dabei wohl jedoch nicht von dem tatsächlichen Anwendungsbereich des Unwürdigkeitsbegriffs umfasst sein dürfte, soll an dieser Stelle nur aufgeworfen werden. Vertieft wird dies an späterer Stelle.

Relevant ist hier zunächst festzustellen, dass sich das Vertrauen der Patienten in die Ärzteschaft nach Ansicht der Rechtsprechung auf weit mehr als auf eine bloße ordnungsgemäße Behandlung bezieht. Konsequenz dieser Rechtsprechungspraxis ist unter Berücksichtigung der mit dem Begriff der Würde verbundenen Erwartungshaltung dabei, dass von einem Arzt eine in jeder Hinsicht integre Berufsausübung verlangt wird, um weiterhin seine berufliche Tätigkeit ausüben zu dürfen; unabhängig davon, ob diese Tätigkeit überhaupt nur annähernd was mit der eigentlichen ärztlichen Tätigkeit und dem Verhältnis von Arzt und Patient zu tun hat.

Dass dieses Verständnis des Vertrauens auch für den Abrechnungsbetrug bei privatliquidierenden Ärzten gilt, kann angesichts der fehlenden, tiefergehenden gerichtlichen Auseinandersetzung mit dem Begriff des Vertrauens zwar nicht abschließend festgestellt, zumindest aber vermutet werden. Gerade, wenn man sich zum einen vergegenwärtigt, dass das BVerwG in seiner Entscheidung zum Abrechnungsbetrug privatliquidierender Ärzte betont, dass die gleichen Wertungen wie beim Abrechnungsbetrug im gesetzlichen Krankenversicherungssystem vorzunehmen seien. Zum anderen die Begründung der Berufungsinstanz, wenn auch nur abstrakt, aufzeigt, dass sich der Arzt deshalb als unwürdig erweise, da er „[w]egen der Art und dem Umfang der begangenen Straftaten und [des] darin zum Ausdruck kommende[n] charakterliche[n] Fehlverhalten[s] […] nicht mehr den Vorstellungen der Öffentlichkeit von der Persönlichkeit und dem Auftreten eines Arztes [entspreche].“[394]

Dass dieses umfangreiche Vertrauensverständnis seine Grenzen dabei nicht in der Tadellosigkeit eines Arztes in allen beruflichen Bereichen findet, wird mit Blick auf die Fallkonstellationen des außerberuflichen Fehlverhaltens deutlich.

2. *Außerberufliches Fehlverhalten*

Seitens der Rechtsprechung ist anerkannt, dass auch ein erhebliches Fehlverhalten, das keinerlei Bezug zu der ärztlichen Tätigkeit vorweist, den Widerruf der Approbation wegen Unwürdigkeit rechtfertigen kann.[395]

Dabei wird in Bezug auf den Schutz der Gesundheitsversorgung der Bevölkerung betont, dass „die [vertrauensgeprägte] Beziehung zwischen Arzt und Patient über den eigentlich medizinisch-fachlichen Bereich deutlich [hinausgehe].“[396] Dies beruh[e] darauf, dass „die Grundlagen des spezifischen Vertrauensverhältnisses zu Ärzten […] sich auch jenseits der bloßen Erfüllung der Berufspflichten, nämlich in ihrer charakterlichen Integrität[,] [finden].“[397]

Unter Berücksichtigung des weitgesteckten Schutzziels der Gesundheitsversorgung der Bevölkerung argumentieren daher Gerichte, dass von einem Arzt nicht nur eine sorgfältige und in jeder Hinsicht integre Berufsausübung, sondern auch ein gewisser Grad an Integrität im außerberuflichen Bereich erwartet werde, um sich seiner beruflichen Tätigkeit als würdig zu erweisen.[398] Wie diese Integrität dabei jedoch im Konkreten auszusehen hat, bleibt weitgehend ungeklärt. Zwar wird betont, dass die von einem Arzt zu fordernde Integrität nicht mehr in jeder Hinsicht bestehen müsse, sodass nicht jedes außerberufliche

394 Bay. VGH, Urt. v. 08.11.2011 – 21 B 10.1543, Rn. 35 – juris.

395 BVerwG, Beschl. v. 28.01.2003 – 3 B 149/02, Rn. 5 – juris; OVG NRW, Urt. v. 25.05.1993 – 5 A 2679/91, Rn. 11 – juris.

396 VG Freiburg, Urt. v. 22.05.2007 – 1 K 1634/06, Rn. 23 – juris; vgl. auch OVG NRW, Urt. v. 25.05.1993 – 5 A 2679/91, Rn. 11 ff. – juris.

397 VG Freiburg, Urt. v. 22.05.2007 – 1 K 1634/06, Rn. 23 – juris; in diese Richtung ebenfalls argumentierend OVG NRW, Urt. v. 25.05.1993 – 5 A 2679/91, Rn. 11 ff. – juris und VG Braunschweig, Urt. v. 12.09.2007 – 1 A 364/06, Rn. 16 – juris.

398 Vgl. VG Freiburg, Urt. v. 22.05.2007 – 1 K 1634/06, Rn. 23 – juris.

Fehlverhalten, das im gesellschaftlichen Kontext auf Missfallen stoße, den Vorwurf der Unwürdigkeit begründen könne.[399] Gleichzeitig wird jedoch auch klargestellt, dass zumindest solche Verhaltensweisen – unabhängig vom Kontext ihrer Begehung – die Unwürdigkeit begründen, welche nach ihrer Art eine „vorsätzlich […] schwere, gemeingefährliche oder gemeinschädliche oder gegen die Person gerichtete, von der Allgemeinheit besonders missbilligte, ehrenrührige Straftat [darstellen], die ein die Durchschnittsstraftat übersteigendes Unwerturteil [enthalten] und zu einer tiefgreifenden Abwertung [der Persönlichkeit eines Arztes führen]."[400]

Was dabei gerade in Bezug auf die Durchschnittsstraftat zu verstehen ist, bleibt weitestgehend offen. Klar ist zumindest, dass es nach Auffassung der Rechtsprechung gerade Verbrechenstatbeständen sind, die den Vorwurf der Unwürdigkeit begründen.[401] Dies beruht schließlich auf der Erwägung, dass der objektive Unrechtsgehalt bei diesen Taten so erheblich sei, dass es irrelevant sei, ob die Tat unmittelbar oder mittelbar im Zusammenhang mit der ärztlichen Berufsausübung stehe.[402]

Ob angesichts dieser Taten dabei wirklich das Strafmaß der entscheidende Faktor für den Vorwurf der Unwürdigkeit ist, mag man angesichts der vom BVerwG vertretenen Auffassung, wonach es nicht auf das Strafmaß oder die Verwirklichung der Tat ankomme,[403] bezweifeln. Wohl eher wird es sich hierbei konkret aber auch generell um Straftaten handeln, die in einem gesteigerten Maße auf gesellschaftliches Missfallen stoßen und die Befürchtung beinhalten,

---

399 OVG Mannheim, MedR 1983, 36 (38); Bay VGH, MedR 1991, 94 (95); a.A. wohl BVerwG, NJW 2011, 1830 (1830 f.) (Rn. 3), wonach ein Wandel der Unrechtsvorstellungen im gesellschaftlichen Bereich nicht zu verzeichnen sei.

400 VG Freiburg, Urt. v. 22.05.2007 – 1 K 1634/06, Rn. 23 – juris; OVG Lüneburg, MedR 2010, 342 (343); VGH Mannheim, NJW 2003, 3647 (3648); vgl. auch *Ellbogen*, Arztrecht 2012, 229 (230).

401 Vgl. BVerwG, Urt. v. 27.10.1966 – I C 99.64, Rn. 18 – juris, hierbei wird auf § 4 Abs. 1 Nr. 3 – heute § 4 Abs. 2 – ZHG abgestellt, der jedoch identisch mit dem Verweis des § 5 Abs. 2 BÄO ist und ebenfalls auf das Merkmal der Unwürdigkeit abstellt, sodass die gleichen Wertungsmaßstäbe gelten, vgl. dazu BVerwG, DVBl. 1961, 629 (630); VGH BW, Beschl. v. 19.04.2006 – 9 S 2317/05, Rn. 15 – juris; VGH Mannheim, MedR 1983, 36 (38).

402 BVerwG, Urt. v. 27.10.1966 – I C 99.64, Rn. 18 – juris; BVerwG, Beschl. v. 28.01.2003 – 3 B 149/02, Rn. 5 – juris; vgl. dazu auch *Braun/Gründel*, MedR 2001, 396 (397) und *Schelling*, in: Spickhoff, Medizinrecht, 3. Aufl. 2018, § 5 BÄO Rn. 21.

403 Siehe S. 95 f.

dass der Arzt die durch sein Verhalten zum Ausdruck kommende Gesinnung im beruflichen Bereich ebenfalls aufzeigen und das in ihn gesetzte Vertrauen enttäuschen wird.

Darauf deuten zumindest Entscheidungen wie die des VG Braunschweig[404] oder die des VGH Baden-Württemberg[405] hin, wenn in diesen auf Grund der Gesamtheit der von einem Arzt verübten Taten festgestellt wird, dass die Entziehung seiner Approbation rechtmäßig sei, da er eine Neigung zeige – notorische Missachtung der Strafrechtsordnung zur Durchsetzung eigener Interessen –, die eine charakterliche Fehlleitung offenbare, die befürchten ließe, dass er diese auch im Rahmen eines Behandlungsverhältnisses aufzeige.[406]

Dass der Fokus der Ahndung dieser inneren Einstellung in der Rechtsprechung dabei kein Einzelfall ist, zeigen auch Entscheidungen auf, die zwar ein andersartiges Verhalten sanktionieren, jedoch in Bezug auf das Merkmal der Unwürdigkeit den gleichen Vorwurf erheben. Die Entscheidungen betreffen dabei vermögensrechtlich relevante Fehlverhaltensweisen wie Steuerhinterziehungen[407] oder private Abrechnungsbetrügereien[408].

Dabei wird, was erstgenannte Delikte angeht, zwar keine einheitliche Linie verfolgt, ab wann eine Steuerhinterziehung den erforderlichen Schweregrad vorweist, dass sie den Entzug der Approbation zwingend rechtfertigt.[409] Ersichtlich

404 VG Braunschweig, Urt. v. 12.09.2007 – 1 A 364/06 – juris.

405 VGH BW, Beschl. v. 27.10.1994 – 9 S 1102/92 – juris.

406 So das VG Braunschweig, Urt. v. 12.09.2007 – 1 A 364/06, Rn. 22 ff. – juris, das stets das in den Taten zum Ausdruck kommende Eigeninteresse als charakterliche Fehlleitung des Arztes betont und im Zusammenhang mit dem Unwerturteil der vom Täter verwirklichten Straftaten urteilte, dass es dahinstehen könne, ob die Taten ein unterdurchschnittliches Unwerturteil aufweisen, da „sich die Unwürdigkeit des Klägers bei einer Gesamtbetrachtung seiner Persönlichkeit insbesondere wegen seines Hangs zur Begehung solcher Straftaten [ergebe]“, VG Braunschweig, Urt. v. 12.09.2007 – 1 A 364/06, Rn. 30 – juris; in die gleiche Richtung argumentierend – wenn auch knapper – VGH BW, Beschl. v. 27.10.1994 – 9 S 1102/92, Rn. 8 – juris, der betont, dass sich der Vorwurf der Unwürdigkeit und damit auch der Vorwurf des enttäuschten Vertrauens aus der Gesamtheit der vom Täter verübten Taten ergebe, die aufzeigen, dass der Arzt zur Durchsetzung seiner Interessen die Strafrechtsordnung notorisch missachte und dadurch das für die zuverlässige ärztliche Versorgung der Bevölkerung notwendige Vertrauen in eine nur am Wohl des Patienten orientierte ärztliche Berufsausübung verspiele.

407 OVG Lüneburg, Beschl. v. 04.12.2009 – 8 LA 197/09 – juris.

408 BVerwG, Beschl. v. 31.07.2019 – 3 B 7/18 – juris.

409 Dies betonend OVG Lüneburg, Beschl. v. 04.12.2009 – 8 LA 197/09, Rn. 6 – juris mit Verweis auf OVG Münster, Beschl. v. 31.08.2006 – 13 A 1190/05 – juris, in dem

wird aber aus den Argumentationen der Gerichte, dass es mit der Ahndung dieser Verhaltensweisen wohl auch hier primär darum geht, das Ansehen und damit verbunden das Vertrauen der Patienten in die Ärzteschaft zu wahren.[410] Dies beruht auf der Erwägung, dass ein Arzt, der ein solches eigensüchtiges Gewinnstreben zeige, dem Bild eines heilenden und helfenden Arztes, der anderen Personen keinen Schaden zufüge, zuwiderlaufe und im Zuge dieses Verhaltens nicht mehr vertrauenswürdig erscheine.[411]

Gleiche Erwägungen werden seitens der Rechtsprechung wohl auch angestellt, wenn es um die Beurteilung betrügerischer Verhaltensweisen im außerberuflichen Bereich geht. So beschloss erst jüngst das BVerwG, dass die vom VGH vorgenommene Wertung, wonach der von einer Ärztin begangenen 22fache Abrechnungsbetrug gegenüber ihrer eigenen, privaten Krankentagegeldversicherung den Vorwurf der Unwürdigkeit begründe, nicht zu beanstanden sei.[412] Werfe doch die vom VGH vorgenommene Wertung des Sachverhalts – wonach durch das Verhalten der Ärztin ein am eigenen Interesse orientiertes Gewinnstreben zum Ausdruck käme, das dem Bild eines heilenden und helfenden Arztes, der anderen Personen keinen Schaden zufüge und stets seine eigenen Interessen hinter dem Wohl Dritter anstelle, zuwiderlaufe[413] – keine grundlegenden Fragen auf, die in einem Revisionsverfahren geklärt werden müssten.[414] Dies beruht auf der Grundlage, dass sich die vom VGH vorgenommene Wertung des Sachverhalts zum einen stets an den zum Begriff der Unwürdigkeit geltenden verfassungsrechtlichen Vorgaben orientiere.[415] Zum anderen in der

---

es nicht um eine solche Schadenshöhe ging wie im Sachverhalt, über den das OVG Lüneburg, Beschl. v. 04.12.2009 – 8 LA 197/09, Rn. 6 – juris zu entscheiden hatte; vgl. weiter VG Augsburg, Urt. v. 25.02.2016 – Au 2 K 15.1028, Rn. 12, 28 f. – juris, wo es um Steuerhinterziehung mit einer verhängten Geldstrafe von 300 Tagessätzen zu 400 EUR ging und dieses strafrechtlich relevante Fehlverhalten noch nicht genügte, um den Widerruf wegen Unwürdigkeit als rechtmäßig zu qualifizieren; vgl. abschließend auch OVG NRW, GesR 2020, 666 (667).

410 Vgl. OVG NRW, GesR 2020, 666 (667 f.); OVG Lüneburg, Beschl. v. 04.12.2009 – 8 LA 197/09, Rn. 6 – juris; OVG Münster, Beschl. v. 31.08.2006 – 13 A 1190/05, Rn. 10 – juris.

411 OVG NRW, GesR 2020, 666 (667 f.); OVG Lüneburg, Beschl. v. 04.12.2009 – 8 LA 197/09, Rn. 6 – juris; OVG Münster, Beschl. v. 31.08.2006 – 13 A 1190/05, Rn. 10 – juris.

412 BVerwG, Beschl. v. 31.07.2019 – 3 B 7/18, Rn. 7-10 – juris.

413 Bay. VGH, Urt. v. 28.06.2017 – 21 B 16. 2065, Rn. 23 f. – juris.

414 BVerwG, Beschl. v. 31.07.2019 – 3 B 7.18, Rn. 7 – juris.

415 BVerwG, Beschl. v. 31.07.2019 – 3 B 7.18, Rn. 14 – juris.

höchstrichterlichen Rechtsprechung bereits geklärt sei, dass auch ein außerberufliches Fehlverhalten den Vorwurf der Unwürdigkeit begründen könne.[416]

Insgesamt deutet sich wohl auch damit an, dass es primäres Ziel der Rechtsprechung ist, das Bild von einem heilenden und helfenden Arzt zu wahren und damit das Vertrauen der Bevölkerung in die Ärzteschaft zu schützen. Wie auch bei der Verletzung von Berufspflichten im weiteren Sinne, geht es dabei offenbar um die Ahndung von Verhaltensweisen, die immer von einem gewissen Maß an Eigeninteresse geprägt sind und dem Bild eines heilenden und helfenden Arztes, der anderen Personen keinen Schaden zufügt, zuwiderlaufen. Freilich auch hier nicht um des Selbstzwecks des Ansehens willen, sondern um das für die Heilbehandlung unabdingbar notwendige Vertrauen der Bevölkerung in die Ärzteschaft zu gewährleisten.[417]

Somit ist auch hier letztendlich festzustellen, dass der Begriff des Vertrauens seine Interpretation über den Aspekt des Ansehens erfährt.

Als wesentliche Ausnahme von dieser sich in der Rechtsprechung abzeichnenden Tendenz – Verhaltensweisen zu sanktionieren, die von einem gewissen Maß an Eigeninteresse geprägt sind – müssen dabei wohl Verhaltensweisen erwähnt werden, die sich gegen Güter richten, dessen Schutz und dessen Erhalt sich ein Arzt in Bezug auf die Ausübung seines Berufs verschrieben hat. Zu nennen sind hier Entscheidungen von Gerichten über den Entzug der Approbation wegen Unwürdigkeit, die auf Grund strafrechtlicher Verurteilungen wegen Totschlags[418] oder Brandstiftung[419] erfolgten.

Der Vorwurf der Unwürdigkeit bezieht sich bei diesen Delikten im Wesentlich darauf, dass es sich um Verhaltensweisen handelt, die dem ärztlichen Ethos – Leiden zu mindern und nicht hervorzurufen – und dem

416 BVerwG, Beschl. v. 31.07.2019 – 3 B 7.18, Rn. 9 f. – juris. Dass dabei jedoch die Erstinstanz, VG Regensburg, Urt. v. 28.04.2016 – RN 5 K 15.1137, Rn. 44 ff. – juris, das Verhalten der Ärztin gerade nicht als unwürdigkeitsbegründend betrachtete, da es gerade kein Berufsbezug vorweise und somit das Vertrauen der Patienten in die Ärzteschaft nicht nachhaltig beeinträchtige, wurde seitens des BVerwG nicht weiter berücksichtigt.

417 So zumindest BVerwG, Beschl. v. 31.07.2019 – 3 B 7.18, Rn. 12 – juris im Zusammenhang mit der als rechtsfehlerfrei anzusehenden Entscheidung des VGH über die Rechtmäßigkeit des behördlichen Widerrufs der Approbation der Ärztin, die wegen mehrfachen Betrugs gegenüber ihrer privaten Krankentagegeldversicherung strafrechtlich verurteilt wurde.

418 Bay. VGH, MedR 1991, 94 ff.

419 OVG NRW, Beschl. v. 12.11.2002 – 13 A 683/00 – juris.

ärztlichen Grundverständnis – das Leben zu schützen und zu achten – diametral zuwiderlaufen.[420]

Letztendlich wird man aber wohl auch bei diesen Fehlverhaltensweisen darauf abstellen können, dass mit der Sanktion dieser das Bild eines heilenden und helfenden Arztes, der anderen Personen keinen Schaden zufügt, gewahrt werden soll und somit gerade auch das Vertrauen der Patienten in die Ärzteschaft.[421]

III. Zwischenergebnis: Vertrauen durch Wahrung des Ansehens

Zusammenfassend ist damit zu sagen, dass der Begriff des Vertrauens außer im Bereich „Kernbereich der ärztlichen Tätigkeit" nicht aus sich selbst heraus definiert wird. Vielmehr erfährt der Begriff sein maßgebliches Verständnis ausschließlich über den Aspekt des Ansehens. Das Ansehen wird dabei augenscheinlich von dem Bild eines heilenden und helfenden Arztes bestimmt, der anderen Personen keinen Schaden zufügt und seine eigenen Interessen stets hinter dem Wohl und Wehe Dritter anstellt. Dabei bezieht sich der Begriff „Dritte" nicht allein auf den Patienten als solchen, sondern auch auf alle Personen und Institutionen, mit denen ein Arzt, auch losgelöst von beruflichen Beziehungen, in Verbindung steht. Rückschlüsse auf das Vertrauen der Patientenschaft werden dabei insofern gezogen, dass aus den jeweiligen Verhaltensweisen, die diesem Bild zuwiderlaufen, der Schluss gezogen wird, dass ein Arzt für Patienten nicht mehr vertrauenswürdig genug scheint, um die mit seiner beruflichen Stellung einhergehende Verpflichtung, der Gesundheitsversorgung der Bevölkerung zu dienen, zu gewährleisten.[422] Stellt doch dieser nach Auffassung der herrschenden Rechtsprechung mit einem solchen Verhalten offenbar unter Beweis, dass er am Rechtsgut der sich ihm anvertrauenden Patienten kein Interesse habe und im Zuge dessen das ihm entgegengebrachte Vertrauen enttäuschen werde.

420 So zumindest OVW NRW, Beschl. v. 12.11.2002 – 13 A 683/00, Rn. 26 – juris in Bezug auf die strafrechtliche Verurteilung eines Arztes wegen Brandstiftung und auch Bay. VGH, MedR 1991, 94 (95) in Bezug auf die strafrechtliche Verurteilung wegen Totschlags.

421 Diesen Schluss lässt zumindest die Entscheidung des OVG NRW, Beschl. v. 12.11.2002 – 13 A 683/00, Rn. 12, 26 – juris zu.

422 So zumindest BVerwG, GesR 2011, 244 (245) Rn. 4, wonach das Vertrauen der Bevölkerung in die Ärzteschaft als zerstört angesehen werde, wenn es sich um eine Verhaltensweise handle, die mit dem Berufsbild und den allgemeinen Vorstellungen von der Persönlichkeit eines Arztes nicht zu vereinbaren sei.

Eine Gewährleistung der Vertrauenswürdigkeit der Ärzteschaft als solche findet dabei insofern statt, dass sämtliche Verhaltensweisen, die diesem Bild zuwiderlaufen, mittels des Widerrufs der Approbation sanktioniert werden, verbunden mit dem Ziel, der Patientenschaft die Sicherheit zu vermitteln, dass diese sich ausschließlich vertrauenswürdig erweisenden Vertretern der Profession ausgesetzt sehen. Eine Vermittlung dieser Sicherheit und gleichzeitig dieses Vertrauens wird dabei durch die Wahrung eines tadellosen Bildes der Ärzteschaft erreicht. Gerade deshalb wird innerhalb der herrschenden Rechtsprechung auch immer wieder betont, dass es Ziel des Widerrufs der Approbation sei, „das Ansehen der Ärzteschaft in den Augen der Öffentlichkeit zu [wahren], [...] freilich nicht als Selbstzweck, sondern um das für jede Heilbehandlung unabdingbare Vertrauen der Patienten in die Integrität der Personen aufrechtzuerhalten, denen mit der Approbation die staatliche Erlaubnis zur selbstständigen Ausübung der Heilkunde bzw. Zahnheilkunde verliehen ist und in deren Behandlung sich die Patienten begeben."[423]

Konsequenz dieser Handhabung ist jedoch nicht nur, dass gemessen an den zahlreichen Fallkonstellationen, in denen die Unwürdigkeit eines Arztes bejaht wird, eine Erwartungshaltung entsteht, die nicht nur weit über die Erwartungshaltung hinausgeht, die in anderen Rechtsgebieten im Zusammenhang mit dem Unwürdigkeitsbegriff besteht. Es entsteht vor allem der Eindruck, dass die gegenüber einem Arzt bestehende gesellschaftliche Erwartung darauf ausgerichtet ist, dass er sich in keiner Lage seines Lebens ein strafrechtlich relevantes Fehlverhalten zuschulden kommen lässt. Hat doch offensichtlich fast jedes, potenziell mit strafrechtlichen Sanktionen bedrohtes Fehlverhalten negative Auswirkungen auf das Ansehen und somit auf das Vertrauen der Bevölkerung in die Ärzteschaft;[424] ganz gleich, ob es im beruflichen oder außerberuflichen Bereich stattfindet.[425] Dass dabei eine berufsspezifische Interpretation des Begriffs und somit des Vertrauens wie in den zuvor erläuterten Teilrechtsgebieten stattfindet, ist zumindest

423 BVerwG, GesR 2011, 244 (245) Rn. 4; BVerwG, Beschl. v. 31.07.2019 – 3 B 7.18, Rn. 12 – juris; OVG NRW, Beschl. v. 12.11.2002 – 13 A 683/00, Rn. 12, 26 – juris; VG Stuttgart, MedR 2000, 142 (144).

424 Davon ausgenommen sind wohl Verkehrsstraftaten, vgl. dazu OVG NRW, Beschl. v. 15.01.2003 – 13 A 2774/01, Rn. 14 ff. – juris.

425 Dazu ebenfalls kritisch *Braun/Gründel*, MedR 2001, 396 (398), die grundsätzlich betonen, dass bei der Auslegung des Unwürdigkeitsbegriffs gerade nicht davon ausgegangen werden dürfe, dass Ärzte gottgleich seien und somit nicht denselben gesellschaftlichen Regeln, Versuchungen und Lastern unterworfen wären wie andere Bevölkerungsgruppen.

aus der bis dato aufgezeigten herrschenden Rechtsprechung nicht erkennbar geworden. Vielmehr handelt es sich um ein Verständnis des Vertrauens, das auf Grund seiner Interpretation durch den Aspekt des Ansehens, das tatsächliche Verständnis des Vertrauens in den anderen Teilrechtsgebieten – Vertrauen in eine ordnungsgemäße Tätigkeitsausübung – weit übersteigt und im Zuge dessen für sich offenbar einen gesonderten Schutz zum Erhalt des besonders wichtigen Gemeinschafsguts der Gesundheitsversorgung der Bevölkerung rechtfertigen vermag.

Dass es sich bei diesem Vertrauensverständnis aber tatsächlich noch um das handelt, was man wohl am ehesten unter dem Vertrauen der Patienten in die Ärzteschaft zu verstehen hat, ist spätestens dann zu bezweifeln, wenn man sich einzelne Rechtsprechungen anschaut, die hinsichtlich der zuvor genannten Fallkonstellationen ein deutlich restriktiveres Unwürdigkeits- und somit Vertrauensverständnis erkennen lassen.

C. Zweifel an der Haltbarkeit dieses Verständnisses

Das Feld der restriktiveren Handhabung des Unwürdigkeitsbegriffs betrifft dabei insbesondere das wirtschaftliche Fehlverhalten von Ärzten, das – gemessen an der dazu ergangenen Rechtsprechung – sowohl dem außerberuflichen als auch beruflichen Fehlverhalten im weiteren Sinne zuzuordnen ist.

I. Außerberufliches Fehlverhalten

Hinsichtlich des außerberuflichen Fehlverhaltens ist dabei zum einen die Entscheidung des OVG NRW aus dem Jahr 1993 (1.) und zum anderen die Entscheidung des VG München aus dem Jahr 2016 (2.) anzuführen.

1. Die Entscheidung des OVG NRW aus dem Jahr 1993

In der Entscheidung aus dem Jahr 1993 hatte sich das OVG NRW mit der Thematik zu beschäftigen, inwieweit die von einem (Zahn-)Arzt[426] fortgesetzte

426 Der Widderruf der Approbation bei Zahnärzten richtet sich nach § 4 Abs. 2 ZHG. Dabei stellt § 4 Abs. 2 ZHG klar, dass die Approbation zu widerrufen ist, wenn nachträglich die Voraussetzungen nach § 2 Abs. 1 Nr. 2 ZHG – u.a. Unwürdigkeit des Zahnarztes – weggefallen sind. Seitens der Rechtsprechung wird dabei klargestellt, dass sich die Begriffe der Unwürdigkeit i.S.d. § 2 Abs. 1 Nr. 2 ZHG und § 3 Abs. 1 Satz 1 Nr. 2 BÄO entsprechen und die gleichen Wertungsmaßstäbe gelten, BVerwG, DVBl. 1961 629 (630); VGH Mannheim, MedR 1983, 36 (38); OVG NRW, Urt. v.

Steuerhinterziehung den Vorwurf der Unwürdigkeit begründen kann.[427] Dabei stellte das Gericht hinsichtlich der Regelung über den Widerruf der Approbation zunächst grundlegend klar, dass dessen allgemeiner Zweck – auch unter Beachtung des mit dem Widerruf verbundenen Eingriffs in Art. 12 Abs. 1 GG – die Sicherstellung eines ungetrübten Vertrauensverhältnisses der Bevölkerung in die Ärzteschaft sei.[428] Hinsichtlich dieses Vertrauensverhältnisses führte das OVG aus, „dass im Interesse des Einzelnen und der Volksgesundheit [...] Patienten die Gewissheit haben [sollen], daß sie sich ohne Skrupel einem Arzt oder Zahnarzt voll und ganz anvertrauen können [...] [und] nicht durch ein irgendgeartetes Mißtrauen davon abgehalten werden, rechtzeitig (zahnärztliche) ärztliche Hilfe in Anspruch zu nehmen."[429] Dabei stellte es in Bezug auf die Wahrung dieses Vertrauensverhältnisses fest, dass diesem „nicht bereits [dadurch] Genüge getan [werde], wenn der Arzt oder Zahnarzt keinen Anlaß [dazu biete], an seiner Heilkunst zu zweifeln."[430] Vielmehr werde eine gewisse Form der Untadeligkeit wegen des spezifischen Vertrauensverhältnisses von Arzt und Patient in allen berufsbezogenen, aber auch außerberuflichen Bereichen erwartet.[431] Bezüglich letztgenannten stellte das Gericht jedoch fest, dass nicht jedes außerberufliche Fehlverhalten den Vorwurf begründen könne. Dies beruhe schließlich auf der Erwägung, dass der maßgebliche objektive Bevölkerungskreis außerhalb der beruflichen Tätigkeit von einem Arzt keine in jeder Hinsicht uneingeschränkte Rechtstreue verlange, „um [das] Vertrauen in seine fachliche Befähigung und persönliche Zuwendungsbereitschaft gewinnen zu können. Ein strenger sozialethischer Maßstab [werde] in diesem Zusammenhang an seinen Gesetzgehorsam nicht angelegt. Dies [gelte] vor allem nicht in Bereichen wie demjenigen der Besteuerung [...]."[432]

Nichtsdestotrotz gehe jedoch „die Erwartung der Bevölkerung [aber zumindest] dahin, daß [ein Arzt] einer anderen Person jedenfalls nicht willentlich Schaden zufüg[e], weil das dem Bild vom helfenden und heilenden (Zahnarzt) Arzt zuwiderlaufe."[433]

25.05.1993 – 5 A 2679/91, Rn. 4, 6 – juris; VGH BW, Beschl. v. 19.04.2006 - 9 S 2317/05, Rn. 15 – juris.

427 OVG NRW, Urt. v. 25.05.1993 – 5 A 2679/91, Rn. 3 – juris.

428 OVG NRW, Urt. v. 25.05.1993 – 5 A 2679/91, Rn. 9 – juris.

429 OVG NRW, Urt. v. 25.05.1993 – 5 A 2679/91, Rn. 9 – juris.

430 OVG NRW, Urt. v. 25.05.1993 – 5 A 2679/91, Rn. 9 – juris.

431 OVG NRW, Urt. v. 25.05.1993 – 5 A 2679/91, Rn. 9-13– juris.

432 OVG NRW, Urt. v. 25.05.1993 – 5 A 2679/91, Rn. 13 – juris.

433 OVG NRW, Urt. v. 25.05.1993 – 5 A 2679/91, Rn. 15 – juris.

Hinsichtlich der hier in Rede stehenden fortgesetzten Steuerhinterziehung stellte das OVG jedoch fest, dass dieses Fehlverhalten den Vorwurf der Unwürdigkeit gerade noch nicht begründe.[434] Nach Auffassung des OVG ergebe sich dies insbesondere daraus, dass das zu beanstandende Fehlverhalten keinerlei Zusammenhang zur beruflichen Tätigkeit aufweise.[435] Anders als beim Abrechnungsbetrug betreffe das steuerrechtliche Fehlverhalten – so das OVG – nämlich „nicht das System und die Funktionsfähigkeit der Gesundheitsvorsorge, in die [der Arzt] […] mit Verhaltenspflichten eingebunden [sei]."[436] Bezüglich des Fehlverhaltens sei zwar festzustellen, dass die in der Steuererklärung verschwiegenen Einkünfte aus der zahnärztlichen Tätigkeit herrühren, doch betreffen diese den Arzt nicht in seiner Position als Arzt, sondern allenfalls in seiner Position als Steuerzahler, weshalb ein berufsspezifischer Zusammenhang mit spezifischen Berufspflichten nicht zu verzeichnen sei.[437]

Unter Berücksichtigung dessen stellt das Gericht fest, dass sich „[e]in auf die Ausübung zahnärztlicher Tätigkeit bezogener, die Unwürdigkeit begründender Vertrauensverlust durch [ein] außerberufliches Fehlverhalten [..] [im Ergebnis] noch nicht feststellen [lasse]."[438] Vielmehr sei ausschließlich festzustellen, dass sich der Arzt in seiner Position als Steuerbürger, jedoch nicht in seiner Position als Arzt untreu erwiesen habe.[439]

Die Entscheidung zeigt auf, dass die Beurteilung der Unwürdigkeit eines Arztes nach Auffassung des OVG – ähnlich wie im anwaltlichen Kontext – einen gewissen Bezug zur eigentlichen beruflichen Tätigkeit – der Behandlung der Patienten – und dem dort relevant werdenden Vertrauen vorweisen muss. Dabei wird in Bezug auf das Verständnis des Vertrauens – wenn auch nur kurz – deutlich, dass sich dieses offenbar auf die fachliche Befähigung und persönliche Zuwendungsbereitschaft des einzelnen Arztes bezieht.[440] Relevant wird dieses Vertrauen unter Berücksichtigung der oben getätigten Ausführungen zu dem Kernbereich der ärztlichen Tätigkeiten wohl dort, wo sich Patienten in die Abhängigkeit eines Arztes begeben – der konkreten Behandlungssituation. Gemessen an dieser stellte das OVG – wenn auch nicht ausdrücklich betonend – offenbar

434 OVG NRW, Urt. v. 25.05.1993 – 5 A 2679/91, Rn. 16 – juris.
435 OVG NRW, Urt. v. 25.05.1993 – 5 A 2679/91, Rn. 16 – juris.
436 OVG NRW, Urt. v. 25.05.1993 – 5 A 2679/91, Rn. 16 – juris.
437 OVG NRW, Urt. v. 25.05.1993 – 5 A 2679/91, Rn. 16 – juris.
438 OVG NRW, Urt. v. 25.05.1993 – 5 A 2679/91, Rn. 16 – juris.
439 OVG NRW, Urt. v. 25.05.1993 – 5 A 2679/91, Rn. 16 – juris.
440 OVG NRW, Urt. v. 25.05.1993 – 5 A 2679/91, Rn. 13 – juris.

fest, ob das in Rede stehende Verhalten dieses Vertrauen nachhaltig beeinträchtigen kann. Hinsichtlich dieser Wertungsfrage nimmt das Gericht einen Vergleich zum Abrechnungsbetrug vor. Bezugnehmend auf diesen schlussfolgert es, dass das steuerrechtliche Fehlverhalten, anders als der Abrechnungsbetrug, weder das System und die Funktionsfähigkeit der Gesundheitsversorgung noch das Vertrauen der Patienten beeinträchtigen könne.[441] Handelt es sich hierbei doch um ein Fehlverhalten, das den Arzt in seiner Position als Steuerbürger und gerade nicht in seiner Position als Arzt betreffe.[442]

Ob dabei der Abrechnungsbetrug tatsächlich tauglicher Maßstab für die Beurteilung der Unwürdigkeit eines Arztes und damit zusammenhängend für ein das Vertrauen beeinträchtigendes Verhalten ist, wird an späterer Stelle – über die bisher geäußerte Kritik hinausgehend – weiter thematisiert. Ausschlaggebend ist an dieser Stelle zunächst, dass die Entscheidung aufzeigt, dass sich das maßgebliche Vertrauen wohl auf die Heilbehandlung bezieht, zugleich aber auch deutlich macht, dass das vermeintliche den Unwürdigkeitsvorwurf begründende Verhalten einen Zusammenhang zur ärztlichen Tätigkeit aufweisen muss.

Hinsichtlich der damit zum Ausdruck kommenden restriktiveren und gerade auch berufsbezogenen Interpretation des Unwürdigkeits- und Vertrauensbegriffs ist jedoch festzustellen, dass diese Entscheidung, zumindest was den Arztberuf angeht, die einzige ist. In der bisherigen Rechtsprechung ist es anscheinend weiterhin die Regel, eine Differenzierung des zu beanstandenden Verhaltens in Bezug auf einen Zusammenhang zur beruflichen Tätigkeit nicht vorzunehmen. Vielmehr genügt bereits jegliches Fehlverhalten, das dem Bild eines heilenden und helfenden Arztes zuwiderläuft.

Dass diese vom OVG vorgenommene Auslegung des unbestimmten Rechtsbegriffs in Bezug auf ein steuerrechtliches Fehlverhalten jedoch offenbar nicht fernliegend ist, zeigt auch jüngst die Entscheidung des VG Aachen[443].

In dieser Entscheidung urteilte das Gericht darüber, inwieweit die von einem Apotheker begangene Steuerhinterziehung den Approbationswiderruf wegen

441 OVG NRW, Urt. v. 25.05.1993 – 5 A 2679/91, Rn. 16 – juris.

442 OVG NRW, Urt. v. 25.05.1993 – 5 A 2679/91, Rn. 16 – juris; so ebenfalls VG Augsburg, Urt. v. 25.02.2016 – Au 2 K 15.1028, Rn. 28 – juris; vgl. dazu weiter die Ausführungen des VG München, Urt. v. 16.10.2007 – M 16 K 06.4847, Rn 44 – juris, wo ein Steuerdelikt mit einem „berufsneutralen Delikt" gleichgestellt und geschlussfolgert wird, dass man bei diesen berufsneutralen Delikten eine Unwürdigkeit im berufsrechtlichen Sinn möglicherweise nicht annehme.

443 VG Aachen, MedR 2020, 57 ff.

Unwürdigkeit rechtfertigen kann.[444] In Bezug auf den Vorwurf der Unwürdigkeit stellte das VG dabei klar, dass allein ein vermögensrechtlich relevantes Fehlverhalten den Vorwurf der Unwürdigkeit nicht begründen könne.[445] Dies beruhe auf der Erwägung, dass eine diesbezüglich bestehende „Vertrauenserwartung der Bevölkerung an einen Apotheker eher gering, jedenfalls deutlich nebensächlich [sei], „insbesondere, wenn wie vorliegend weder die Abrechnungen gegenüber dem Kunden noch gegenüber den Kassen tangiert [werde] und es weder zu einer Schädigung des öffentlichen Gesundheitssystems gekommen [sei], noch eine solche beabsichtigt war."[446] In Bezug auf den Vorwurf der Unwürdigkeit sei nach Auffassung des Gerichts vielmehr maßgeblich, dass ein Verhalten vorliege, das die eigentliche einem Apotheker entgegengebrachte Vertrauenserwartung enttäusche.[447] Eine solche beziehe sich nach Auffassung des Gerichts, gemessen am Vertrauensverhältnis zwischen Apotheker und Patient bzw. Kunde, in erster Linie auf die gesundheitliche Beratung.[448] Da eine Beeinträchtigung dieser Vertrauenserwartung mangels Anhaltspunkte aber nicht festzustellen sei – der Betrieb wurde seit über 30 Jahren beanstandungsfrei ausgeübt –, urteilte das Gericht, dass ein Widerruf wegen Unwürdigkeit nicht in Betracht komme.[449]

Noch eindeutiger als das OVG NRW macht das VG Aachen in seiner Entscheidung deutlich, dass die Beurteilung des Unwürdigkeitsbegriffs maßgeblich am Vertrauensverhältnis zwischen Apotheker und Patient stattfinden muss. Dieses Vertrauensverhältnis geht dabei jedoch nicht so weit, dass es sich auf einen außerberuflichen Bereich erstreckt. Das Gericht macht vielmehr deutlich, dass sich dieses „Vertrauensverhältnis zwischen Apotheker und Patient bzw. Kunde in erster Linie auf die gesundheitliche Beratung, die von einem Apotheker erwartet wird, [beziehe]."[450] Damit stellt das VG genau wie das OVG als Ausgangspunkt der Beurteilung der Unwürdigkeit auf das Vertrauen in die ordnungsgemäße Leistungserbringung ab.

---

444 VG Aachen, MedR 2020, 57 (59 f.).

445 VG Aachen, MedR 2020, 57 (60).

446 VG Aachen, MedR 2020, 57 (60). Die gleichen Erwägungen anstellend VG Augsburg, Urt. v. 25.02.2016 – Au 2 K 15.1028, Rn. 28 – juris, das im Ergebnis ebenfalls die Rechtswidrigkeit des Widerrufs der Approbation eines Apothekers wegen Steuerhinterziehung bejahte.

447 VG Aachen, MedR 2020, 57 (60).

448 VG Aachen, MedR 2020, 57 (60).

449 VG Aachen, MedR 2020, 57 (60).

450 VG Aachen, MedR 2020, 57 (60).

Relevanz kommt diesen Rechtsprechungen in Bezug auf das weite Verständnis des Unwürdigkeits- und Vertrauensbegriffs deshalb zu, da diese von der bisherigen Interpretation des Vertrauens abweichen. Sie stellen gerade nicht den Aspekt des Ansehens, sondern die berufliche Tätigkeit und die damit einhergehende primäre Verpflichtung der darin Tätigen in den Fokus ihrer Interpretation. Dabei wird insbesondere aus dem Urteil des VG Aachen deutlich, dass sich die Vertrauenserwartung der Patienten bzw. Kunden auf eine ordnungsgemäße gesundheitliche Beratung als auch „Behandlung" bezieht. Dass eine solche wohl auch für den ärztlichen Beruf gelten dürfte, ergibt sich dabei nicht nur aus dem Kernbereich der beruflichen Verpflichtungen beider Berufe, da es doch bei beiden in erster Linie darum geht, dass Patienten eine ordnungsgemäße gesundheitliche Beratung als auch „Behandlung" bekommen. Es ergibt sich auch aus den gleichen Wertungen, die in Bezug auf den sich gegenseitig entsprechenden Unwürdigkeitsbegriff angewendet werden.[451] Einer Vertrauenserwartung, die sich gerade auch auf ein wirtschaftlich korrektes Verhalten bezieht, wird dabei vor allem vor dem Standpunkt skeptisch gegenübergetreten, dass es sich um ein Verhalten handelt, das sich außerhalb der beruflichen Tätigkeit ereignet. Dies beruht darauf, dass es sich bei diesen Fehlverhaltensweisen gerade um steuerrechtlich relevante Fehlverhaltensweisen handelt, die den Arzt gerade nicht in seiner Position als Arzt, sondern als Steuerbürger betreffen.[452] Dieser Aussage ist dabei gerade vor dem Bild eines heilenden und helfenden Arztes, der anderen Personen durch Straftaten keinen Schaden zufügt, Bedeutung zuzusprechen, da mit solchen Urteilen sichtbar wird, dass von einem Arzt gerade nicht in jeder Hinsicht eine „moralische Makellosigkeit"[453] verlangt wird, um vertrauenswürdig zu sein.

Bezüglich der Entscheidung des OVG NRW ist jedoch kritisch anzuführen, dass unter Berücksichtigung der oben angeführten Argumentationsstrukturen

---

451 Dies macht allein schon die Entscheidung des VG Augsburg, Urt. v. 25.02.2016 – Au 2 K 15.1028, Rn. 23 – juris deutlich, in der zur Bestimmung des Unwürdigkeitsvorwurf nach § 4 Abs. 1 Satz 1 Nr. 1 BapO auf die gleichen Wertungsmaßstäbe wie bei § 3 Abs. 1 Satz 1 Nr. 2 BÄO zurückgegriffen wird.

452 VG Aachen, MedR 2020, 57 (60); OVG NRW, Urt. v. 25.05.1993 – 5 A 2679/91, Rn. 16 – juris; dies ebenfalls betonend VG Augsburg, Urt. v. 25.02.2016 – Au 2 K 15.1028, Rn. 28 – juris; vgl. dazu auch VG München, Urt. v. 16.10.2007 – M 16 K 06.4847, Rn. 44 – juris, in dem ein Steuerdelikt mit einem „berufsneutralen Delikt" gleichgestellt und geschlussfolgert wird, dass man bei diesen berufsneutralen Delikten eine Unwürdigkeit im berufsrechtlichen Sinn möglicherweise nicht annehme.

453 VG Hamburg, Urt. v. 23.02.2019 – 17 K 4618/18, Rn. 30 – juris.

der Gerichte nicht ersichtlich wird, warum bei einem schwerwiegenderen steuerlichen Fehlverhalten der Vorwurf der Unwürdigkeit dann doch begründet sein soll.[454] Das steuerrechtlich Fehlverhalten ist doch, wie das OVG NRW in seiner Entscheidung richtigerweise anführt, selbst bei einem schwerwiegenden steuerlichen Vergehen, nach wie vor ohne Bezug zur ärztlichen Tätigkeit.[455] Dass eine gewisse Intensität hieran etwas ändern könnte, ist vor der Tatsache, dass das Verhalten, unabhängig von der Schwere des Delikts, weiterhin ohne Berufsbezogenheit bleibt, nicht nachvollziehbar, da sich das Vertrauen der Bevölkerung nicht abhängig vom Schweregrad des zu beanstandenden Verhaltens verändern wird. Dies beruht letztendlich auf der nachvollziehbaren Erwägung, dass sich die Vertrauenserwartung der Bevölkerung – wie vom VG Aachen schlüssig darlegt – primär auf eine ordnungsgemäße Behandlung bzw. Beratung bezieht, die nicht enttäuscht sein wird, wenn diese nach wie vor von dem Arzt bzw. Apotheker erfüllt wird.

2. *Die Entscheidung des VG Regensburg aus dem Jahr 2016*

In eine ähnliche Richtung wird wohl auch die Entscheidung des VG Regensburg aus dem Jahr 2016 zu verstehen sein. In dieser Entscheidung urteilte das Gericht darüber, ob einer Ärztin auf Grund des von ihr begangenen 22fachen Abrechnungsbetrugs gegenüber ihrer privaten Krankentagegeldversicherung die Approbation wegen Unwürdigkeit entzogen werden darf.[456] Anders als die Berufungsinstanz und der danach angerufene Senat des BVerwG,[457] entschied das VG, dass das strafrechtlich zu beanstandende Fehlverhalten nicht geeignet sei, den Vorwurf der Unwürdigkeit zu begründen.[458] Anders als die nachfolgend angerufenen Gerichte, nahm das VG eine berufsbezogene Interpretation des Unwürdigkeitsbegriffs vor. Dies geschah insofern als dass das VG mit Verweis auf das Urteil des VG München zunächst klarstellte, dass die Beurteilung der Unwürdigkeit in Bezug auf das in Rede stehende Fehlverhalten stets mit Bezug

454 So zum Beispiel VG Augsburg, Urt. v. 25.02.2016 – Au 2 K 15.1028, Rn. 26, 29 – juris, das bezüglich der bei der Unwürdigkeitsbeurteilung zu berücksichtigenden Art der Straftat unter Berücksichtigung des § 370 Abs. 3 Nr. 1 AO und der Entscheidung des BGH, Urt. v. 27.10.2015 – 1 StR 373.15, Rn. 32 ff. – juris offenbar auf einen Schwellenwert von 50.000 EUR abstellt, der im vorliegenden Fall nicht überschritten wurde.

455 OVG NRW, Urt. v. 25.05.1993 – 5 A 2679/91, Rn. 16 – juris.

456 VG Regensburg, Urt. v. 28.04.2016 – RN 5 K 15.1137, Rn. 36 ff. – juris.

457 Siehe dazu S. 119 f.

458 VG Regensburg, Urt. v. 28.04.2016 – RN 5 K 15.1137, Rn. 44 – juris.

zur beruflichen Tätigkeit eines Arztes stattzufinden habe.[459] Unter Berücksichtigung dieses Maßstabs stellte es fest, dass das jeweilige strafrechtlich zu beanstandende Verhalten das Vertrauen umso weniger tangiere, je ferner dieses mit der beruflichen Tätigkeit im Zusammenhang stehe.[460] In Bezug auf das in Rede stehende Fehlverhalten stellte das Gericht fest, dass dieses Verhalten gerade keinen unmittelbaren Zusammenhang zur ärztlichen Heilkunde vorweise.[461] Zwar sei festzustellen, dass es sich um Betrügereien handle, die gegenüber einer (privaten) Krankentagegeldversicherung begangen wurden. Anders als beim Abrechnungsbetrug gegenüber den Krankenkassen handle es sich hierbei jedoch nicht um eine berufliche Pflichtverletzung, die in einem Zusammenhang zur ärztlichen Tätigkeit stehe.[462] Vielmehr beziehe sich der Betrug auf eine von der Klägerin abgeschlossene Versicherung, die nicht im Zusammenhang mit dem Vermögen der Solidargemeinschaft der Krankenversicherten stehe und somit nicht zu einer Schädigung der finanziellen Basis der Krankenkasse führe.[463] Von einer anderen Wertung – so das VG weiter – könne allenfalls dann gesprochen werden, wenn „die [Ärztin] während ihrer Arbeitsunfähigkeit ärztliche Leistungen erbracht und gleichwohl Tagegeld erhalten [habe]. Soweit sie dagegen ihren Wohnort verlassen […] und Krankentagegeld entgegen der Versicherungsbedingungen bezogen [habe], [sei] überhaupt kein Zusammenhang mehr zum Arztberuf herzustellen."[464] Gemessen daran urteilte das Gericht, dass ein den Vorwurf der Unwürdigkeit begründendes Verhalten somit nicht gegeben sei.[465]

Aus dieser Rechtsprechung wird ersichtlich, dass die von der herrschenden Rechtsprechung vertretene Einschätzung, dass sich das Vertrauen der Patienten auch auf den außerberuflichen Bereich erstreckt, nicht ohne Weiteres hingenommen werden kann, da das Vertrauen der Bevölkerung in die Ärzteschaft hinsichtlich einer Untadeligkeit in diesem Bereich zumindest seitens des VG „eher als gering" eingeschätzt wird. Dies beruht auf der Erwägung, dass das strafrechtlich zu beanstandende Fehlverhalten das Vertrauen in die Integrität eines Arztes umso weniger tangiere, je entfernter das zu beanstandende Fehlverhalten im Zusammenhang zur eigentlichen ärztlichen Tätigkeit stehe.[466] Ohne

---

459 VG Regensburg, Urt. v. 28.04.2016 – RN 5 K 15.1137, Rn. 37, 48 f. – juris.
460 VG Regensburg, Urt. v. 28.04.2016 – RN 5 K 15.1137, Rn. 48 – juris.
461 VG Regensburg, Urt. v. 28.04.2016 – RN 5 K 15.1137, Rn. 48 – juris.
462 VG Regensburg, Urt. v. 28.04.2016 – RN 5 K 15.1137, Rn. 48 – juris.
463 VG Regensburg, Urt. v. 28.04.2016 – RN 5 K 15.1137, Rn. 48 f. – juris.
464 VG Regensburg, Urt. v. 28.04.2016 – RN 5 K 15.1137, Rn. 49 – juris.
465 VG Regensburg, Urt. v. 28.04.2016 – RN 5 K 15.1137, Rn. 49 f. – juris.
466 VG Regensburg, Urt. v. 28.04.2016 – RN 5 K 15.1137, Rn. 48 – juris.

dies explizit zu betonen, macht das Gericht damit jedoch deutlich, dass sich das Vertrauen wohl eher nur auf den beruflichen Aspekt und gerade nicht auf den außerberuflichen Bereich erstreckt. Ist doch unter Berücksichtigung der hier dargelegten „je, desto"-Erwägung ein Vertrauen offenbar umso stärker, wie es den eigentlichen beruflichen Bereich eines Arztes betrifft.

Dadurch wird jedoch auch hier im Ergebnis ersichtlich, dass eine restriktive Interpretation des Begriffs deshalb erfolgt, da sich vor allem am eigentlichen beruflichen Tätigkeitsbereich eines Arztes und dem damit offensichtlich zusammenhängenden Vertrauen orientiert wird.[467]

Auffällig ist jedoch, dass die untersuchten Entscheidungen trotz ihrer im Wesen gleichen restriktiven Handhabung des Begriffs darauf verweisen, dass die restriktive Wertung des Vertrauens wohl anders ausfallen würde, wenn es sich um ein vermögensrechtlich relevantes Fehlverhalten handle, das sich im Gesundheitssystem und somit mit einem gewissen, näheren Bezug zur ärztlichen Tätigkeit abspielen würde.

Dass jedoch selbst in dieser Hinsicht das Verständnis des Unwürdigkeitsbegriffs und somit das des Vertrauens nicht ohne Weiteres hingenommen werden kann, zeigen Entscheidungen auf, die sowohl zum Abrechnungsbetrug privatliquidierender Ärzte als auch zum Abrechnungsbetrug im gesetzlichen Krankenversicherungssystem – und damit ein berufliches Fehlverhalten darstellen – ergangen sind.

II. Berufliches Fehlverhalten

Hinsichtlich des Abrechnungsbetrugs privatliquidierender Ärzte ist die Entscheidung des VG München aus dem Jahr 2009 zu nennen (1.). Bezogen auf den

467 Der Entscheidung des VG Regensburg ist jedoch insoweit kritisch gegenüberzutreten, dass die vom VG vorgenommene Schlussfolgerung, dass die Beurteilung der Unwürdigkeit abhängig von der beruflichen Tätigkeit zu erfolgen habe, insbesondere deshalb stattfindet, da nach herrschender Rechtsprechung Verbrechenstatbestände, unabhängig von ihrem Zusammenhang zur ärztlichen Tätigkeit, den Vorwurf der Unwürdigkeit begründen können. Daraus schlussfolgert das Gericht, dass je weniger das zu beanstandende Fehlverhalten strafrechtlich als ein solches zu qualifizieren sei, dieses einen engeren Zusammenhang zur beruflichen Tätigkeit vorweisen müsse, um den Vorwurf der Unwürdigkeit und damit zusammenhängend den des enttäuschten Vertrauens zu begründen, VG Regensburg, Urt. v. 28.04.2016 – RN 5 K 15.1137, Rn. 38 – juris. Dass eine solche Orientierung an diesem, in der Rechtsprechung oft vertretenen Wertungssatz jedoch auf Grund seiner Herkunft und der ihm entgegenstehenden Rechtsprechung nicht – mehr – haltbar ist, wird nachfolgend aufgezeigt.

Abrechnungsbetrug im gesetzlichen Krankenversicherungssystem ist die Entscheidung des VG Hamburg aus dem Jahr 2019 (2.) als auch die Entscheidung des VGH BW aus dem Jahr 1981(3.) anzuführen.

1. Die Entscheidung des VG München aus dem Jahr 2009

In dieser Entscheidung entschied das VG München, dass der von einem privatliquidierende Arzt vorgenommene Abrechnungsbetrug gegenüber seinen Patienten und den privaten Krankenversicherungen den Vorwurf der Unwürdigkeit nicht begründen könne.[468] Die Entscheidung ist dabei von der Tatsache getragen, dass eine Beeinträchtigung des Patientenwohls durch den Abrechnungsbetrug des Arztes nicht stattgefunden habe und somit ein enttäuschtes Vertrauen, das den Widerruf der Approbation wegen Unwürdigkeit rechtfertigen würde, nicht gegeben sei.

Einen solchen Schluss lässt zumindest die Argumentationsstruktur des Gerichts in Bezug auf das zu beanstandende Fehlverhalten erkennen:

Hinsichtlich des zu beanstandenden Fehlverhaltens wird zwar festgestellt, dass es sich bei diesem zweifelsohne um ein strafrechtlich relevantes Verhalten handle, das zugleich gegen die einen Arzt treffenden berufsrechtlichen Pflichten verstoße.[469] Es wird jedoch auch seitens des Gerichts mehr oder weniger deutlich klargestellt, dass dieses allein auf Grund seines Verstoßes gegen die berufsrechtlichen Pflichten und der damit einhergehenden Schädigung finanzieller Interessen nicht ohne Weiteres das Vertrauen der Patienten in die Ärzteschaft verletzen könne.[470] Dies lässt das Gericht insofern erkennen, dass es zum einen zunächst grundlegend betont, dass das Fehlverhalten nicht den Kernbereich der ärztlichen Tätigkeit betreffe,[471] zum anderen unter Berücksichtigung dieser Tatsache folgert, dass es zu einer Beeinträchtigung des Patientenwohls mangels augenscheinlich ausgebliebener „Beschwerden über die den beanstandeten Rechnungen zugrunde liegenden tatsächlichen medizinischen Behandlungsleistungen des [Arztes] [nicht] gekommen [sei].“[472]

Diese Aussagen lassen zumindest die Wertung nachvollziehen, warum das Gericht das Verhalten des Arztes unter Berücksichtigung dieser Tatsachen nicht als Gewinnstreben um jeden Preis qualifiziert und somit nicht den Vorwurf der

---

468 VG München, Urt. v. 27.10.2009 – M 16 K 09.2603, Rn. 40 – juris.
469 VG München, Urt. v. 27.10.2009 – M 16 K 09.2603, Rn. 41 – juris.
470 VG München, Urt. v. 27.10.2009 – M 16 K 09.2603, Rn. 41 – juris.
471 VG München, Urt. v. 27.10.2009 – M 16 K 09.2603, Rn. 41 – juris.
472 VG München, Urt. v. 27.10.2009 – M 16 K 09.2603, Rn. 41 – juris.

Unwürdigkeit begründet.[473] Dies beruht auf dem Umstand, dass eine Behandlung der Patienten stattgefunden habe, hinsichtlich derer jedoch festzustellen sei, dass sich der Arzt nicht die ihm eigentlich zustehende, adäquate Gegenleistung, sondern eine andere zukommen ließ.[474]

Der Schwerpunkt der Argumentation liegt hierbei – ohne, dass das Gericht dies ausdrücklich betonen würde – auf dem Kernbereich der ärztlichen Tätigkeit. Zu diesem müssen die Taten nach Wertung des VG offenbar einen negativen Bezug vorweisen, um den Vorwurf der Unwürdigkeit zu begründen. Anders als der daraufhin angerufene VGH und das BVerwG – die lediglich auf die Bedeutung der Pflicht der ordnungsgemäßen Abrechnung abstellten – lässt die Entscheidung erkennen, dass nicht wie bisher üblich hinsichtlich des Vorwurfs der Unwürdigkeit lediglich auf die Bedeutung der Pflicht der ordnungsgemäßen Abrechnung abgestellt wird und der Verstoß hiergegen genügt, um den Vorwurf zu begründen. Es wird vielmehr deutlich, dass das in Rede stehende, sogar beruflich relevante Fehlverhalten einen negativen Bezug zur ärztlichen Tätigkeit vorweisen muss. Den Kernpunkt der Betrachtung der Beurteilung bildet hierbei das Patientenwohl. Dabei wird gerade nicht aus der bloßen Straftat an sich der Schluss gezogen, dass der Arzt auf Grund seines Verhaltens wohl grundsätzlich kein Interesse am Wohl der Patienten habe und dieser im Zuge dessen nicht mehr als vertrauenswürdig einzustufen sei. Es wird vielmehr konkret betrachtet, ob das Patientenwohl tatsächlich durch das in der Vergangenheit liegenden Verhalten beeinträchtigt wird. Sofern eine solche Beeinträchtigung jedoch nicht vorliegt, wird dabei offensichtlich der Schluss gezogen, dass das Vertrauen der Patienten in den einzelnen Arzt und somit in die Ärzteschaft als solche auch nicht nachhaltig zerstört ist, weshalb ein Widerruf nicht erfolgen muss bzw. vor dem Hintergrund des Art. 12 Abs. 1 GG nicht erfolgen darf; ist doch dieser nur verhältnismäßig, wenn das Vertrauen der Patienten in die Ärzteschaft durch das Verhalten zerstört wurde. Ein Durchschlagen auf das Arzt-Patienten-Verhältnis in Form einer minderwertigen Behandlung wird damit – wenn auch nicht ausdrücklich betonend – als Voraussetzung für die Beeinträchtigung des Vertrauens der Patientenschaft in die Ärzteschaft angenommen.

Dass ein solcher Wertungsmaßstab bei der Beurteilung der Unwürdigkeit bzw. des enttäuschten Vertrauens offenbar nicht fernliegend ist, zeigen auch die nachfolgenden Entscheidungen zum Abrechnungsbetrug im gesetzlichen Krankenversicherungssystem.

---

473 VG München, Urt. v. 27.10.2009 – M 16 K 09.2603, Rn. 41 – juris.
474 VG München, Urt. v. 27.10.2009 – M 16 K 09.2603, Rn. 41 – juris.

2. *Die Entscheidung des VG Hamburg aus dem Jahr 2019*

In dieser Entscheidung hatte sich das VG Hamburg mit der Frage zu beschäftigen, inwieweit der von einem Chefarzt begangene Abrechnungsbetrug gegenüber der gesetzlichen Krankenversicherung den Widerruf der Approbation wegen Unwürdigkeit begründet.[475]

Der Entscheidung lag dabei ein Sachverhalt zu Grunde, in dem ein Chefarzt die von seiner Ermächtigung zur Teilnahme an der ambulanten vertragsärztlichen Versorgung umfassten ärztlichen Leistungen unter Verstoß gegen § 32a Satz 1 Ärzte-ZV nicht persönlich, sondern von anderen Ärzten unter seiner Aufsicht fachgemäß erbringen ließ, diese als „persönlich erbracht" abrechnete und im Zuge dessen wegen Abrechnungsbetrug strafrechtlich verurteilt wurde.[476] Die strafrechtliche Verurteilung nahm die zuständige Behörde als Anlass, den Widerruf der Approbation wegen Unwürdigkeit anzuordnen.[477] Der behördliche Vorwurf bezog sich dabei einerseits auf eine durch das Verhalten des Klägers zum Ausdruck kommende Zwei-Klassen-Medizin zwischen privat und gesetzlich Krankenversicherten und einer hieraus resultierenden Beeinträchtigung des wichtigen Gemeinschaftsguts der finanziellen Stabilität durch einen mit dem Verhalten einhergehenden Verstoß gegen die ärztliche Grundpflicht zur peinlich genauen Abrechnung.[478] Anderseits bezog sich dieser auf ein durch sein Verhalten zum Ausdruck kommendes eigensüchtiges Gewinnstreben, wodurch das Vertrauen der Patienten in die Ärzteschaft nachhaltig beeinträchtigt werde.[479]

Den von der Behörde vorgetragenen Erwägungen erteilte jedoch das VG unter genauer Bewertung des zugrundeliegenden Sachverhalts als auch unter genauer Betrachtung des Vertrauens der Patienten in die Ärzteschaft eine klare Absage.[480]

Dabei stellte das VG hinsichtlich des Vorwurfs der Zwei-Klassen-Medizin unter genauster Auswertung des Sachverhalts fest, dass eine Ungleichbehandlung von privat und gesetzlich krankenversicherten Patienten auf Grund der Nichtvornahme der persönlichen Untersuchung nicht zu verzeichnen sei.[481] Seien doch die nach einem festgelegten Ablaufmuster genannten Untersuchungen

---

475 VG Hamburg, Urt. v. 23.02.2019 – 17 K 4618/18, Rn. 1 ff. – juris.
476 VG Hamburg, Urt. v. 23.02.2019 – 17 K 4618/18, Rn. 1-11 – juris.
477 VG Hamburg, Urt. v. 23.02.2019 – 17 K 4618/18 Rn. 14 f. – juris.
478 VG Hamburg, Urt. v. 23.02.2019 – 17 K 4618/18, Rn. 15 f., 23 – juris.
479 VG Hamburg, Urt. v. 23.02.2019 – 17 K 4618/18, Rn. 15 f., 23 – juris.
480 VG Hamburg, Urt. v. 23.02.2019 – 17 K 4618/18, Rn. 38 ff. – juris.
481 VG Hamburg, Urt. v. 23.02.2019 – 17 K 4618/18, Rn. 40 ff. – juris.

unter Leitung erfahrener Oberärzte gleichermaßen gegenüber privat als auch gesetzlich krankenversicherter Patienten vorgenommen wurden, woraus der von der Behörde behauptete Vorwurf des Betreibens einer Zwei-Klassen-Medizin aus rein ökonomisch motiviertem Interesse „denklogisch"[482] nicht gezogen werden könne.[483]

Hinsichtlich des von der Behörde vorgetragenen Umstandes, dass sich aus dem strafrechtlich sanktionierten Verhalten ein Verstoß gegen die ärztliche Grundpflicht zur genauen Abrechnung, eine hieraus entstehende Beeinträchtigung des wichtigen Gemeinschaftsguts der finanziellen Stabilität der Kassen und somit eine Beeinträchtigung des Vertrauens und Ansehens der Ärzteschaft ergebe, entgegnete das VG weiter, dass bezüglich dieses wohl strafrechtlich als auch sozialversicherungsrechtlich relevanten Fehlverhaltens nicht ohne Weiteres ein Schluss auf die Unwürdigkeit des Klägers gezogen werden könne.[484] Vielmehr bedürfe es einer differenzierten Betrachtung der hier in Rede stehenden, wohl beeinträchtigten Interessen.[485]

Unter Berücksichtigung dieser Notwendigkeit betonte das VG zunächst den hohen Stellenwert der ärztlichen Pflicht zur konkreten Leistungsabrechnung in der vertragsärztlichen Versorgung, bevor es sich der typischen Fallkonstellation des Abrechnungsbetrugs – Abrechnung von sogenannten Luftleistungen – widmete.[486] Unter Berücksichtigung dieser Ausführungen stellte das VG klar, dass es sich bei dem vom Kläger begangenen Fehlverhalten zwar nicht um diesen typischen Fall des Abrechnungsbetrugs handle, jedoch die Abrechnung unter Missachtung des Gebots der persönlichen Leistungserbringung nach § 32a Satz 1 Ärzte-ZV dem klassischen Abrechnungsbetrug wertungsgemäß entspreche.[487] Bestehe doch auch bei dieser Form der Abrechnungsbetrügerei auf Grund des Verstoßes gegen sozialrechtliche Vorschriften kein abrechenbarer Honoraranspruch, sodass durch dieses Fehlverhalten in gleichem Maße ebenfalls ein Vermögensschaden der KV herbeigeführt werde.[488]

Losgelöst von diesem sozialversicherungsrechtlich als auch strafrechtlich relevanten Sachverhalt stellte jedoch das Gericht aus approbationsrechtlicher

482 VG Hamburg, Urt. v. 23.02.2019 – 17 K 4618/18, Rn. 43 – juris.
483 VG Hamburg, Urt. v. 23.02.2019 – 17 K 4618/18, Rn. 42 f. – juris.
484 VG Hamburg, Urt. v. 23.02.2019 – 17 K 4618/18, Rn. 44 ff. – juris.
485 VG Hamburg, Urt. v. 23.02.2019 – 17 K 4618/18, Rn. 44, 46 – juris.
486 VG Hamburg, Urt. v. 23.02.2019 – 17 K 4618/18, Rn. 45 – juris.
487 VG Hamburg, Urt. v. 23.02.2019 – 17 K 4618/18, Rn. 45 – juris.
488 VG Hamburg, Urt. v. 23.02.2019 – 17 K 4618/18, Rn. 45 – juris.

Sicht die Frage, ob dieses Verhalten tatsächlich dazu geeignet sei, das Vertrauen in die ärztliche Integrität aus Sicht eines über den Gegebenheiten des Einzelfalls informierten billig und gerecht Denkenden zu zerstören.[489]

Anders als die zuständige Behörde, die in ihrer Wertung lediglich auf das strafrechtlich relevante Verhalten des Abrechnungsbetrugs verwies,[490] stellte das VG klar, dass anders als beim „klassischen" Fall des Abrechnungsbetrugs – der nach Auffassung des VG im Regelfall den Vorwurf der Unwürdigkeit begründe[491] –, hier eine differenziertere Betrachtung des Sachverhalts unter Berücksichtigung der besonderen Umstände des Einzelfalls erfolgen müsse.[492] Bei dem vorliegenden Fall, handle es sich nämlich um einen Abrechnungsbetrug nicht persönlich erbrachter Leistungen und nicht um den klassischen Fall des Abrechnungsbetrugs – der mit diesem in approbationsrechtlicher Hinsicht nach Auffassung des VG offenbar wertungsgemäß nicht gleichzusetzen ist.[493]

Bezüglich des Abrechnungsbetrugs nicht persönlich erbrachter Leistungen führte das Gericht aus, dass dieser im Einzelfall unter bestimmten Umständen ebenfalls wie der klassische Abrechnungsbetrug finanziell motiviert sein könne, sodass sich auch aus diesem der den Unwürdigkeitsvorwurf begründende charakterliche Makel des Gewinnstrebens ergeben könne.[494] Dies sei jedoch beim vorliegenden Sachverhalt nicht gegeben, da der Arzt nicht etwa Dritte dazu eingeschaltet habe, um Zugriff auf das Vermögen der KV zu erlangen, sondern diese dazu benutzt habe, um die von ihm zu erbringenden ärztlichen Leistungen durchzuführen.[495] Ob unter Berücksichtigung dieser Tatsache überhaupt der Vorwurf der Strafbarkeit zu erheben sei, stellte das Gericht in Frage.[496] Ließ diese jedoch mit dem Einwand unbeantwortet, dass dies hier dahinstehen könne, da das von dem Arzt gezeigte Verhalten ohnehin nicht von einem ausschließlich finanziell motivierten Verhalten geprägt sei, dass das Vertrauen in die Ärzteschaft nachhaltig beeinträchtige.[497] Sei doch mit Blick auf das von dem Arzt begangene Verhalten festzustellen, dass die Koordinierung der von ihm zu erbringenden Leistungen „auf die von ihm ausgebildeten, instruierten und in die

489 VG Hamburg, Urt. v. 23.02.2019 – 17 K 4618/18, Rn. 46 – juris.
490 So das VG Hamburg, Urt. v. 23.02.2019 – 17 K 4618/18, Rn. 46 – juris.
491 VG Hamburg, Urt. v. 23.02.2019 – 17 K 4618/18, Rn. 46 – juris.
492 VG Hamburg, Urt. v. 23.02.2019 – 17 K 4618/18, Rn. 47 – juris.
493 VG Hamburg, Urt. v. 23.02.2019 – 17 K 4618/18, Rn. 46 f. – juris.
494 VG Hamburg, Urt. v. 23.02.2019 – 17 K 4618/18, Rn. 47 – juris.
495 VG Hamburg, Urt. v. 23.02.2019 – 17 K 4618/18, Rn. 47 – juris.
496 VG Hamburg, Urt. v. 23.02.2019 – 17 K 4618/18, Rn. 48 – juris.
497 VG Hamburg, Urt. v. 23.02.2019 – 17 K 4618/18, Rn. 49 f. – juris.

vorhandenen Infrastruktur eingebunden Oberärzte“[498], über die er stets wachte, nur deshalb erfolgt, um eine umfassende Sicherstellung des Wohls aller Patienten zu gewährleisten.[499] Inwiefern in diesem Verhalten – wie von der Behörde behauptet – eine Zerstörung des Vertrauens der Patienten in die Ärzteschaft zu sehen sei, stellte das Gericht deutlich in Frage und urteilte im Ergebnis, dass der behördliche Widerruf der Approbation wegen Unwürdigkeit nicht rechtmäßig erfolgte.[500] Habe sich doch der Chefarzt trotz des Verstoßes gegen seine Pflicht zur ordnungsgemäßen Abrechnung stets zum Wohle der Patienten verhalten, sodass eine Zerstörung deren Vertrauens nicht gegeben sei.[501]

Wie auch in der Entscheidung des VG München aus dem Jahr 2009 stellte das VG Hamburg bei seiner Argumentation hinsichtlich des Vorwurfs der Unwürdigkeit ebenfalls entscheidend auf den Umstand ab, inwieweit das in Rede stehende Verhalten tatsächlich das Patientenwohl im Sinne einer vorsätzlichen Schlechtbehandlung beeinträchtigt. Ein zerstörtes Vertrauen wird dabei nur da angenommen, wo es sich um ein Verhalten handelt, das sich negativ auf das Wohl der Patienten auswirkt. Das Gericht macht dabei klar, dass bei der Beurteilung des vorliegenden Sachverhalts eine differenzierte Betrachtung der straf-, sozialversicherungs- als auch approbationsrechtlichen Aspekte stattzufinden habe, wobei es betont, dass allein aus dem straf- und sozialversicherungsrechtlichen Fehlverhalten – wie von der Behörde vorgenommen – nicht ohne Weiteres ein Schluss auf die Unwürdigkeit eines Arztes gezogen werden könne.[502] Vielmehr bedürfe es einer konkreten Einzelfallbetrachtung.[503] Bezüglich dieser stellte das Gericht klar, dass eine solche Beeinträchtigung im vorliegenden Fall jedoch nicht gegeben sei, da sich in dem Verhalten des Arztes gerade kein hemmungsloses Gewinnstreben manifestiert habe, dass das Vertrauen der Patienten erschüttere und den Widerruf der Approbation rechtfertige.[504]

Kritisch ist jedoch anzuführen, dass das Gericht diese von ihm geforderte differenzierte Betrachtung selbst wohl nicht durchgängig vornimmt. Dies wird daraus ersichtlich, dass das Gericht in Bezug auf den klassischen Abrechnungsbetrug betont, dass dieser ohne Weiteres auf Grund des durch diesen zum

---

498 VG Hamburg, Urt. v. 23.02.2019 – 17 K 4618/18, Rn. 50 – juris.
499 VG Hamburg, Urt. v. 23.02.2019 – 17 K 4618/18, Rn. 50 f. – juris.
500 VG Hamburg, Urt. v. 23.02.2019 – 17 K 4618/18, Rn. 50 ff. – juris.
501 VG Hamburg, Urt. v. 23.02.2019 – 17 K 4618/18, Rn. 54 ff. – juris.
502 VG Hamburg, Urt. v. 23.02.2019 – 17 K 4618/18, Rn. 46 – juris.
503 VG Hamburg, Urt. v. 23.02.2019 – 17 K 4618/18, Rn. 47 – juris.
504 VG Hamburg, Urt. v. 23.02.2019 – 17 K 4618/18, Rn. 49 ff. – juris.

Ausdruck kommenden hemmungslosen Gewinnstrebens das Vertrauen der Patienten in die Ärzteschaft zerstöre und somit für sich den Widerruf der Approbation begründe.

Hier wird lediglich auf das strafrechtlich und sozialversicherungsrechtlich relevante Fehlverhalten abgestellt und aus diesem geschlussfolgert, dass derjenige, der ein solches eigensüchtiges Verhalten zeigt, offenbar nicht gewillt ist, zu Gunsten des Patienten zu handeln.

Warum jedoch hier keine differenzierte Betrachtung vorzunehmen ist, erschließt sich nicht. Bei beiden Formen des Abrechnungsbetrugs handelt es sich in strafrechtlicher als auch sozialversicherungsrechtlicher Hinsicht um die gleiche Tat, wie das Gericht selbst feststellt. Wenn es sich aber wertungsgemäß um die gleiche Tat handelt, müssen aber auch die gleichen Wertungsmaßstäbe gelten. Ansonsten handelt es sich – wie im vorliegenden Fall – um ein Produkt des Zufalls, ob der Arzt den ihn entlastenden Gegenbeweis, stets zum Wohl der Patienten gehandelt zu haben, antreten und somit seinen Widerruf der Approbation verhindern kann.

Dass aus der Begehung eines Abrechnungsbetrugs seitens der Rechtsprechung per se der Schluss gezogen wird, dass ein Arzt nicht die Bereitschaft besitzt, stets zum Wohl der Patienten zu handeln, mag man auch vor der bereits genannten Entscheidung des VG München aus dem Jahr 2009 bezweifeln. In dieser Entscheidung wurde zwar ein Abrechnungsbetrug bejaht, jedoch aus diesem allein nicht der Schluss gezogen, dass der Arzt nicht die Bereitschaft besitzt, stets zum Wohl seiner Patienten zu handeln. Vielmehr hat der Arzt trotz des von ihm begangenen Betrugs seine Patienten stets ordnungsgemäß zu ihrer Zufriedenheit behandelt.

Wenn sich diese Schlussfolgerung jedoch schon im konkreten Fall verbietet, in dem beim Abrechnungsbetrug privatliquidierender Ärzte die Patienten unmittelbar beteiligt sind und mehrere Berührungspunkte mit dem Arzt haben, muss dies erst recht für einen Abrechnungsbetrug gelten, der im gesetzlichen Krankenversicherungssystem gegenüber den gesetzlichen Krankenkassen erfolgt und bei dem die Patienten, abgesehen von der persönlichen Behandlung, nicht einmal beteiligt sind.[505] Dies gilt vor allem dann, wenn wie beim klassischen Fall des Abrechnungsbetrugs – sogenannte Luftleistungen – eine Behandlung der Patienten noch nicht einmal stattgefunden hat.

505 Siehe dazu die Ausführungen zur Pflicht zur ordnungsgemäßen Abrechnung im gesetzlichen Krankenversicherungssystem S. 109 f.

Dass es nicht fernliegend ist, bei der Bewertung der Unwürdigkeit allein auf den Umstand abzustellen, inwiefern eine Beeinträchtigung des Patientenwohls stattgefunden hat und hierbei sozialversicherungs- und strafrechtliche Aspekte nicht berücksichtigt werden dürfen, macht auch die Entscheidung des VGH Mannheim aus dem Jahr 1983 deutlich.

3. Die Entscheidung des VGH Mannheim aus dem Jahr 1983

Der Entscheidung des VGH Mannheim lag ein Sachverhalt zugrunde, in dem ein Zahnarzt[506] durch rechtskräftigen Strafbefehl wegen fortgesetzten gemeinschaftlichen Betrugs sowie fortgesetzten Betrugs gegenüber mehreren gesetzlichen Krankenkassen rechtkräftig verurteilt wurde.[507] Der Arzt hatte vorsätzlich mehrere Krankenkassen um ca. 16600 DM geschädigt, „daß er Rezepte über Medikamente ausstellte und an einen mitangeklagten Apotheker zur Verrechnung mit den Krankenkassen weiterreichte, aber nur einen Teil der verordneten Medikamente in den Praxisräumen an Patienten ausgab und von dem Apotheker für den Differenzbetrag andere, teilweise nicht rezeptfähige, Medikamente, Nahrungsmittel und Haushaltsartikel erhielt."[508] Ebenfalls rechnete er nicht eingesetzte Verbandplatten ab.[509] Das strafrechtliche Fehlverhalten nahm das zuständige Regierungspräsidium zum Anlass, die dem Kläger erteilte Approbation[510] zu widerrufen.[511] Die dagegen vom Arzt erhobene Klage vor dem VG Stuttgart hatte keinen Erfolg.[512] Anlässlich der daraufhin eingelegten Berufung urteilte der VGH, dass diese zulässig und begründet sei.[513] Hinsichtlich des in Rede stehenden strafrechtlich relevanten Verhaltens urteilte der VGH, dass sich aus diesem weder der Vorwurf der Unwürdigkeit noch der Unzuverlässigkeit

---

506 Die für den Fall einschlägige Norm des Widerrufs der ärztlichen Bestallung war § 4 Abs. 1 Nr. 2 ZHG. In der höchstrichterlichen Rechtsprechung ist jedoch geklärt, dass trotz unterschiedlicher Formulierungen § 4 Abs. 1 Nr. 2 ZHG nichts anderes besagt als § 3 Abs. 1 Satz 1 Nr. 2 BÄO, denn beide Gesetze regeln die Rechtsverhältnisse eines Berufsstandes, an dessen Berufsmoral die gleichen Anforderungen zu stellen sind, VGH Mannheim, MedR 1983, 36 (37); diese Auffassung bestätigend BVerwG, DVBl. 1961 629 (630).

507 VGH Mannheim, MedR 1983, 36 (36).

508 VGH Mannheim, MedR 1983, 36 (36).

509 VGH Mannheim, MedR 1983, 36 (36).

510 Damals noch als Bestallung bezeichnet, siehe BGBl. I 1952, S. 221.

511 VGH Mannheim, MedR 1983, 36 (36).

512 VGH Mannheim, MedR 1983, 36 (37).

513 VGH Mannheim, MedR 1983, 36 (36).

ergebe, sodass der damit verbundenen Widerruf der Approbation, anders als vom VG Stuttgart geurteilt, nicht rechtmäßig sei.[514]

Dabei stellte das Gericht in Übereinstimmung mit dem Regierungspräsidium und dem VG Stuttgart zunächst fest, dass es sich bei dem hier strafrechtlich relevanten Verhalten des Abrechnungsbetrugs keinesfalls um ein Bagatelldelikt handle.[515] Dieses aber, anders als vom VG bewertet, nicht geeignet sei, das Vertrauen der Patienten in die Ärzteschaft nachhaltig zu beeinträchtigen.[516] Anders als vom VG verstanden, stellte der VGH klar, dass der Arzt durch dieses Fehlverhalten „in erster Linie seine nicht in der Bundesärzteordnung und im Zahnheilkundegesetz, sondern in der Reichsversicherungsordnung geregelten *kassen*ärztlichen Pflichten [...] verletzt und dadurch das Vertrauen der betroffenen *Krankenkassen* in seine Korrektheit und Ehrlichkeit mißbraucht [habe].“[517]

Warum dieses Verhalten das Vertrauen der Bevölkerung in die Ärzteschaft jedoch nachhaltig schädigen solle, so das VG Stuttgart, stellte auch der VGH in Frage, als er diesbezüglich feststellte, dass „entgegen der – insoweit auch nicht näher begründeten – Ansicht des Verwaltungsgerichts [...] dieses Verhalten des [Arztes] [...] nicht ‚in hohem Maße geeignet‘ [sei], auch ‚das Vertrauensverhältnis zwischen ihm und seinen Patienten zu erschüttern′.“[518] Hinsichtlich dieses Vertrauensverhältnisses führte der VGH aus, dass sich dieses und das hohe Ansehen, das die Heilberufe in der Bevölkerung genießen, auf das Vertrauen der Allgemeinheit in die Heilkunst des Arztes bzw. Zahnarztes beziehe, weshalb von diesen eine besondere persönliche Integrität in der Regel nur bei der Ausübung der eigentlichen ärztlichen Tätigkeit vorausgesetzt werde.[519] Eine darüber hinausgehende Erwartungshaltung, gerade auch in Bezug auf eine ordnungsgemäße Abrechnung, sei hingegen nicht festzustellen.[520] Seine Erwägungen stütze der VGH dabei auf das gesetzliche Krankenversicherungssystem, in dem eine Differenzierung zwischen Leistungserbringung und Abrechnungswesen stattfinde.[521] Dazu führte es näher aus, dass nahezu 90 Prozent der Bevölkerung, die in den gesetzlichen Krankenversicherungen einbezogen seien, allein Sachleistungen in Form von freier ärztlicher Behandlung und kostenlosen Arzneimitteln von den

514 VGH Mannheim, MedR 1983, 36 (37).
515 VGH Mannheim, MedR 1983, 36 (38).
516 VGH Mannheim, MedR 1983, 36 (38).
517 VGH Mannheim, MedR 1983, 36 (38).
518 VGH Mannheim, MedR 1983, 36 (38).
519 VGH Mannheim, MedR 1983, 36 (38).
520 VGH Mannheim, MedR 1983, 36 (38).
521 VGH Mannheim, MedR 1983, 36 (38).

Krankenkassen gewährt bekommen.[522] Die von den Ärzten erbrachten Leistungen in Bezug auf ihre Verrechnung jedoch vollkommen losgelöst von den Patienten, nämlich lediglich mit den „Ärzten, Zahnärzten und Apothekern - bei den RVO-Kassen über die Kassenärztlichen Vereinigungen – [vorgenommen werden]."[523] Gerade weil hieraus jedoch keinerlei Bezugspunkte erwachsen, schlussfolgerte der VGH, dass die Kassenpatienten sich für eine ordnungsgemäße Abrechnung überhaupt nicht interessieren; „[privatversicherte] Patienten allenfalls am Rande, da sie einen Anspruch auf Erstattung der zunächst selbst bezahlten Rechnungen durch ihre Krankenversicherungen [haben]."[524] Weshalb das Gericht im Ergebnis hinsichtlich der „Frage, ob einem Arzt oder Zahnarzt die Erlaubnis zur Berufsausübung nach der Bundesärzteordnung oder dem Zahnheilkundegesetz entzogen werden [dürfe], [feststellte, dass] [...] das unkorrekte Verhalten bei der Abrechnung der erbrachten Leistungen, vor allem im Verhältnis zu den gesetzlichen Krankenkassen, im Regelfall nicht geeignet [sei], das Vertrauensverhältnis zu den Patienten tiefgreifend zu erschüttern, [und somit nicht so beurteilt werden könne] wie die Verletzung einer typischen, also behandlungsbezogenen Arztpflicht [...] [, die] eine dadurch drohende gesundheitliche Gefährdung oder Schädigung einzelner oder der Allgemeinheit [mit sich bringe]."[525]

Weiterhin urteilte der VGH, dass auch losgelöst vom Vertrauen, „Zurückhaltung bei der Einordnung eines Sachverhalts unter die Begriffe der Unwürdigkeit, Unzuverlässigkeit und schwere Verfehlung [...] deshalb geboten [sei], weil sich die Anschauungen, die sich die breite Öffentlichkeit von den akademischen Berufen [mache], in den letzten Jahren stark gewandelt [habe]."[526]

Dabei bezog sich der VGH bezüglich dieses Argumentationspunktes auf das Ansehen, das der Ärzteschaft seitens der Bevölkerung beigemessen werde. Bezüglich dieses Ansehens stellte es fest, dass den Vertretern der Heilberufe heute „nicht mehr eine in jeder Beziehung integre Lebensführung als Berufspflicht auferlegt [werde], so daß ein Arzt (Zahnarzt), der sich eines Vermögensdelikts schuldig gemacht [habe], dadurch das Ansehen seines Berufsstandes nicht so schwer schädig[e], daß er als unwürdig oder unzuverlässig angesehen werden [müsse]."[527] Vielmehr sei, unter Berufung auf die vom VGH vorgenommene

522 VGH Mannheim, MedR 1983, 36 (38).
523 VGH Mannheim, MedR 1983, 36 (38).
524 VGH Mannheim, MedR 1983, 36 (38).
525 VGH Mannheim, MedR 1983, 36 (38).
526 VGH Mannheim, MedR 1983, 36 (38).
527 VGH Mannheim, MedR 1983, 36 (38).

Rechtsprechung „[z]u § 4 Abs. 1b und c des Gesetzes über Führung akademischer Grade, der die Entziehung eines verliehenen akademischen Grades wegen anfänglicher oder späterer Unwürdigkeit [seines] Inhabers [vorsehe],"[528] ein ähnlich strenger Maßstab dort anzulegen, wo „es um die Entziehung einer Berufszulassung zum Schutz des Ansehens eines Berufsstandes geh[e]."[529] Nach diesem sei die Unwürdigkeit eines Titelinhabers nur zu bejahen, „wenn der Inhaber vorsätzlich eine schwere, gemeingefährliche oder gemeinschädliche oder gegen die Person gerichtete, von der Allgemeinheit besonders mißbilligte, ehrenrührige Straftat begangen [habe], die ein die Durchschnittsstraftat übersteigendes Unwerturteil [enthalte] und zu einer tiefgreifenden Abwertung seiner Persönlichkeit [führe]."[530] Da es sich bei der hier dem Arzt zu Last gelegten Tat jedoch nicht um eine Straftat in dem genannten Ausmaß handle, urteilte das Gericht in Bezug auf den Aspekt des Ansehen, dass diese Tat nicht geeignet sei, den Vorwurf der Unwürdigkeit zu begründen.[531]

Die Entscheidung des VGH Mannheim aus dem Jahr 1983 zeigt zum Abschluss der Darstellung einiger Entscheidungen, die ein deutlich restriktiveres Begriffs- und somit Vertrauensverständnis erkennen lassen, erneut auf, dass sich das Vertrauen der Bevölkerung in die Ärzteschaft „lediglich" auf eine ordnungsgemäße Leistungserbringung in Form einer ordnungsgemäßen Ausübung der Heilkunst erstreckt. Ein zerstörtes Vertrauen wird auch hier wohl nur dann angenommen, wenn eine Beeinträchtigung des Patientenwohls stattfindet. Deutlich wird aus der Entscheidung ebenfalls, dass bei der Beurteilung des Unwürdigkeitsvorwurfs eine differenzierte Betrachtung der straf-, sozialversicherungs- als auch approbationsrechtlichen Aspekte stattzufinden hat. Dies betont das Gericht zwar nicht ausdrücklich, verdeutlicht dies jedoch insofern, dass es zum einen klarstellt, dass die Frage der Abrechnung und der ordnungsgemäßen Leistungserbringung im System des gesetzlichen Krankenversicherungssystems voneinander unabhängige Bereiche seien. Zum anderen unter Berücksichtigung dessen schlussfolgert, dass die Verletzung der Pflicht der ordnungsgemäßen Abrechnung keine Beeinträchtigung der Interessen der Patienten mit sich bringe.

Dass somit auch nach Auffassung des VGH Mannheim die Verletzung einer sozialversicherungsrechtlichen Pflicht in Form einer strafrechtlichen

---

528 VGH Mannheim, MedR 1983, 36 (38).

529 VGH Mannheim, MedR 1983, 36 (38).

530 VGH Mannheim, MedR 1983, 36 (38); vgl. dazu im Detail VGH Mannheim, NJW 1981, 2020 (2023).

531 VGH Mannheim, MedR 1983, 36 (38).

Zuwiderhandlung allein nicht den Vorwurf der Unwürdigkeit begründen kann, muss nicht weiter erörtert werden. Denn dieser Vorwurf kommt wirklich nur dort in Betracht, wo es sich um ein Verhalten handelt, das sich negativ auf die ärztliche Heilbehandlung auswirkt – was folglich die im Rahmen der Pflicht zur ordnungsgemäßen Abrechnung im gesetzlichen Krankenversicherungssystem aufgestellte These, dass das Vertrauen in die Heilkunst nur bei einem Durchschlagen der Pflichtverletzung auf das Arzt-Patienten-Verhältnis leidet, untermauert.[532]

Seitens der Rechtsprechung wird jedoch eingewandt, dass die Rechtsprechung des VGH nicht mehr tragbar sei, da der VGH selbst in einer späteren Entscheidung von einem derartigen Verständnis abgerückt sei.[533] In seinen späteren Entscheidungen stellte der VGH klar, dass sich der Vorwurf der Unwürdigkeit nicht mehr nur aus einem solchen Verhalten ergeben könne, das die ärztliche Heilbehandlung an sich negativ beeinträchtige, sondern selbst solche Fehlverhaltensweisen den Vorwurf begründen können, die nicht im Zusammenhang mit dem Kernbereich der ärztlichen Tätigkeit stehen.[534] Dabei stellte der VGH allein auf die von ihm entwickelte, für den Unwürdigkeitsbegriff in § 4 Abs. 1b und c des Gesetzes über die Führung akademischer Grade geltende Definition ab, die nach Auffassung des VGH wertungsgemäß ebenfalls für den Unwürdigkeitsbegriffs im ärztlichen Kontext gelten müsse.[535]

Bezüglich dieser späteren Rechtsprechung ist jedoch festzustellen, dass der VGH in dieser seinen Vorwurf der Unwürdigkeit lediglich auf Grundlage des Verständnisses vornahm, das dieser in seiner Rechtsprechung zu § 4 des Gesetzes über die Führung akademischer Grade in Bezug auf den Unwürdigkeitsbegriff verwendete und hinsichtlich der Beurteilung der Schwere der Tat für den Unwürdigkeitsbegriff im ärztlichen Kontext als ebenfalls anwendbar hielt.

Bezüglich dieses, ebenfalls für den ärztlichen Kontext geltende Unwürdigkeitsverständnisses ist jedoch zu sagen, dass es sich hierbei, gemessen an der Rechtsprechung des BVerwG aus dem Jahr 2013, um keine taugliche Interpretation des Unwürdigkeitsbegriffs im hochschulrechtlichen Kontext

---

532 Siehe dazu S. 114 ff.

533 Vgl. VGH Mannheim, NJW 1987, 1502 (1502 f.); VGH Mannheim, NVwZ-RR 1995, 203 (204); NJW 1995, 804 (804); VGH Mannheim, NJW 2003, 3647 (3648 f.).

534 VGH Mannheim, NJW 1987, 1502 (1502); VGH Mannheim, NVwZ-RR 1995, 203 (204).

535 VGH Mannheim, NJW 1987, 1502 (1502); VGH Mannheim, NVwZ-RR 1995, 203 (204).

handelt. Urteilte doch das BVerwG in Bezug auf die Vereinbarkeit des bisherigen Verständnisses des Unwürdigkeitsbegriffs mit der Verfassung, u.a. mit dem Bestimmtheitsgrundsatz, dass eine solche hinreichende Bestimmtheit durch das bisherige in der Rechtsprechung und Teilen der Literatur verbreitete Verständnis nicht gelinge.[536] Dies beruht schließlich darauf, dass derartige tradierte Vorstellungen über den Doktorgrad als öffentliche Würde eigener Art weder eine normative Grundlage haben, noch die Hochschulen zur Abgabe und Durchsetzung solcher Werturteile in institutioneller oder fachlicher Hinsicht berufen sind, und selbst Fallgestaltungen, bei denen sogar die nachträgliche Entziehung des Doktorgrades gerechtfertigt wäre, für den von der Norm Betroffenen nicht hinreichend erkennbar sind.[537] Wenn jedoch bezüglich dieses Verständnisses des Unwürdigkeitsbegriffs festzustellen ist, dass dies kein taugliches Verständnis des Unwürdigkeitsbegriffs im hochschulrechtlichen Kontext ist, kann es folglich auch nicht – weiterhin – zur Konkretisierung des Unwürdigkeitsbegriffs im ärztlichen Kontext herangezogen werden.

Dies gilt dabei vor dem hier dargelegten Unwürdigkeitsverständnis gerade insofern, dass mit dem Begriff nicht das Ansehen, sondern das Vertrauen geschützt werden soll, das aber nicht über den Aspekt des Ansehens, sondern aus sich selbst heraus definiert wird.[538]

III. Schlussfolgerung aus dem restriktiven Verständnis der Unwürdigkeit

Gesamtbetrachtend wird aus der oben genannten Rechtsprechung ersichtlich, dass eine deutlich restriktivere Handhabung des Unwürdigkeitsbegriffs im Vergleich zur sogenannten herrschenden Rechtsprechung stattfindet. Dies geschieht insofern, dass nach Auffassung der Gerichte das Verständnis des Vertrauens nicht über den Aspekt des Ansehens, sondern aus dem Begriff des Vertrauens selbst heraus definiert wird. Dabei wird ersichtlich, dass sich dieses

536 BVerwG, Urt. v. 31.07.2013 – BVerwG 6 C 9.12, Rn. 21 – juris; siehe dazu auch S. 49 f.

537 BVerwG, Urt. v. 31.07.2013 – BVerwG 6 C 9.12, Rn. 21 – juris.

538 Selbst wenn man – wie von weiten Teilen der Rechtsprechung vorgenommen – den Aspekt des Vertrauens über den des Ansehens definieren würde, müsste jedoch in Bezug auf das Verständnis und somit die Weite des Ansehens festgestellt werden, dass diese unter Berücksichtigung der oben aufgeführten Argumente nicht weiterhin im ärztlichen Kontext verwendet werden kann. Somit zumindest die Fehlverhaltensweisen, bei denen sich auf diese Argumentation gestützt wird, den Vorwurf der Unwürdigkeit nicht (weiterhin) begründen können.

Vertrauensverständnis der Patienten in die Ärzteschaft nach Auffassung aller Gerichte nur auf die ordnungsgemäße Heilbehandlung eines Arztes gegenüber seinen Patienten bezieht. Ausgehend davon ist die einen Arzt treffende, von diesem zu erfüllende Vertrauenserwartung nur darauf gerichtet, stets zum Wohl des Patienten zu handeln. Verhaltensweisen, die dieser Erwartungshaltung nicht zuwiderlaufen, begründen nach Auffassung der Gerichte auch kein zerstörtes Vertrauen; unabhängig davon, wie schwer dieses Fehlverhalten gegen berufsrechtliche Pflichten verstößt. Auffällig ist zudem, dass im Gegensatz zur herrschenden Rechtsprechung aus einem Fehlverhalten solange nicht der Schluss gezogen wird, dass ein Arzt offensichtlich nicht gewillt ist, dem Vertrauen der Patienten zu entsprechen, wie keine Schädigung des einzelnen Patienten und somit des einem Arzt entgegengebrachten Vertrauens eintritt. Was letztendlich damit zu begründen ist, dass sich dieses Verständnis und die damit verbundene Erwartungshaltung nicht auf eine Tadellosigkeit in allen Lebensbereichen, sondern lediglich auf den Bereich der ordnungsgemäßen ärztlichen Behandlung erstreckt.

D. Die Uneinheitlichkeit der Rechtsprechung und die daraus resultierende Frage nach einem abschließenden Verständnis des Vertrauens in die Ärzteschaft vor Art. 12 Abs. 1 GG

Aus der Betrachtung und Auswertung der einzelnen Fallkonstellationen wird ersichtlich, dass, anders als in der Rechtsprechung suggeriert, ein abschließendes, einheitliches Verständnis über das Vertrauen als auch über solche Verhaltensweisen, die dieses nachhaltig zerstören, gerade nicht gegeben ist. Zu unterschiedlich sind die Ansatzpunkte und das daraus resultierende Verständnis des Vertrauens der Patienten in die Ärzteschaft, das seitens der Rechtsprechung in Bezug auf das Merkmal der Unwürdigkeit gewählt wird.

Eine solche Uneinheitlichkeit ist jedoch vor der Bedeutung und Tragweite des Art. 12 Abs. 1 GG nicht haltbar. Ist es doch dieses Grundrecht, das angesichts seiner Bedeutung für die Entfaltung der Persönlichkeit des Einzelnen seine größtmögliche Freiheit entfalten muss und nur unter klaren Voraussetzungen nachhaltig beschränkt werden darf.

Diese Klarheit gilt im Zusammenhang mit dem Widerruf der Approbation wegen Unwürdigkeit umso mehr, da eine Abwägung der widerstreitenden Interessen im Falle des Entzugs der Approbation, anders als beim Unzuverlässigkeitsbegriff, gerade nicht stattfindet. Werden doch bei diesem weder die Persönlichkeit des Arztes noch die Gesamtumstände seines Verhaltens berücksichtigt, sondern lediglich das in der Vergangenheit liegende Verhalten betrachtet, das für sich allein den zwingenden Schluss zulassen muss, dass das Vertrauen der Bevölkerung in die Ärzteschaft als nachhaltig zerstört anzusehen ist.

Gerade weil damit das Verständnis des Vertrauens der hier einzig entscheidende Aspekt ist, muss geklärt werden, was unter diesem Vertrauen der Patienten in die Ärzteschaft zu verstehen ist bzw. worauf sich dieses Vertrauen bezieht.

Dies gilt gerade auch vor dem Hintergrund der Frage, ob es sich bei dem Verständnis des Vertrauens der Patienten in die Ärzteschaft um ein besonderes Vertrauen handelt, das gesondert mittels des Begriffs der Unwürdigkeit geschützt werden muss.

I. Das Vertrauen in die Ärzteschaft

1. Bestimmen des Vorgehens

Bereits zu Beginn dieses Abschnitts muss festgestellt werden, dass es „die" Definition des Vertrauens nicht gibt. Zu unterschiedlich sind die Konstellationen, in denen bestimmten Bezugsobjekten eine konkrete Form von Vertrauen zugesprochen wird.[539] Es ist jedoch möglich, sich dem hier relevant werdenden Verständnis des Vertrauens der Patienten in die Ärzteschaft insofern zu nähern, als dass man sich zum einen die jeweilige Situation anschaut, in der von Vertrauen gesprochen wird, zum anderen sich die Umstände vergegenwärtigt, die die Frage des Vertrauens auslösen. Hinsichtlich der Situation, in der der Ärzteschaft seitens der Patienten Vertrauen zugesprochen wird, wird man jedoch feststellen müssen, dass es sich hierbei um abstrakte Größen handelt, die zur Klärung der Vertrauensfrage nicht beitragen können. Es scheint daher erforderlich, sich diesem abstrakten Verständnis des Vertrauens insofern zu nähern, als dass man sich die Grundstruktur vor Augen führt, die dem Verhältnis Ärzteschaft-Patientenschaft stets zugrunde liegt. Dies ist das Arzt-Patienten-Verhältnis, das als personales Vertrauensverhältnis näher untersucht wird.

Der Wahl dieses Untersuchungspunktes liegt dabei zum einen der Gedanke zugrunde, dass es der jeweilige Einzelkontakt mit dem Vertreter einer bestimmten Gruppe ist, der den Einzelnen dazu veranlasst, positive oder negative Erfahrungen und somit Rückschlüsse auf die jeweilige Gruppe zu ziehen, zum anderen

539 *Lahno*, Der Begriff des Vertrauens, S. 25, der darlegt, dass es zahlreiche Definitionen des Vertrauensbegriffs gibt, es jedoch nicht möglich sei, eine Definition zu schaffen, die das Vertrauen mit seinen zahlreichen Aspekten umfassend berücksichtigt und abschließend allgemeingültig regelt.

die Beurteilung der Vertrauenswürdigkeit einer Person und somit einer Gruppe regelmäßig anhand der Erfahrung vorgenommen werden wird, die der Einzelne mit den Vertretern dieser Gruppe gemacht hat. Sofern also über ein Vertrauen in eine gewisse Gruppe geurteilt werden soll, scheint es daher notwendig, sich vor allem das Vertrauen anzuschauen, das gegenüber dem jeweiligen Vertreter der Gruppe im Einzelfall gilt. Wird doch dieses Einzelfallvertrauen in einem gewissen Maße bei jedem Arzt-Patienten-Verhältnis bestehen und dementsprechend einen gewissen Rückschluss auf ein generelles Vertrauen der Patientenschaft in die Ärzteschaft bereithalten.[540]

---

540 Insoweit man von einem generalisierten Vertrauen in eine Gruppe ausgeht, könnte man hier auch von einem „quasi" institutionellen Vertrauen sprechen, das seine Generalisierung durch eine ständige Einübung eines personalen Vertrauens erfährt, vgl. *Steinfath*, Das Wechselspiel von Autonomie und Vertrauen – eine philosophische Einführung, 11 (55 f.). Diesbezüglich ist zwar anzuführen, dass sich der Begriff der Institution im eigentlichen Sinn zwar auf feststehende Einrichtungen bezieht, dieser jedoch seitens der Wissenschaft auch in Bezug auf gewisse Expertensysteme im Sinne spezifischer Berufsgruppen, hier der freien Berufe, verwendet wird, vgl. dazu *Hommerich*, Die Freien Berufe und das Vertrauen in die Gesellschaft, S. 67 ff. und *Steinfath*, Das Wechselspiel von Autonomie und Vertrauen – eine philosophische Einführung, 11 (55 ff.).
Hommerich qualifiziert dabei die Freien Berufe, zu denen der Arztberuf als dessen klassische Form unbestritten gehört, als Expertensysteme im Sinne einer Institution und stellt bezüglich dieser fest, dass dieses abstrakte, gesichtsunabhängige Vertrauen in Expertensysteme seine wesentliche Form vor allem durch persönliche und gesichtsabhängige Beziehungen zwischen Laien und Experten und somit durch das personale Vertrauen zwischen diesen erfährt, *Hommerich*, Die Freien Berufe und das Vertrauen in die Gesellschaft, S. 69 ff. Dazu beruft sich Hommerich auf die von Giddens getragene These, dass die in diesem System agierenden Personen als Zugangspunkte zu diesem abstrakten System fungieren, *Hommerich*, Die Freien Berufe und das Vertrauen in die Gesellschaft, S. 69. Bezüglich dieser Zugangsstelle stellte *Giddens*, Konsequenzen der Moderne, 2. Aufl. 1995, S. 113 dar, dass an diesen Zugangspunkten „eine Verbindung zustande komm[e] zwischen Einzelpersonen oder Kollektiven ohne Fachkenntnisse und den Vertretern abstrakter Systeme [...] [und es sich dabei um] Orte [handle], an denen abstrakte Systeme verwundbar [seien], aber zugleich auch Kreuzpunkte darstellen, an denen Vertrauen gewahrt und aufgebaut werden kann."
Sofern man also das Verständnis des Vertrauens in die Ärzteschaft ermitteln will, scheint es somit unumgänglich, sich das personale Vertrauen in einem Arzt-Patienten-Verhältnis anzuschauen, um entsprechende Rückschlüsse auf ein generalisiertes – und somit institutionelles – Vertrauen zu ziehen.

Gemessen daran liegt der Fokus der nachfolgenden Untersuchung des Vertrauensverständnisses der Patientenschaft in die Ärzteschaft auf dem personalen Vertrauensverhältnis zwischen Arzt und Patient.

Bezüglich diesem muss jedoch zunächst geklärt werden, was unter dem personalen Vertrauen grundlegend zu verstehen ist, ehe sich daran anschließend den Umständen gewidmet werden kann, die die Frage des Vertrauens im konkreten Arzt-Patienten-Verhältnis maßgeblich prägen.

2. *Das Wesen des Vertrauens in personalen Beziehungen*

Dem Verständnis des Vertrauens in personalen Beziehungen nähert man sich am ehesten, wenn man sich die Situation vergegenwärtigt, in der seitens der Gesellschaft von einem Vertrauen einer Person in eine andere Person gesprochen wird.

Diese Situation ist dabei von einer triadischen Struktur geprägt, in der eine Person (Vertrauender) einer anderen Person (Vertrauensperson) ein bestimmtes Gut, das für den Vertrauenden eine gewisse Bedeutung hat, „anvertraut" bzw. in dessen Obhut gibt.[541] In Bezug auf das Verständnis des personalen Vertrauens ist dabei maßgeblich, dass der Vertrauende, der mit der Hingabe des Gutes eine gewisse Vertrauenshandlung erbringt, die Entscheidung der Vertrauensperson, das anvertraute Gut im Interesse des Vertrauenden zu behandeln, nicht kontrollieren kann.[542] Die mangelnde Einflussmöglichkeit resultiert dabei aus einem fehlenden Wissen – und somit aus einer fehlenden Kontrolle – über die tatsächlichen Handlungen der Vertrauensperson hinsichtlich des anvertrauten Gutes.[543] Mangels tatsächlicher Einflussmöglichkeit sieht sich der Vertrauende

541 Diesen Ansatz zur Erläuterung des Vertrauens wählend *Baier*, Vertrauen und seine Grenzen, 37 (45); darauf bezugnehmend *Steinfath*, Das Wechselspiel von Autonomie und Vertrauen – eine philosophische Einführung, 11 (46); vgl. dazu auch *Lahno*, Der Begriff des Vertrauens, S. 32 ff., der zur Verdeutlichung des Vertrauens(-problems) in einer bestimmten Situation das Beispiel eines Verleihers wählt und die nachfolgenden, in diesem Abschnitt der Arbeit beschriebenen Elemente des Vertrauens in einer konkreten Vertrauenssituation ebenfalls herausarbeitet.

542 *Offe*, Wie können wir unseren Mitbürgern vertrauen?, 241 (249 f.); vgl. dazu auch *Lahno*, Der Begriff des Vertrauens, S. 42 ff.

543 *Lahno*, Der Begriff des Vertrauens, S. 44 ff., 50, 207; *Offe*, Wie können wir unseren Mitbürgern vertrauen?, 241 (249 f.); vgl. dazu auch *Steinfath*, Das Wechselspiel von Autonomie und Vertrauen – eine philosophische Einführung, 11 (47), der in Abgrenzung zur Autonomie betont, dass anders als bei der Autonomie, bei der ein gewisses Maß an Kontrolle – somit wohl auch ein gewisses Maß an Wissen – geben sei, beim Vertrauen gerade nicht vorliege.

einem bewusst eingegangenen Risiko der Verletzung des anvertrauten Gutes ausgesetzt.[544] Hinsichtlich dieses bewusst eingegangenen Risikos hegt der Vertrauende gegenüber der Vertrauensperson die (kognitive) Erwartung, dass diese zum Wohle des Vertrauenden handeln wird, das heißt Handlungen unterlässt, die der vertrauenden Person in Bezug auf das anvertraute Gut zum Nachteil gereichen.[545]

Bereits diese kurze Darstellung der typischen Vertrauenssituation macht deutlich, dass von einem Vertrauen in einer personalen Beziehung dem Grunde nach stets in einer Situation gesprochen wird, in der sich der Vertrauende in eine Lage und folglich in eine Position begibt, in der er durch die Handlung eines Dritten (Vertrauensperson) einen Schaden erleiden kann. Dieser mögliche Schaden betrifft dabei das Gut, das der Vertrauende der Vertrauensperson bewusst überlassen hat (Vertrauenshandlung). Der Vertrauende ist sich dabei bewusst, dass ein möglicher Schaden mangels Kontrollierbarkeit der ausschließlich von dem Dritten auszuübenden Handlung jederzeit entstehen kann. Er hofft bzw. erwartet (kognitiv) jedoch, dass die Vertrauensperson trotz ihrer situativen Kontroll- und Machtposition zum Besten des Vertrauenden handelt und eine schädigende Handlung trotz der bestehenden Möglichkeit einer anderweitigen Handlung unterlässt.[546]

---

544 *Offe*, Wie können wir unseren Mitbürgern vertrauen?, 241 (249 f.); *Baier*, Vertrauen und seine Grenzen, 37 (44 f.); *Steinfath*, Das Wechselspiel von Autonomie und Vertrauen – eine philosophische Einführung, 11 (47).

545 *Offe*, Wie können wir unseren Mitbürgern vertrauen?, 241 (249), der damit auch zugleich betont, dass Vertrauen eine Überzeugung über das Handeln eines anderen sei; vgl. dazu auch *Baier*, Vertrauen und seine Grenzen, 37 (43) und *Lahno*, Der Begriff des Vertrauens, S. 207 ff., der Vertrauen als eine emotionale Haltung ansieht; vgl. auch *Steinfath*, Das Wechselspiel von Autonomie und Vertrauen – eine philosophische Einführung, 11 (48 f.), der unter Bezugnahme auf Lahno und Baier Vertrauen in Abgrenzung zum „Sich-Verlassen-auf“, als eine psychologische Einstellung qualifiziert.

546 Im Ergebnis dieser Definition wohl zustimmend *Kassebaum*, Interpersonales Vertrauen, Entwicklung eines Inventars zur Erfassung spezifischer Aspekte des Konstrukts, S. 7 ff., der sich ausführlich mit den unterschiedlichen Ansichten und Definitionsansätzen zum Vertrauen im Rahmen seiner Arbeit auseinandersetzt und im Zuge dieser Auseinandersetzung, beruhend auf den wesentlichen Merkmalen des Vertrauens – der Aspekt der Ungewissheit, das Vorhandensein eines Risikos, die mangelnde Beeinflussung eines Schicksals (freiwilliger oder erzwungener Kontrollverzicht) und die Zeitperspektive (= auf die Zukunft ausgerichtet) –, interpersonales Vertrauen wie folgt definiert:
„Interpersonelles Vertrauen ist die auf zukünftige Ereignisse gerichtete Erwartung und das damit (in Abhängigkeit vom Ausmaß des Vertrauens und der Größe des durch

Hierbei wird man wohl feststellen können, dass es sich bei dieser Vertrauenskonstellation in einer personalen Beziehung um eine Grundkonstellation handelt, die auch dann stets gegeben sein wird, wenn sich Personen bereits einen längeren Zeitraum kennen und gemeinsame (Vertrauens-)Erfahrungen miteinander gemacht haben. Diese Annahme beruht auf der Erwägung, dass auch dort stetig bei jeder sich erneut ergebenden Vertrauenssituation die Möglichkeit besteht, dass die Vertrauensperson dem ihr entgegengebrachten Vertrauen, anders als sonst, nicht entsprechen wird. Dabei wird es aller Voraussicht nach überwiegend zwar wohl so sein, dass sich die Wahrscheinlichkeit der Enttäuschung des entgegengebrachten Vertrauens auf Grund der gemeinsamen Erfahrungen und der damit einhergehenden Kenntnis über gewisse Verhaltensweisen

---

ein bestimmtes Verhalten eingegangenen Risikos) einhergehende Gefühl von Ruhe und Sicherheit, dass ein oder mehrere Interaktionspartner, die auch als Vertreter einer bestimmten sozialen Gruppe wahrgenommen werden können, ein zuvor vereinbartes, unabgesprochen wohlwollendes oder zumindest den subjektiven Erwartungen gemäßes Verhalten zeigen werden, obwohl sie die Freiheit und die Möglichkeit hätten, sich anders zu verhalten, da eine Kontrolle ihrer Handlungen entweder nicht realisierbar ist oder auf diese freiwillig verzichtet wird." (*Kassebaum*, Interpersonales Vertrauen, Entwicklung eines Inventars zur Erfassung spezifischer Aspekte des Konstrukts, S. 21). Sofern jedoch kritisch angemerkt werden würde, dass es sich bei der von *Kassebaum* verwendeten Definition des personalen Vertrauens um ein bereits gefestigtes Vertrauen handelt, müsste der Kritik entgegengehalten werden, dass diesem gefestigten personalen Vertrauen bezüglich seiner Entstehung wohl die gleiche Konstellation zugrunde liegt wie in seiner gefestigten Form. Der Vorteil der gefestigten Form ist lediglich, dass eine Entscheidung in der sich stets wiederholenden Vertrauenssituation auf Grund positiver Erfahrungen in der Vergangenheit leichter fallen wird, das Risiko einer Enttäuschung jedoch trotz positiver Erfahrungen nicht ausgeschlossen ist; vgl. weiter zur Bestätigung des hier darlegten Vertrauensverständnisses *Luhmann*, Vertrauen, 5. Aufl. 2014, S. 19, S. 27, der in Bezug auf das Vertrauen feststellt, das man Vertrauen zur Reduktion einer Zukunft von mehr oder weniger unbestimmt bleibender Komplexität brauche und damit verdeutlicht, dass Vertrauen immer dort relevant wird, wo eine Ereignisbeherrschung – u.a. Verhalten eines anderen – nicht gegeben bzw. möglich ist und damit eine Unsicherheit entsteht, die nur mittels des Vertrauens überwunden werden kann. Zudem stellt *Luhmann*, Vertrauen, 5. Aufl. 2014, S. 28 f. ebenfalls fest, dass von Vertrauen nur dort gesprochen werden könne, wo es sich um eine Situation handle, die von der Möglichkeit und somit dem Risiko eines Schadenseintritts an dem jeweilig anvertrauten Gut geprägt sei, der Vertrauende jedoch im Zeitpunkt des bewussten Anvertrauens – Vertrauenshandlung – vertrauensvoll erwarte bzw. hoffe, dass dieser Schadenseintritt nicht geschehen werde und somit eine Enttäuschung der eigenen Entscheidung ausbleibe.

relativ gering halten wird.[547] Ein Ausschluss der Enttäuschung des entgegengebrachten Vertrauens wird dabei aber nicht in Gänze möglich sein. Dies ergibt sich aus der Erwägung, dass es sich doch bei jeder interpersonalen Interaktion, die die oben beschriebenen Merkmale einer Vertrauenssituation aufweist, um eine solche des Vertrauens handelt, die in jedem Einzelfall positiv bewältigt werden muss, um von einem (weiterhin) gestärkten Vertrauen zu einer Person zu sprechen.

Damit ist jedoch in Bezug auf das Gesamtverständnis des personalen Vertrauens zu sagen, dass dieses in seiner Gesamtheit stets von seiner (wiederkehrenden) Bestätigung im Einzelfall abhängig ist.

Bezüglich dieses Einzelfalls ist dabei festzustellen, dass es sich bei jeder konkreten Vertrauenssituation um ein zweiaktiges Geschehen handelt, an dem der Vertrauende und die Vertrauensperson gleichzeitig positiv mitwirken müssen, damit sich dieses Einzelfallvertrauen in ein grundsätzliches Vertrauen in eine Person manifestieren kann.[548] Eine solche Manifestation wird dabei nur dort stattfinden, wo der Gegenüber die in ihn gesetzte Erwartungshaltung durch eine entsprechende Handlung erfüllt.[549] Während hingegen eine Vertiefung dieser Vertrauensbeziehung schleppend bzw. gar nicht stattfinden wird, wenn eine Enttäuschung dieses Vertrauens in Form einer der Erwartung zuwiderlaufenden Handlung stattfindet.[550] Ob eine solche Enttäuschung tatsächlich eingetreten ist,

---

547 *Offe*, Wie können wir unseren Mitbürgern vertrauen?, 241 (253); dazu ausführlich *Lahno*, Der Begriff des Vertrauens, S. 290 ff., der das Vertrauen in engen persönlichen Beziehungen – engen Freundschaften und Liebesbeziehungen – als stärkste Form des Vertrauens kennzeichnet und die Entstehung dieses tiefen Vertrauens näher erläutert.

548 Dies wohl ebenfalls bejahend *Lahno*, Der Begriff des Vertrauens, S. 209 f., der im Fall der Erwiderung des Vertrauens davon spricht, dass sich beide Interaktionspartner als Teilnehmer einer gemeinsamen Praxis verstehen würden, für die geteilte Ziel- und Wertvorstellungen gelten; *Steinfath*, Das Wechselspiel von Autonomie und Vertrauen – eine philosophische Einführung, 11 (48), der unter Verweis auf Lahno davon spricht, dass das Vertrauen im Sinne des Vertrauens des Vertrauenden auf die Vertrauensperson im Fall seiner Erfüllung eine andere Dimension erreiche und nach Lahno somit zu einer „gemeinsamen Praxis" werde.

549 So wohl auch *Luhmann*, Vertrauen, 5. Aufl. 2014, S. 29, der in Bezug auf die Bewertung der Richtigkeit einer vertrauensvollen Handlung betont, dass eine Bewertung als richtig nur insofern erfolgen könne, wie festgestellt werde, ob das Vertrauen honoriert oder gebrochen wurde.

550 Vgl. dazu auch *Offe*, Wie können wir unseren Mitbürgern vertrauen?, 241 (248), der diesbezüglich betont, dass Vertrauen nicht nur im negativen Sinne dahingehend gemessen werden könne, dass bestimmte Kontrollen nicht vorgenommen werden,

wird sich ausschließlich aus Sicht des situativ Vertrauenden beurteilen lassen müssen. Kann doch nur dieser unter Berücksichtigung seiner Erwartungshaltung darüber urteilen, ob sich die Investition des Vertrauens gelohnt hat oder nicht und somit zukünftig weitere (Vertrauens-)Investitionen erfolgen werden.

Ausgehend von diesem Verständnis des Vertrauens in personalen Beziehungen – das im Fall seiner dauerhaften Bestätigung eine personale Vertrauensbeziehung zu einer festen Größe erstarken lässt – muss in Bezug auf die Investitionsbereitschaft des Vertrauenden erfragt werden, was die Umstände sind, die den Einzelnen dazu veranlassen, sich in eine solche situative Vertrauens- und zugleich aber auch Risikosituation zu begeben.

3. *Anlass des Vertrauens*

Was den jeweilig Vertrauenden trotz dieser Risikosituation dazu veranlasst, der jeweiligen Vertrauensperson Vertrauen entgegenzubringen bzw. sich in eine solche Vertrauenssituation zu begeben, wird man angesichts der Fülle von Konstellationen, in denen dem Gegenüber Vertrauen zugesprochen wird, nicht einheitlich beantworten können. Es ist jedoch möglich, sich diesem Verständnis insofern zu nähern, als dass man sich die geläufigste Form der Situationen anschaut, in der eine Person einer anderen Person ein gewisses Maß an Vertrauen zuspricht. Dies betrifft gerade Situationen in engen persönlichen Beziehungen, in denen dem Gegenüber auf Grundlage gemeinsamer Erfahrungen und geteilter Werte ein gewisses Maß an Verbundenheit und Vertrautheit zugesprochen wird.[551]

Ein solches Maß an Verbundenheit als auch Vertrautheit wird jedoch nicht in jeder Situation des Lebens gegeben sein; vor allem nicht in solchen, in denen das gesellschaftliche Miteinander von einer gewissen Schnelllebigkeit geprägt ist. Eine solche Schnelllebigkeit findet gerade im Bereich der arbeitsteiligen Gesellschaft statt, die von einer gewissen Flüchtigkeit zahlreicher Kontakte geprägt ist.[552] Meist auf Grund des Umstandes, dass der soziale Kontakt seine

---

sondern auch insofern positiv, dass eine gewisse Bereitschaft bestehe, risikobelastende Interaktionen vorzunehmen. Eine solche Bereitschaft wird jedoch wohl nicht mehr – zumindest gegenüber der jeweiligen Vertrauensperson – bestehen, sofern sich das Risiko verwirklicht hat.

551 *Offe*, Wie können wir unseren Mitbürgern vertrauen?, 241 (253); dazu im Detail *Lahno*, S. 290 ff.; vgl. ferner *Luhmann*, Vertrauen, 5. Aufl. 2014, S. 22 f., der betont, dass ein gewisses Maß an Vertrautheit Voraussetzung für Vertrauen und Misstrauen sei.

552 Dazu beispielhaft *Kochsiek*, Der Internist 2007, 35 (36 f.), der betont, dass das damalige (Haus-)Arzt-Patienten-Verhältnis vor der Einbeziehung von Fachärzten noch

Zweckmäßigkeit erbracht hat und zumindest für einen längeren Zeitraum nicht benötigt wird. Dass hierbei kein gewisses Maß der Vertrautheit und auch keine besonders starke Form des Vertrauens aufkommt, scheint selbsterklärend.[553] Dennoch schreiben wir einzelnen, auch nur flüchtig bekannten Personen in einer konkreten Situation ein gewisses Maß an Vertrauen zu. Dass es sich hierbei um ein gesellschaftliches Phänomen handelt, wird man wohl bestreiten dürfen. Zumindest dann, wenn man sich vergegenwärtigt, dass diese Situation stets dort zu Tage tritt, wo es dem Einzelnen (Vertrauenden) nicht möglich ist, aus seinen eigenen Fähigkeiten heraus, die ihn betreffenden Probleme eigenständig zu lösen und sich im Zuge dessen in die Abhängigkeit eines anderen begeben muss.[554]

Diese Form der fehlenden Autonomie und der zugleich vorliegenden Abhängigkeit begegnet dem Einzelnen in einer sich immer weiterentwickelnden und spezieller werdenden arbeitsteiligen Gesellschaft vor allem stetig dort, wo Experten und Laien aufeinandertreffen.[555]

---

von einer solchen Vertrautheit geprägt war, mit Blick auf das heutzutage bestehende Arzt-Patienten-Verhältnis jedoch feststellt, dass dies auf Grund der stetig fortschreitenden Modernisierung und Arbeitsteilung und der damit einhergehenden stetig weitergehenden Entfremdung von Arzt und Patient nicht mehr der Fall sei.

553 a.A. wohl *Lahno*, Der Begriff des Vertrauens, S. 329 ff., der in der bloßen Wertschätzung bestimmter Fähigkeiten des Gegenübers ein gewisses Maß der Verbundenheit sieht.

554 Nicht ohne Grund beschreibt *Luhmann*, Vertrauen, 5. Aufl. 2014, S. 18 ff. daher das Vertrauen als Notwendigkeit der Reduktion sozialer Komplexität. Gemessen daran wird die oben genannte Definition des Vertrauens folglich nicht nur als Ergebnis eines langwierigen Prozesses der Verbundenheit und gemeinsamen Erfahrungen verstanden, sondern auch als ein Umstand, der stetig dort zu Tage tritt, wo sich Personen begegnen, die vorher noch keinerlei Kontakt miteinander hatten und dennoch von der richtigen Entscheidung des anderen abhängig sind. Diese Interpretation stützend *Baier*, Vertrauen und seine Grenzen, 37 (45), die betont, dass anderen Personen zwangsläufig Vertrauen eingeräumt werden müsse, da der Vertrauende in zahlreichen Lebenssituationen mangels eigener Fähigkeiten stets auf die Hilfe anderer Personen angewiesen sei, um die für ihn wichtigen Güter zu erhalten.

555 *Hommerich*, Die Freien Berufe und das Vertrauen in die Gesellschaft, S. 67 f.; ebenso *Offe*, Wie können wir unseren Mitbürgern vertrauen?, 241 (250), der in Bezug auf das Wesen des Vertrauens als Risikoentscheidung betont, dass diese Risikoentscheidung und die damit einhergehende fehlende Kontrolle über das Handeln des Gegenübers eine konstitutive Situation sozialen Handelns sei und als Beispiel dafür u.a. die Beziehung zwischen einem Klienten und einem Angehörigen der Profession anführt.

4. Vertrauen in Experten

Besonders deutlich wird diese Abhängigkeit im Umgang mit solchen Expertenberufen, die innerhalb der Gesellschaft und für diese Gesellschaft eine bedeutende Rolle einnehmen, die sogenannten Professionen[556].[557] Wesensmerkmal dieser Professionen ist es, dass sie sich neben besonderen Aufgaben, die sie für die Gesellschaft erfüllen, wie z.B. Gesundheitsversorgung der Bevölkerung, im Wesentlich durch ein exklusives Wissen auszeichnen, das sie für die Gesellschaft mittels Dienstleistungen erbringen.[558] Dabei beschränkt sich dieses Wissen nicht nur auf ein Mehr an fachlichen Informationen gegenüber den Laien, sondern erstreckt sich auch auf eine konkrete, fachbezogene Anwendung im Einzelfall.[559] Zu diesen Professionen zählen vor allem die klassischen freien Berufe[560], zu denen auch der Arztberuf in Bezug auf die Gesundheitsversorgung der Bevölkerung seit jeher gehört.[561]

---

556 Zu den bestehenden Merkmalskatalog der sogenannten Profession als auch der dazu bestehenden Kritik, einen Beruf als Profession anzuerkennen, *Hommerich*, Die Freien Berufe und das Vertrauen in die Gesellschaft, S. 38 ff.

557 *Hommerich*, Die Freien Berufe und das Vertrauen in die Gesellschaft, S. 40 f.

558 *Hommerich*, Die Freien Berufe und das Vertrauen in die Gesellschaft, S. 40 f.

559 Dazu im Detail *Hommerich*, Die Freien Berufe und das Vertrauen in die Gesellschaft, S. 75 ff., der untersucht, ob dieses Wissensgefälle zwischen Laien und Experten auf Grund der Zunahme an Informationsmöglichkeiten und der damit einhergehenden Aufklärung der Patientenschaft nicht verschwunden ist; dies jedoch im Ergebnis damit ablehnt, dass sich der Wissensvorsprung der Experten und somit der die Frage des Vertrauens auslösende Umstand nicht nur auf ein Mehr an Informationen, sondern auch in der Anwendung der jeweiligen fachspezifischen Wissens beziehe.

560 Ebenfalls wie bei der Bestimmung des Begriffs der Profession haben sich gewisse Merkmale herausgebildet, anhand derer die Zuordnung eines bestimmten Berufs als Freier Beruf vorgenommen wird, vgl. dazu *Hommerich*, Die Freien Berufe und das Vertrauen in die Gesellschaft, S. 35 f. Dennoch besteht hierzu ebenfalls Kritik, die sich u.a. dahingehend äußert, dass nicht alle Merkmale zwingend erfüllt sein müssen bzw. können, um einen Beruf als freien Beruf zu qualifizieren, vgl. dazu *Kluth*, Zukunft der freien Berufe, Chancen auch in der globalisierten Welt, Deutsches Ärzteblatt, Jg. 104, Heft 48, A 3314 (3315 ff.); *Hommerich*, Die Freien Berufe und das Vertrauen in die Gesellschaft, S. 36. Im Zuge dessen wird daher von Kluth gefordert, den umfangreichen Merkmal-Katalog auf ein „Kern-Leitbild" des Freien Berufs zu beschränken, *Kluth*, Zukunft der freien Berufe, Chancen auch in der globalisierten Welt, Deutsches Ärzteblatt, Jg. 104, Heft 48, A 3314 (3315 ff.).

561 *Hommerich*, Die Freien Berufe und das Vertrauen in die Gesellschaft, S. 41.

Für das Verständnis des hier ebenfalls relevant werdenden Vertrauens ist dabei ein Umstand maßgeblich, der die oben aufgezeigte situative Vertrauenssituation zwischen zwei Personen prägt: Die bestehende Wissensasymmetrie zwischen Laien und Experten.[562]

So wird es nämlich stets so sein, dass der Laie (Vertrauende) dem Experten (Vertrauensperson) ein bestimmtes Gut, das für den Vertrauenden eine gewisse Bedeutung hat, in der konkreten Situation (Vertrauenssituation) anvertraut und hofft, dass die mögliche zu seinen Lasten gehende Beeinträchtigung des anvertrauten Gutes durch eine für ihn unkontrollierbare Handlung des Experten nicht eintreten wird.[563]

Hierbei ist für das Verständnis des Vertrauens in der konkreten Vertrauenssituation maßgeblich, dass der Laie, der sich in eine solche Vertrauenssituation begeben hat, die Entscheidung des Experten, ob dieser dem ihm entgegengebrachten Vertrauen entsprechen wird, nicht kontrollieren kann. Fehlt dem Laien doch die fachliche Expertise, um das notwendige Maß des richtigen Handelns beurteilen zu können. Im Zuge dieser Unwissenheit begegnet der Laie dem Experten folglich gerade nicht auf „Augenhöhe", sogenannte Wissensasymmetrie, die dem Vertreter gegenüber dem Laien eine gewisse Machtstellung, auch hinsichtlich des Missbrauchs des ihm anvertrauten Gutes, einräumt und den Laien zugleich verletzlich erscheinen lässt.[564] Hinsichtlich dieses bewusst eingegangenen Risikos wird der Laie (Vertrauende) gegenüber dem Experten (Vertrauensperson) auch hier die kognitive Erwartung hegen, dass dieser durch seine Handlungen zum Wohlergehen des Vertrauenden handelt und somit zugleich Handlungen unterlassen wird, die der vertrauenden Person zum Nachteil gereichen.

Ob sich dieses Vertrauen bestätigt oder nicht, wird sich dabei ebenfalls, wie auch in der generellen Vertrauenssituation in personalen Beziehungen, danach beurteilen lassen müssen, was der Vertrauende gegenüber der Vertrauensperson in Bezug auf das ihr anvertraute Gut erwartet.

Bezüglich des Umfangs des Vertrauens wird man dabei feststellen müssen, dass sich dieser ausschließlich anhand des Umstandes bemisst, der den

---

562 *Hommerich*, Die Freien Berufe und das Vertrauen in die Gesellschaft, S. 67 f., 73.

563 Ebenso *Steinfath*, Das Wechselspiel von Autonomie und Vertrauen – eine philosophische Einführung, 11 (46 f.).

564 Ebenso *Hommerich*, Die Freien Berufe und das Vertrauen in die Gesellschaft, S. 75 ff., der dieses grundsätzliche Problem im Zusammenhang mit der Wissensasymmetrie zwischen Experten und Laien thematisiert.

Vertrauenden (hier den Laien) in eine solche Vertrauenssituation „getrieben“ hat. Ein solcher Umstand ist dabei, sofern man von einem Aufeinandertreffen von Experten und Laien spricht, stets in der fehlenden fachlichen Eigenexpertise des Laien zu erblicken. Müsste sich doch der Laie im Fall einer diesbezüglich bestehenden Fähigkeit (Autonomie) gerade nicht in die Abhängigkeit begeben und dem Experten auch nicht in dieser Risiko- und Vertrauenssituation Vertrauen entgegenbringen.[565]

5. Vertrauen im Arzt-Patienten-Verhältnis als Parameter des Vertrauens in die Ärzteschaft

Unter Berücksichtigung der obigen Erkenntnisse lässt sich in Bezug auf das hier relevant werdende Vertrauen in einem Arzt-Patienten-Verhältnis Folgendes feststellen:

Die Frage des Vertrauens in einen einzelnen Arzt seitens des Patienten wird sich stets nur dort stellen, wo eine autonome Bewältigung einer Situation durch den Patienten gerade nicht möglich ist. Dies wird jede Situation betreffen, in der ein medizinisches Fachwissen zur Lösung einer bestimmten Problemlage notwendig ist und der jeweilige Laie dieses Wissen und die damit verbundenen Fähigkeiten nicht vorweist. In Folge dieser fehlenden Autonomie begibt sich der Patient in die ärztliche Behandlung. Diese Behandlungssituation ist davon gekennzeichnet, dass der Patient mangels fachlicher Expertise nicht weiß, welche konkrete Behandlungsmethode für die Lösung seiner Beschwerden anzuwenden ist. Im Zuge dieser Unwissenheit hofft er darauf, dass der Arzt (Vertrauensperson) auf Grund seiner fachlichen Expertise die für ihn einschlägige Behandlungsmethode wählen wird, wobei er gleichzeitig erwartet, dass der Arzt seine auf einer Wissensasymmetrie beruhende, überlegene Stellung nicht zu seinem Nachteil ausnutzen wird.

Festzustellen ist hierbei, dass sich das Vertrauen des Patienten in dieser konkreten Behandlungssituation nur auf eine ordnungsgemäße Behandlung bezieht, da der das Vertrauen auslösende Umstand lediglich die fehlende fachliche

565 Den gegenseitigen Ausschluss von Autonomie und Vertrauen ebenfalls betonend *Steinfath*, Das Wechselspiel von Autonomie und Vertrauen – eine philosophische Einführung, 11 (47); vgl. ferner *Baier*, Vertrauen und seine Grenzen, 37 (45), die grundsätzlich anführt, dass zwangsläufig anderen Personen Vertrauen eingeräumt werden müsse, da der Vertrauende in zahlreichen Lebenssituationen mangels eigener Fähigkeiten stets auf die Hilfe anderer Personen angewiesen sei, um die für ihn wichtigen Güter zu erhalten.

Fähigkeit des Patienten ist, sich selbst zu behandeln. Ein anderweitiger, die Frage des Vertrauens auslösender Umstand ist nicht ersichtlich.

Wie in allen personalen Vertrauenssituationen wird auch der Patient erst im Anschluss an die konkrete Vertrauenssituation beurteilen können, ob sich das von ihm investierte Vertrauen als rechtmäßig gewährt qualifizieren lässt.[566] Eine Erfüllung der Erwartungshaltung wird man dabei zumindest dort annehmen dürfen, wo eine ärztliche Behandlung „lege artis" eintritt. Wohingegen zumindest dort von einer enttäuschten oder gar zerstörten Erwartungshaltung ausgegangen werden kann, wo es sich um eine willentliche Nichtbeachtung der ärztlichen Regeln handelt.

In Bezug auf das grundsätzliche Verständnis des Vertrauens der Patientenschaft in die Ärzteschaft wird man dabei schlussfolgern dürfen, dass sich dieses im Einzelfall gewährte Vertrauen grundsätzlich auf alle Arzt-Patienten-Beziehungen erstrecken wird. Dieser Schlussfolgerung liegt dabei die Erwägung zugrunde, dass alle Arzt-Patienten-Beziehungen die gleiche hier darlegte Vertrauensstruktur vorweisen werden, da sich alle Patienten mangels eigener fachlicher Fähigkeiten stets in die Abhängigkeit eines Arztes begeben und nur auf Grund dieser dem jeweiligen Arzt Vertrauen entgegenbringen. Dabei wird in allen Vertrauenssituation die gleiche Erwartungshaltung bestehen, die in ihrer Gesamtheit darauf ausgerichtet ist, dass ein Arzt die von ihm zu erbringende Leistung ordnungsgemäß durchführt und sonstige Handlungen unterlässt, die zum Nachteil des bewusst anvertrauten Gutes des Patienten – körperliches und psychisches Wohl – sind.

II. Vertrauen auf eine ordnungsgemäße Behandlung im Rahmen eines Arzt-Patienten-Verhältnisses

Bezogen auf die Frage, „worauf der Patient in den einzelnen Arzt denn nun vertraut", muss unter Zugrundelegung der hier getroffenen Feststellungen festgehalten werden, dass sich das Vertrauen der Patienten in die Ärzteschaft unter Berücksichtigung des einzelnen Arzt-Patienten-Verhältnisses ausschließlich auf eine ordnungsgemäße Behandlung erstreckt. Der das Vertrauen auslösende Umstand ist dabei in der fehlenden fachlichen Fähigkeit des Einzelnen zu sehen, die für ihn erforderliche Handlung selbstständig vorzunehmen. Diese fehlende Autonomie allein treibt den Einzelnen in die Abhängigkeit eines Arztes

566 Nicht ohne Grund wird daher das einseitig gewährte Vertrauen auch als Investition in die Zukunft und als Wagnis bezeichnet, *Luhmann*, Vertrauen, 5. Aufl. 2014, S. 27 ff.

und zwingt diesen zugleich, sich dem Arzt anzuvertrauen, sofern er das Gut der körperlichen Unversehrtheit erhalten will. Im Rahmen dieser Vertrauenssituation hofft der Patient darauf, dass der Arzt seine dem Patienten gegenüber bestehende, auf einer Wissensasymmetrie beruhende Machtposition nicht zu seinem Nachteil ausleben und somit das dem Arzt anvertraute Gut nicht nachhaltig schaden wird. Das entgegenbrachte Vertrauen wird dabei insofern nicht nachhaltig enttäuscht, als dass eine Beeinträchtigung des dem Arzt anvertrauten Gutes zumindest nicht bewusst stattfindet.

III. Abschließendes Verständnis des Vertrauens vor Art. 12 Abs. 1 GG

Zweck des Widerrufs der Approbation wegen Unwürdigkeit ist es, das Vertrauen der Patienten in die Ärzteschaft zu schützen. Dieses Vertrauen ist, wie aus den Ausführungen zum besonders wichtigen Gemeinschaftsgut der Gesundheitsversorgung der Bevölkerung ersichtlich wurde, ein wichtiger Bestandteil der Gesundheitsversorgung. Der Aspekt des Vertrauens steht dabei mit dem wichtigen Gemeinschaftsgut in einem untrennbaren Zusammenhang. In Bezug auf diesen Zusammenhang wird betont, dass der Schutz des Vertrauens für die Gesundheitsversorgung der Bevölkerung wichtig ist, da nur so die Patienten die Gewissheit haben, dass sie sich einem Arzt wegen ihrer Leiden voll und ganz anvertrauen können. Würde dies nicht gegeben sein, würden womöglich Patienten davon abgehalten werden, sich in die Abhängigkeit eines Arztes zu begeben, was wiederum bedingen würde, dass eine umfassende Versorgung der Bevölkerung nicht mehr gewährleistet werden könnte und somit das besonders wichtige Gemeinschaftsgut der Gesundheitsversorgung der Bevölkerung leiden würde. Unter Anbetracht dieser möglichen Gefährdung des besonders wichtigen Gemeinschaftsguts hält es auch das BVerfG für verfassungsrechtlich gerechtfertigt, solchen Personen mittels des Widerrufs die Approbation zu entziehen, die als unwürdig zu qualifizieren sind, das heißt durch ihr Verhalten das Vertrauen der Patienten in die Ärzteschaft verletzen. Bei einem solchen Widerruf handelt es sich jedoch um einen schwerwiegenden Eingriff in Art. 12 Abs. 1 GG, der dem Einzelnen seine weitere Berufsausübung versagt. Daher wird seitens des BVerfG unter Berücksichtigung des Verhältnismäßigkeitsgebots auch betont, dass nicht jedes Verhalten den Vorwurf der Unwürdigkeit und den damit verbundenen Widerruf rechtmäßig begründen könne. Den Vorwurf begründen können ausschließlich solche Verhaltensweisen, die das Vertrauen der Patienten in die Ärzteschaft zerstören.

Bezüglich dieses Vertrauens muss unter Berücksichtigung der oben getätigten Ausführungen abschließend grundsätzlich festgestellt werden, dass dieses gerade in personalen Beziehungen – auf die es hier ankommt – von einem situativen Verständnis geprägt ist. Dieses situative Verständnis geht dabei von einer Konstellation aus, in der eine Person (Vertrauender) einer anderen Person (Vertrauensperson) ein für sie relevantes Gut anvertraut und darauf hofft bzw. erwartet, dass die Vertrauensperson eine schädigende Handlung hinsichtlich des ihr anvertrauten Gutes nicht vornimmt. Maßgeblich für die Frage des Vertrauens ist dabei, dass der Vertrauende die Entscheidung über den Erhalt des anvertrauten Gutes und somit die von der Vertrauensperson vorzunehmende Handlung nicht kontrollieren kann, aber dennoch darauf hofft, dass die Vertrauensperson die ihr grundsätzlich mögliche Schädigung des anvertrauten Gutes nicht vornehmen wird.

Hinsichtlich dieses dargelegten grundsätzlichen situativen Verständnisses des Vertrauens wird man wohl einwenden mögen, dass das Vertrauen in zahlreichen Konstellationen, gerade auch in engen familiären Beziehungen, eine feste Größe ist und diese rein situative Betrachtung das Verständnis des Vertrauens nicht zu klären vermag. Dagegen wird man jedoch anführen müssen, dass auch diese festen Größen – wie auch das Vertrauen in die Ärzteschaft – von dem grundlegenden Vertrauensverständnis geprägt sein werden. Dies ergibt sich schließlich aus der Erwägung, dass es stets die Einzelfallsituation und die damit verbundenen Erfahrungen sind, die die feste Größe „Vertrauen in einen anderen“ prägen, da auch eine gefestigte Größe stets davon leben wird, dass sich dieses umfassende Vertrauen in der jeweiligen Situation, in der sich die Frage nach dem Vertrauen stellt, erneut bestätigt und somit verfestigt.[567]

In Bezug auf das Verständnis des Vertrauens ist damit maßgeblich, wie die jeweilige Situation ausgestaltet ist, in der einer Person von einer anderen Vertrauen entgegengebracht wird.

Folglich ist bezüglich des Arzt-Patienten-Verhältnisses unter Berücksichtigung der oben getätigten Ausführungen festzustellen, dass sich die Frage des Vertrauens nur in der konkreten Behandlungssituation des Patienten stellt. In

567 Nicht ohne Grund wird daher auch betont, dass es die Einzelvertrauensverhältnisse, wie z.B. das konkrete Arzt-Patienten-Verhältnis, seien, die den Zugang zu abstrakten Systemen, wie auch das Vertrauen in die Ärzteschaft, maßgeblich bestimmen, vgl. *Hommerich*, Die Freien Berufe und das Vertrauen in die Gesellschaft, S. 69 ff., *Steinfath*, Das Wechselspiel von Autonomie und Vertrauen – eine philosophische Einführung, 11 (55 ff.) und Ausführungen in Fußnote 541.

Bezug auf diese konkrete Situation ist festzustellen, dass es die fehlende fachliche Expertise des einzelnen Patienten ist, sich selbst zu behandeln, die diesen in die Behandlungs- und Vertrauenssituation drängt, sofern er sein körperliches Gut erhalten will. In dieser Situation vertraut der Patient dem Arzt (Vertrauensperson) ein persönliches Gut an, das für diesen (den Vertrauenden) eine besondere Bedeutung hat. Angesichts dieses anvertrauten Gutes hofft der Patient, dass der Arzt die Handlung vornehmen wird, die das anvertraute Gut fördern und gerade nicht schädigen wird. Maßgeblich ist hierbei jedoch, dass der Patient mangels eigener Fachexpertise nicht überprüfen kann, ob die von einem Arzt vorgenommene Handlung ordnungsgemäß durchgeführt wird – hat doch der Patient, anders als die Vertrauensperson, diese Expertise nicht durch eine spezielle Ausbildung gewonnen. Da somit eine Kontrollmöglichkeit fehlt, hofft und erwartet der Patient, dass der Arzt, der auf Grund seiner fachlichen Expertise in der konkreten Behandlungssituation eine Macht- und Kontrollposition inne hat, stets zum Besten des Patienten handeln wird und zugleich jegliche Handlungen unterlässt, die zu seinem Nachteil gereichen. Dieses einem Arzt in der konkreten (Vertrauens-)Situation entgegengebrachte Vertrauen bezieht sich dabei einzig und allein auf die ordnungsgemäße Behandlung bzw. auf die diesbezüglich bestehende fachliche Expertise, da es nur dieser Umstand ist, auf Grund dessen sich der Patient mangels fehlender Eigenfähigkeit in diese Situation überhaupt begeben hat. Da es sich hierbei um eine Situation handelt, die jedem Arzt-Patienten-Verhältnis stets zugrunde liegen wird, wird man feststellen dürfen, dass gerade dies auch nur das Vertrauen darstellt, das Patienten den Ärzten grundsätzlich entgegenbringen.

Unter Berücksichtigung dieses Vertrauensverständnisses wird man festhalten müssen, dass tatsächlich nur solche Fehlverhaltensweisen den Vorwurf der Unwürdigkeit begründen können, die sich in dieser Vertrauenssituation ereignen bzw. dieses Vertrauen tatsächlich negativ betreffen. Maßgeblich für die Beurteilung wird dabei ausschließlich die mit dem Vertrauen einhergehende Erwartungshaltung sein, der der Arzt in jedem Einzelfall entsprechen muss. Abstellend auf den Umfang des Vertrauens ist die Erwartungshaltung des Patienten ausschließlich darauf gerichtet, eine ordnungsgemäße Behandlung zu erhalten und zugleich keinen ärztlichen Handlungen ausgesetzt zu sein, die das anvertraute Gut nachteilig beeinträchtigen. Wirklich zerstören werden das Vertrauen dabei nur solche Fehlverhaltensweisen, die dieser Erwartungshaltung in einem besonders krassen Maße zuwiderlaufen. Dies wird zumindest bei solchen Verhaltensweisen gegeben sein, die durch eine hemmungslose Eigensucht persönlicher Zielerreichung unter gleichzeitiger, willentlicher und bewusster Schädigung des anvertrauten Gutes eines Patienten erfolgen. Als solche krassen

Fehlverhaltensweisen werden sich bspw. der sexuelle Missbrauch unter Ausnutzung eines Behandlungsverhältnisses oder die medizinisch nicht indizierte Vornahme von Impfungen, die einzig und allein zum Zwecke der Abrechnung erfolgen, qualifizieren lassen müssen. Sind es doch diese Handlungen, die durch ihre Gleichgültigkeit hinsichtlich des anvertrauten Gutes des Patienten das Vertrauen der Patienten in die Ärzteschaft bei tatsächlichem Ausbleiben einer Sanktion in Form des Widerrufs der Approbation nachhaltig beeinträchtigten würden.

IV. Kritische Würdigung der zum Unwürdigkeitsbegriff ergangenen Rechtsprechung unter Berücksichtigung dieses Verständnisses des Vertrauens

Betrachtet man unter Zugrundelegung dieses Vertrauensverständnisses erneut die zum Unwürdigkeitsbegriff ergangene Rechtsprechung, ist festzustellen, dass von einem zerstörten Vertrauen in dem oben beschriebenen Sinn tatsächlich nur in den Konstellationen zu sprechen ist, in denen es um tatsächliche, willentliche Beeinträchtigungen des anvertrauten Gutes seitens des Arztes im Rahmen des Arzt-Patienten-Verhältnisses und somit in der konkreten Behandlungssituation geht. Dies ergibt sich schließlich aus der maßgeblichen Schlussfolgerung, dass von einem zerstörten Vertrauen nur dort gesprochen werden kann, wo dieses einer anderen Person tatsächlich entgegengebracht wurde bzw. grundsätzlich wird. Dies betrifft – nach dem hier dargelegten Vertrauensverständnis – ausschließlich das konkrete Behandlungsverhältnis.

Demnach begründen vorsätzlich verübte, strafrechtlich relevante Fehlverhaltensweisen wie der sexuelle Missbrauch von Patienten unter Ausnutzung eines Behandlungsverhältnisses oder die Vornahme medizinisch nicht indizierter Maßnahmen zur bloßen Gewinnerzielung den Vorwurf des zerstörten Vertrauens und somit den der Unwürdigkeit.

Bezüglich der anderweitig dargestellten Kategorien von Fehlverhaltensweisen, die seitens der herrschenden Rechtsprechung als unwürdigkeitsbegründend angesehen werden, muss hingegen festgestellt werden, dass diese unter Berücksichtigung des hier darlegten Vertrauensverständnisses gerade nicht den Vorwurf der Unwürdigkeit begründen. Handelt es sich unter Berücksichtigung des hier dargelegten Vertrauensverständnisses doch entweder um Konstellationen, in denen ein tatsächlich bestehendes Vertrauen durch das Verhalten eines Arztes nicht enttäuscht wurde, oder um solche, in denen ein Vertrauen in dem oben genannten Sinne gar nicht besteht bzw. einem Arzt gar nicht entgegengebracht wird.

Unter die erstgenannte Feststellung wird man dabei die Fallkonstellationen fassen müssen, die den Abrechnungsbetrug gegenüber privaten als auch gesetzlichen Krankenkassen betreffen. Während unter die zweitgenannte Feststellung sämtliches ärztliches Fehlverhalten fällt, das sich im außerberuflichen Bereich ereignet.

Bezüglich der erstgenannten Konstellation ist auszuführen, dass es – wie bereits oben festgestellt – tatsächlich auch hier um den Aspekt des Vertrauens und somit auch um den des enttäuschten Vertrauens geht. Die Frage des enttäuschten Vertrauens muss hier jedoch aus unterschiedlichen Perspektiven betrachtet werden, wobei aus approbationsrechtlicher Sicht ausschließlich das der Patienten von Relevanz ist. Bezüglich letztgenannten wird man dabei festhalten müssen, dass sich dieses Vertrauen – wie bereits dargelegt – ausschließlich auf eine ordnungsgemäße Leistungserbringung erstreckt. Während sich das in Bezug auf den Abrechnungsbetrug relevante Vertrauen seitens der KV und Krankenkassen ausschließlich auf eine ordnungsgemäße und vor allem wirtschaftliche Abrechnung der von dem Arzt gegenüber dem Patienten erbrachten Leistung bezieht. Tatsächliche negative Berührungspunkte haben diese beiden Vertrauensverhältnisse dabei nur, soweit sich diese beiden überschneiden. Dies ist dabei allenfalls in der Konstellation zu sehen, in der sich das Handlungsunrecht des Arztes hinsichtlich der Begehung eines Abrechnungsbetrugs bereits zum Zeitpunkt der Behandlung des Patienten in einer minderwertigen Behandlung diesem gegenüber erstreckt. Sofern jedoch eine solche minderwertige Behandlung des Patienten trotz tatsächlich (später) begangenem Abrechnungsbetrug ausbleibt, kann nicht von einem enttäuschten Vertrauen der Patienten in die Ärzteschaft gesprochen werden. Dies ergibt sich dabei aus dem Umstand, dass diese beiden Vertrauensbeziehungen zeitlich nicht miteinander zusammenhängen, da die allein für das Vertrauen der Patienten maßgebliche ärztliche Behandlung vor der jeweiligen Abrechnung der erbrachten Leistung stattfindet. Sofern aber, wie angeführt, diese tatsächliche Leistung – mag sie auch im Endeffekt der tatsächlich abgerechneten Leistung nicht entsprechen – ordnungsgemäß erfolgt, wird seitens des Patienten nicht von einem enttäuschten Vertrauen gesprochen werden. Hat doch dieser – anders als die Krankenkassen im gesetzlichen und privaten Krankenversicherungssystem – kein Interesse an einer ordnungsgemäßen Abrechnung.[568]

---

568 Gerade im gesetzlichen Krankenversicherungssystem wird der Patient mit den durch seine Behandlung entstandenen Kosten gar nicht konfrontiert, sodass sich dieser zwangsläufig auch keine Gedanken über eine ordnungsgemäße Abrechnung machen wird, *Sodan*, Handbuch des Krankenversicherungsrechts, 3. Aufl. 2018, § 1 Rn. 29.

Bezüglich des außerberuflichen Fehlverhaltens ist unter Berücksichtigung des hier dargelegten Verständnisses noch deutlicher festzustellen, dass es sich bei den erwähnten Fallkonstellationen, die nach Auffassung der Rechtsprechung den Vorwurf der Unwürdigkeit begründen, um solche handelt, die den Vorwurf des enttäuschten Vertrauens nicht einmal im Ansatz erfüllen. Dies beruht auf dem Umstand, dass es sich bei diesen um solche Fehlverhaltensweisen handelt, die sich im Vorfeld des eigentlich relevant werdenden Arzt-Patienten-Verhältnisses ereignen und mangels Bezugs zur eigentlichen ärztlichen Tätigkeit unter Berufung auf das hier vertretene Vertrauensverständnis und der Frage nach einem zerstörten Vertrauen keinen maßgeblichen Berührungspunkt zum eigentlich gewährten Vertrauen vorweisen. Ein solcher Berührungspunkt ist höchstens insofern zu sehen, dass dieses Fehlverhalten aus Sicht eines objektiven Beobachters den Eindruck und damit zusammenhängend die Besorgnis begründet, dass ein Arzt, der ein solches, zum Teil krasses Fehlverhalten an den Tag legt, nicht (mehr) die innere Bereitschaft vorweist, primär zum Wohle anderer Menschen zu handeln, und im Zuge dessen die Gefahr begründet, eine solche Bereitschaft ebenfalls im konkreten Arzt-Patienten-Verhältnis vorzuweisen.

Dass jedoch eine solche prognostische Bewertung des Sachverhalts nicht Teil des Unwürdigkeitsbegriffs ist, ergibt sich aus den zum Begriff entwickelten Maßstäben selbst. Nach diesen ist lediglich maßgeblich, dass das in der Vergangenheit liegende Verhalten das einem Arzt entgegengebrachte Vertrauen zerstört. Somit ist für den Vorwurf der Unwürdigkeit allein entscheidend, dass das jeweilige Fehlverhalten das einem Arzt von den Patienten entgegengebrachte Vertrauen zerstört. Da sich dieses entgegengebrachte Vertrauen – wie oben aufgezeigt – jedoch ausschließlich auf die ordnungsgemäße Leistungserbringung

---

Selbst, wenn man – wie von einigen Meinungen vertreten – im privaten Krankenversicherungswesen dem Patienten ein gewisses Interesse zusprechen will, dass die von einem Arzt vorzunehmenden Leistungen auf Grund des den Patienten zunächst treffenden Zahlungsanspruch korrekt abgerechnet werden sollen, muss diesbezüglich eingewendet werden, dass dieses Vertrauen nicht dasjenige ist, das bei der Beurteilung der approbationsrechtlichen Relevanz eines Fehlverhaltens maßgeblich sein wird, da dieses in Bezug auf die Umstände, die den einzelnen Patienten in eine solche Vertrauenssituation treiben, allein auf eine ordnungsgemäße Heilbehandlung ausgerichtet ist. Sofern jedoch dieser entsprochen wird, ist das das Vertrauensverhältnis prägende und in approbationsrechtlicher Sicht relevante Verhalten auch in dieser Hinsicht erfüllt. Das ebenso relevante Vertrauen in eine ordnungsgemäße Abrechnung ist dabei rein wirtschaftlicher Natur und nicht maßgeblich für das der ordnungsgemäßen Heilbehandlung.

im Arzt-Patienten-Verhältnis erstreckt, kann hier nicht von einem zerstörten Vertrauen gesprochen werden, da das hier aufgezeigte Fehlverhalten weit von diesem entfernt ist.

V. Zwischenergebnis: Kein besonderes Vertrauensverständnis

Unter Berücksichtigung dieser kritischen Würdigung ist damit letztendlich festzustellen, dass sich das Verständnis des Vertrauens der Patienten in die Ärzteschaft unter Berücksichtigung des hier dargelegten Vertrauensverständnisses ausschließlich auf eine ordnungsgemäße Behandlung im Rahmen eines Arzt-Patienten-Verhältnisses bezieht. Somit können nur solche Verhaltensweisen das Vertrauen „zerstören", die sich in der Konstellation ereignen, in der der Ärzteschaft seitens der Patienten tatsächlich Vertrauen entgegengebracht wird. Dies betrifft nach dem hier darlegten Vertrauensverständnis ausschließlich den Kernbereich der ärztlichen Tätigkeit. Verhaltensweisen, die diesen Bereich nicht negativ berühren, können demnach nicht den Vorwurf der Unwürdigkeit begründen.

Unter Berücksichtigung dieses Vertrauensverständnisses ist damit im Ergebnis festzustellen, dass sich das generelle Verständnis des Vertrauens der Patienten in die Ärzteschaft nicht maßgeblich von den zuvor untersuchten Teilrechtsgebieten unterscheidet, da sich auch in diesen Gebieten das Vertrauen ausschließlich auf eine ordnungsgemäße Tätigkeitsausübung und somit Leistungserbringung bezieht.

Wenn jedoch abschließend festzustellen ist, dass sich dieses Vertrauen nicht entscheidend von den zuvor untersuchten Teilrechtsgebieten unterscheidet, muss unter Bezugnahme auf die zum Beginn dieser Untersuchung aufgeworfene Frage – Handelt es sich um ein Sonderverständnis des Vertrauens, das womöglich einen gesonderten Schutz über den Begriff der Unwürdigkeit bedarf? – festgestellt werden, dass es sich um kein Sonderverständnis handelt. Ein dementsprechender Sonderschutz scheint somit unter Berücksichtigung eines womöglich bestehenden Sondervertrauensverständnisses nicht nachvollziehbar.

Wenn sich jedoch das Verständnis des Vertrauens im ärztlichen Kontext nicht von dem Verständnis des Vertrauens in den zuvor untersuchten Teilrechtsgebieten unterscheidet, fragt es sich, warum seitens eines Großteils der Rechtsprechung dennoch eine solch exzessive Interpretation des Vertrauens stattfindet.

Kapitel 3: Das fehlende Bedürfnis am Festhalten eines unbestimmten Rechtsbegriffs

A. Die Intention der Rechtsprechung

I. Der mit dem exzessiven Vertrauensverständnis verfolgte Zweck

Nah liegt die Vermutung, dass eine solch weite Interpretation des Vertrauens auf Grund der wesentlichen Bedeutung für die Gesundheitsversorgung der Bevölkerung stattfindet. Gerade weil es dieses Vertrauen ist, das für eine ordnungsgemäße Leistungserbringung im Arzt-Patienten-Verhältnis unabdingbar ist und stets gewahrt werden muss, um die Gesundheitsversorgung der Bevölkerung aufrecht zu erhalten. Angesichts dieser Bedeutung scheint daher das primäre Bestreben zu sein, nicht allein solche Verhaltensweisen zu ahnden, die tatsächlich das Vertrauen in die Ärzteschaft zerstören, sondern bereits solche, die im Vorfeld des eigentlichen Vertrauensverhältnisses stattfinden, um ein umfangreiches Gefühl der Sicherheit und des Vertrauens zu schaffen.

Um dieses Ziel jedoch zu gewährleisten, sollen bereits die Verhaltensweisen geahndet werden, die Patienten davon abhalten könnten, sich in eine solche Vertrauenssituation zu begeben. Zu diesen Fehlverhaltensweisen zählen dabei solche, die Zweifel daran auslösen (könnten), ob sich ein Arzt in einer konkreten behandlungsrelevanten Situation ebenfalls so verhalten würde, wie er es bspw. in anderweitigen Lebenssituationen getan hat – und somit dem ihm entgegengebrachten Vertrauen womöglich in einer konkreten behandlungsrelevanten Situation nicht entsprechen wird.

Diesen Schluss lassen zumindest Entscheidungen wie die des VG Braunschweig oder die des VG München zu, in denen bezüglich des außerberuflichen bzw. weiteren beruflichen Fehlverhaltens (Abrechnungsbetrug) deutlich gemacht wird, dass diese Fehlverhaltensweisen (allgemein) die Besorgnis begründen, dass sich der Arzt in einer konkreten behandlungsrelevanten Situation gegenüber dem einzelnen Patienten ebenfalls entsprechend verhalten könnte und somit dem ihm in der konkreten Behandlungssituation entgegengebrachten Vertrauen in eine ordnungsgemäße Heilbehandlung möglicherweise wohl doch nicht entsprechen werde.[569] Deutlich macht dies aber auch die Entscheidung des VG

569 Diesen Rückschluss lässt zumindest deutlich die Argumentation des VG München zu,

Hamburg, in der es heißt, dass das Gericht „[b]ei der erforderlichen Gesamtbewertung [...] keine Zweifel daran [habe], dass ein billig und gerecht Denkender in Ansehung der besonderen Umstände des vorliegenden Falles die Integrität des [Arztes], die zur vertrauensvollen Ausübung des Arztberufes unerlässlich ist, nicht nachhaltig in Zweifel ziehen [würde].“[570]

Damit geht es aber mit dem Widerruf der Approbation wegen Unwürdigkeit nicht mehr nur darum, solche Verhaltensweisen zu ahnden, die das Vertrauen tatsächlich zerstören. Es geht vielmehr darum, bereits auch solche Verhaltensweisen zu ahnden, die „lediglich“ Zweifel daran begründen, dass ein Arzt auf Grund seines in der Vergangenheit liegenden Verhaltens wohl nicht die Bereitschaft – und somit die geforderte Persönlichkeit – besitzt, die von ihm auszuführende Tätigkeit ordnungsgemäß durchzuführen und dem ihm in der konkreten Situation entgegengebrachten Vertrauen zu entsprechen. Folglich ist es die Intention der Verwaltungsbehörden und der Rechtsprechung, keine Unsicherheit entstehen zu lassen, dass man sich einem Vertreter der Profession ausgesetzt sieht, dem man sich nicht vollends anvertrauen kann.[571] All das, um ein umfangreiches Gefühl von Sicherheit und Vertrauen zu schaffen.

Damit geht es aber letztendlich darum, mittels des Widerrufs der Approbation wegen Unwürdigkeit nicht mehr nur solche Verhaltensweisen zu ahnden, die das Vertrauen tatsächlich zerstören, sondern vielmehr bereits – auch – solche

---

wenn dieses in Bezug auf den Abrechnungsbetrug betont, dass die Einhaltung dieser Erwartungshaltung für die Wahrung des Vertrauens der Patienten in die Ärzteschaft insofern relevant sei, dass nur so der erkrankte und leidende Patient, der sich in die Obhut eines Arztes begebe, sicher sein könne, dass der ihn behandelnde Arzt, dem er sich ganz anvertraue, bezüglich der Behandlung seiner Leiden und seiner Gebrechen sich in erster Linie an dem orientiere, was der Kranke bedürfe, und nicht an dem, was sein Gewinn maximiere, VG München, Urt. v. 20.10.2009 – M 16 K 09.3072, Rn. 42 – juris. Vgl. auch die Argumentation des VG Braunschweig, Urt. v. 12.09.2007 – 1 A 364/06, Rn. 22 ff. – juris, das in Bezug auf die Rechtmäßigkeit des Approbationswiderrufs feststellte, dass einem Arzt auf Grund der Gesamtheit der von ihm verübten Taten seine Approbation richtigerweise entzogen wurde, da er eine Neigung zeige – notorische Missachtung der Strafrechtsordnung zur Durchsetzung eigener Interessen –, die eine charakterliche Fehlleitung offenbare, die befürchten lasse, dass er diese auch im Rahmen eines Behandlungsverhältnisses aufzeige.

570 VG Hamburg, Urt. v. 23.02.2019 – 17 K 4618/18, Rn. 36 – juris.

571 Dies wohl ebenfalls bejahend OVG NRW, MedR 1994, 72 (73) und Bay. VGH, MedR 1991, 94 (95); vgl. auch *Schelling*, in: Spickhoff, Medizinrecht, 3. Aufl. 2018, § 5 BÄO Rn. 18 unter Bezugnahme auf die vorgenannten Entscheidungen.

Verhaltensweisen, die bloßes „Misstrauen“ und somit Zweifel gegenüber den einzelnen Vertretern und der Ärzteschaft als solche auslösen (könnten).[572]

Die beiden Begriffe Misstrauen und Vertrauen wird es aber bezüglich eines hier relevant werdenden Punktes zu differenzieren gelten:

Während es um Vertrauen in dem oben beschriebenen Sinne wohl erst dann geht, wenn sich der Vertrauende in eine konkrete Vertrauenssituation begeben hat, erfasst das Stadium des Misstrauens wohl eher einen zeitlichen Bereich, der sich im Vorfeld der eigentlichen Vertrauenssituation abspielt. Zumindest deutet dies die Rechtsprechung selbst an, wenn sie betont, dass ein solches die Patientenschaft davon abhalten würde, sich in die Abhängigkeit eines Arztes zu begeben und sich diesem hinsichtlich ihrer Leiden anzuvertrauen.[573]

Es handelt sich demnach wohl um zwei zeitlich unterschiedliche Stadien, die jedoch das Gesamtverständnis des Vertrauens maßgeblich beeinflussen.

Dies gilt dabei wohl insofern, dass sich bei einem bestehenden personalen Misstrauen eine andere Person gar nicht bzw. mit äußerster Zurückhaltung in eine Risikosituation im Sinne einer Vertrauenssituation bzw. eines Vertrauensverhältnisses begeben wird, was bedingt, dass eine Vertrauenssituation und damit zusammenhängend ein Vertrauen gar nicht bzw. erschwert entstehen wird.

Dies geschieht auf Grund des Umstandes, dass eine soziale Interaktion als riskant eingestuft wird und zwar nicht wegen der mangelnden Fähigkeit anderer Personen, die in sie gesetzten Erwartungen zu erfüllen, sondern wegen deren mangelnder Bereitschaft, die sich auf Grund unterschiedlicher Umstände nach außen verdeutlichen kann.[574] Erscheint doch die Person auf Grund ihres in der Vergangenheit liegenden Verhaltens in ihrer Gesamtheit als nicht vertrauenswürdig.

Daraus ergibt sich, dass die Bereitschaft, sich in eine solche Vertrauenssituation zu begeben, wesentlich von den Umständen im Vorfeld der eigentlichen

572 Dies deutlich betonend *Schelling*, in: Spickhoff, Medizinrecht, 3. Aufl. 2018, § 5 BÄO Rn. 18, bei dem unter Bezugnahme auf die Urteile des OVG NRW, MedR 1994, 72 (73) und Bay. VGH, MedR 1991, 94 (95) klargestellt wird, dass „[i]m Interesse des Einzelnen und der Volkgesundheit […] Patienten, die häufig wegen ihrer Schmerzen oder Gebrechen ihr ganzes Vertrauen in den Arzt als Helfer setzen, die Gewissheit haben [sollen], dass sie sich diesem ohne Skrupel voll und ganz anvertrauen dürfen [bzw. können] und nicht durch ein irgendgeartetes Misstrauen davon abgehalten werden, rechtzeitig ärztliche Hilfe in Anspruch zu nehmen.“ *ders.* in: Spickhoff, Medizinrecht, 3. Aufl. 2018, § 5 BÄO Rn. 18.

573 Vgl. allein dazu VG München, Urt. v. 20.10.2009 – M 16 K 09.3072, Rn. 42 – juris.

574 *Offe*, Wie können wir unseren Mitbürgern Vertrauen?, 241 (249).

Vertrauenssituation und -entscheidung abhängt. Sofern somit ein gewisses Maß an Vertrauenswürdigkeit nach außen symbolisiert wird, wird die Bereitschaft, sich in eine Vertrauenssituation zu begeben, deutlich stärker sein; in dem andersherum gelagerten Fall deutlich geringer.

In Bezug auf das für die Gesundheitsversorgung der Bevölkerung so relevant werdende Vertrauen zwischen Arzt und Patient hat dies zu bedeuten, dass sich zukünftig Patienten – daher auch immer die Betonung der Rechtsprechung, dass es nicht auf den treuen Patientenstamm ankomme[575] – erst gar nicht in eine Risikosituation in Form eines Behandlungsverhältnisses begeben würden, sofern sie nicht die „absolute" Gewissheit haben, dass sie sich einem Arzt anvertrauen können, der keinerlei Zweifel an seiner Bereitschaft begründet, eine ausschließlich am Wohl des Patienten orientierte, ordnungsgemäße Leistungserbringung durchzuführen.[576]

Bestünden jedoch diese Zweifel, würde sich kein Patient in die Abhängigkeit eines Arztes begeben, was wiederum zur Folge hätte, dass eine bestmögliche Versorgung der Bevölkerung nicht gewährleistet werden könnte. Eine Gefährdung des besonders wichtigen Gemeinschaftsguts der Gesundheitsversorgung der Bevölkerung wäre die Folge.[577]

Um dies jedoch zu ermöglichen und somit eine Gefährdung des besonders wichtigen Gemeinschaftsguts auszuschließen, ist es offenbar nach Ansicht der Rechtsprechung erforderlich, bereits solche Verhaltensweisen zu ahnden, die im Vorfeld des eigentlichen Vertrauensverhältnisses liegen und „bloßes" Misstrauen auslösen. Also solche Verhaltensweisen, die die Besorgnis begründen, dass der Arzt in einer konkreten Behandlungssituation nicht die Bereitschaft und somit die Persönlichkeit besitzt, sich dem ihm entgegengebrachten Vertrauen konform zu verhalten und die von ihm erwartete Leistung zu erbringen.

Dies geschieht insofern, als dass man den Begriff des Vertrauens weit interpretiert und somit diese das Vertrauensverhältnis im eigentlichen Sinn nicht betreffenden Verhaltensweisen als vertrauenszerstörend qualifiziert.

---

575 So VGH Mannheim, NJW 2010, 692 (693 f.).

576 Dies wohl ebenfalls auf Grund ihrer Ausführungen bejahend OVG NRW, MedR 1994, 72 (73) und Bay. VGH, MedR 1991, 94 (95); vgl. ferner *Schelling*, in: Spickhoff, Medizinrecht, 3. Aufl. 2018, § 5 BÄO Rn. 18 mit Verweis auf die vorgenannten Entscheidungen.

577 Diesen Schluss auf Grund der Ausführungen zulassend OVG NRW, MedR 1994, 72 (73) und Bay. VGH, MedR 1991, 94 (95).

II. Haltbarkeit dieser Bestrebung vor Art. 12 Abs. 1 GG

Dieses Bestreben mag angesichts des besonders wichtigen Gemeinschaftsguts der Gesundheitsversorgung der Bevölkerung nachvollziehbar und erstrebenswert sein. Einzig und allein entscheidend kann dies jedoch nicht sein, handelt es sich doch bei dem Widerruf der Approbation wegen Unwürdigkeit um einen schwerwiegenden Eingriff in Art. 12 Abs. 1 GG. Dieser ist sowohl unter Berücksichtigung der Bedeutung und Tragweite des Grundrechts an sich, als auch unter Berücksichtigung des rechtsstaatlich stets zu wahrenden Gebots der Verhältnismäßigkeit an strenge verfassungsrechtliche Anforderungen und somit Grenzen gebunden.

Eine solche Grenze normiert die Rechtsprechung selbst, indem sie vorschreibt, dass nur solche Verhaltensweisen mittels des Widerrufs wegen Unwürdigkeit im präventiven Sinne sanktioniert werden dürfen, die das Vertrauen „zerstören".[578]

Bei den seitens der Rechtsprechung geahndeten Verhaltensweisen – mit Ausnahme derer, die den Kernbereich der ärztlichen Tätigkeit betreffen – handelt es sich aber wie aufgezeigt gerade nicht um solche. Es handelt sich „lediglich" um solche, die Misstrauen auslösen. Verhaltensweisen, die somit nicht als vertrauenszerstörend zu qualifizieren sind, können folglich nicht den Vorwurf der Unwürdigkeit begründen und damit verbunden den Widerruf der Approbation auslösen, da sie nicht unter dessen Anwendungsbereich fallen.

Eine solche von der Rechtsprechung vorgenommene exzessive Interpretation ist dabei nicht nur angesichts der besonderen Bedeutung und Tragweite des Grundrechts der Berufswahlfreiheit nach Art. 12 Abs. 1 GG unvereinbar. Sie scheint bzw. ist insbesondere überflüssig, wenn diese Fallkonstellationen und die dahinterstehende Intention der Verwaltungsbehörden und Verwaltungsrechtsprechung bereits genügend mittels eines anderen Rechtsbegriffs in einem zulässigen Maße vor der Bedeutung des Grundrechts der Berufswahlfreiheit nach Art. 12 Abs. 1 GG hinreichend abgedeckt bzw. erfasst werden könnten.

---

578 BVerfG, Nichtannahmebeschl. v. 08.09.2017 – 1 BvR 1657/17, Rn. 13 – juris; dies ebenfalls mit Verweis auf den Nichtannahmebeschluss des BVerfG betonend VG Hamburg, Urt. v. 23.02.2019 – 17 K 4618/18, Rn. 29-31 – juris.

B. Gewährleistung des von der Rechtsprechung verfolgten Zwecks durch den Begriff der Unzuverlässigkeit?

I. Der Begriff der Unzuverlässigkeit

Wie schon zu Beginn der Ausführungen zum Unwürdigkeitsbegriff im ärztlichen Berufsrecht aufgezeigt, enthält § 3 Abs. 1 Satz 1 Nr. 2 BÄO neben dem Begriff der Unwürdigkeit, § 3 Abs. 1 Satz 1 Nr. 2 Var. 1 BÄO, einen weiteren unbestimmten Rechtsbegriff, nämlich den der Unzuverlässigkeit, § 3 Abs. 1 Satz 1 Nr. 2 Var. 2 BÄO.[579] Wesentlich in Bezug auf diese beiden Begriffe ist dabei, dass jeder Begriff für sich die Versagung der Erteilung der Approbation und den Widerruf der Approbation, § 5 Abs. 2 Satz 1 i. V. m. § 3 Abs. 1 Satz 1 Nr. 2 BÄO, begründen kann.[580] Wie auch bei dem Begriff der Unwürdigkeit hat dieser unbestimmte Rechtsbegriff seine inhaltliche Präzisierung durch die ihn betreffende Rechtsprechung erfahren.

Als unzuverlässig erweist sich dabei ein Arzt, der auf Grund seines in der Vergangenheit liegenden Verhaltens nicht (mehr) die Gewähr dafür bietet, dass er seinen Beruf in Zukunft ordnungsgemäß erfüllen wird.[581] Dies ist nach verwaltungsgerichtlicher Rechtsprechung dann gegeben, wenn Tatsachen die Annahme rechtfertigen, dass der Arzt, entsprechend seinem bisherigen in der Vergangenheit liegenden Verhalten und seiner inneren Einstellung, auch in der Zukunft die für ihn geltenden berufsspezifischen Vorschriften und Pflichten nicht einhalten werde.[582]

Genau wie bei dem Begriff der Unwürdigkeit im anwaltlichen Berufsrecht muss seitens der jeweilig zuständigen Behörde eine Prognose erfolgen, inwieweit zu erwarten ist, ob der Arzt unter Berücksichtigung seines in der Vergangenheit gezeigten Fehlverhaltens in Zukunft ein ähnliches erneut vorweisen wird.[583] Die hier anzustellende Negativprognose erfolgt dabei unter Berücksichtigung der Gesamtpersönlichkeit des Täters sowie unter Berücksichtigung

---

579 Siehe S. 76 ff.

580 OVG Saarland, ArztR 2005, (162); BVerwG NJW 1998, 2756 (2757); OVG NRW, MedR 2009, 751 (751).

581 BVerwG, NJW 1998, 2756 (2757); BVerwG, NVwZ-RR 1996, 477 (477); BVerwG, Beschl. v. 16.07.1996 – 3 B 44/96, Rn. 4 – juris.

582 BVerwG, NJW 1998, 2756 (2758); BVerwG, Beschl. v. 16.07.1996 – 3 B 44/96, Rn. 4 – juris; VG München, Urt. v. 27.10.2009 – M 16 K 09.2603, Rn. 29 – juris.

583 VG München, Urt. v. 27.10.2009 – M 16 K 09.2603, Rn. 29 – juris; OVG Koblenz, NJW 1990, 1553 (1554).

der Lebensumstände wie sie sich zum maßgeblichen Zeitpunkt, nämlich zum Zeitpunkt des Abschlusses des Verwaltungsverfahrens, das heißt Zeitpunkt des Erlasses des Widerspruchsbescheids, darstellen.[584] An das Wahrscheinlichkeitsurteil sind dabei jedoch keine allzu hohen Anforderungen zu stellen.[585] Angesichts des hohen Rangs der Gesundheitsversorgung der Bevölkerung, dem die Bundesärzteordnung dient, genügt die begründete Besorgnis, dass der Arzt in Zukunft seinen ihn treffenden berufsrechtlichen Pflichten und Anforderungen nicht gerecht werden wird.[586] Für die Rechtsprechung ist in diesem Zusammenhang ausschlaggebend, ob die Art, Schwere und Anzahl der Verstöße gegen berufsrechtliche Pflichten dem betreffenden Arzt eine Persönlichkeit ausweisen, die sich nicht durch die allgemeinen Anforderungen der Berufsordnung und die speziell an Pflichtverstöße anknüpfenden Sanktionen beeindrucken lasse.[587] Hierbei sind die mangelnde Bereitschaft der vertieften Auseinandersetzung mit pflichtwidrigem Verhalten als auch der sich wiederholende und schwerwiegende Mangel jeglicher Gewissenhaftigkeit und Verantwortung wesentliche Anhaltspunkte für die Gefahr neuer berufsrechtlicher Pflichtverletzungen.[588] Etwaiges Wohlverhalten des Täters ist dabei nur bis zum Zeitpunkt des Abschlusses des Verwaltungsverfahrens zu berücksichtigen.[589] Jegliches Verhalten, das nach diesem erfolgt, ist nach verwaltungsgerichtlicher Rechtsprechung erst wieder im Rahmen eines Antrags auf erneute Erteilung der Approbation oder einer Erlaubnis zur erneuten Berufsausübung zu berücksichtigen.[590]

Genau wie bei dem Begriff der Unwürdigkeit stellen in der verwaltungsgerichtlichen Rechtsprechung besonders Straftaten den Kernbereich der Konkretisierung der Begrifflichkeit dar. Dabei beschränkt sich das Spektrum der strafrechtlich relevanten Verfehlungen keinesfalls nur auf den beruflichen

584 BVerwG, NJW 1998, 2756 (2758); BVerwG, NVwZ-RR 1996, 477 (477); BVerwG, Beschl. v. 16.07.1996 – 3 B 44/96, Rn. 4 – juris; BVerwG, NJW 1999, 3425 (3426); BVerwG, NJW 2003, 913 (914).

585 VG München, Urt. v. 27.10.2009 – M 16 K 09.2603, Rn. 29 – juris.

586 OVG Koblenz, NJW 1990, 1553 (1553 f.); VG München, Urt. v. 27.10.2009 – M 16 K 09.2603, Rn. 29 – juris.

587 OVG Rheinland-Pfalz, Urt. v. 20.09.2005 – 6 A 10556/05, Rn. 40 – juris.

588 OVG Rheinland-Pfalz, Urt. v. 20.09.2005 – 6 A 10556/05, Rn. 40 – juris.

589 Dazu beispielhaft OVG NRW, MedR 1992, 294 (295); a.A. hingegen *Krafczyk*, GesR 2009, 359 ff.

590 BVerwG, NJW 1998, 2756 (2758); OVG Rheinland-Pfalz, Urt. v. 20.09.2005 – 6 A 10556/05, Rn. 38 – juris.

Kontext und die mit diesem verbundenen beruflichen Pflichten und Vorschriften.[591] Auch ein außerberufliches, einmaliges Fehlverhalten kann den Entzug der Approbation wegen Unzuverlässigkeit begründen.[592] Erforderlich ist jedoch, dass diese Verhaltensweisen einen Schluss auf die mangelnde Zuverlässigkeit zulassen[593] und von einem vorsätzlichen Handlungsunrecht geprägt sind.[594]

Hinsichtlich der anzustellenden Prognose ist jedoch entscheidend, dass diese keinesfalls darauf beschränkt ist, ob das in der Vergangenheit liegende Verhalten erwarten lässt, dass der Betreffende in Zukunft gleiche oder zumindest ähnliche Berufspflichten verletzen werde.[595] In seiner Entscheidung vom 26.09.2002 stellte das BVerwG[596] vielmehr klar, dass der Vorwurf der Unzuverlässigkeit auch dann zu bejahen sei, wenn „aus dem durch die Art, Schwere und Zahl der Verstöße gegen Berufspflichten manifest gewordenen Charakter […] auch die Befürchtung abzuleiten [sei], [dass andere], aber ähnlich schwerwiegende Verstöße gegen Berufspflichten ernsthaft zu besorgen [seien]."[597] Dies beruht darauf, dass es im Kern solcher Prognosen oftmals nur darum gehe, festzustellen, „ob eine aus den begangenen Verstößen ableitbare Sorg- oder gar Bedenkenlosigkeit im Hinblick auf ausdrücklich gesetzlich normierte oder als selbstverständlich anzusehende Berufspflichten die begründete Befürchtung zulässt,

591 Siehe zum Abrechnungsbetrug und zur Verletzung der Pflicht zur persönlichen Leistungserbringung, BVerwG, NJW 1998, 2756 (2757); siehe explizit nur zum Abrechnungsbetrug OVG NRW, MedR 1992, 294 (294 ff.); OVG Münster, MedR 1989, 52 (53 f.); BVerwG, NJW 1991, 1557 (1557).

592 BVerwG, Beschl. v. 14.04.1998 – 3 B 95/97, Rn. 13 – juris.

593 Einen solchen Schluss ziehend und die Unzuverlässigkeit bejahend VGH BW, NJW 1987, 1502 (1502 f.), wonach die von einem Arzt begangene Anzahl von neun strafrechtlichen Verstößen (u.a. sexuelle Beleidigung einer Patientin, fortgesetzter Bestellungsbetrug gegenüber Versandhäusern) in einem Zeitraum von nur acht Jahren und die immer noch fehlende Einsicht im hohen Maße den Verdacht aufdrängen, dass der Betroffene „die Regeln der ärztlichen Heilkunst dann nicht beachten [werde], wenn sich ihm dadurch Möglichkeiten der persönlichen Bereicherung auftun."

594 Fahrlässige Verhaltensweisen begründen nach einhelliger Auffassung der Rechtsprechung grundsätzlich nicht den Vorwurf der Unzuverlässigkeit, VG Leipzig, MedR 2000, 336 (338); *Schelling*, in: Spickhoff, Medizinrecht, 3. Aufl. 2018, § 5 BÄO Rn. 38 mit Bezugnahme auf VG Leipzig, MedR 2000, 336 (338).

595 BVerwG, Urt. v. 26.09.2002 – 3 C 37/01, Rn. 22 – juris.

596 BVerwG, Urt. v. 26.09.2002 – 3 C 37/01 – juris.

597 BVerwG, Urt. v. 26.09.2002 – 3 C 37/01, Rn. 22 – juris.

ähnlich sorg- bzw. bedenkenlos werde der Betreffende auch zukünftig im Hinblick auf Berufspflichten verfahren."[598]

II. Funktion des Unzuverlässigkeitsbegriffs

Funktion des Unzuverlässigkeitsbegriffs ist es damit, grundlegend zu gewährleisten, dass eine Gesundheitsversorgung der Bevölkerung durch eine ausschließlich zuverlässig arbeitende Ärzteschaft sichergestellt wird. Das Spektrum der zu fordernden Zuverlässigkeit eines Arztes ist dabei angesichts der ihn umfangreich treffenden Pflichten nicht nur auf die ärztliche Heilkunst an sich beschränkt, sondern zusätzlich auch auf solche Bereiche erweitert, in denen der Arzt zu anderen Institutionen in (vertraglicher) Verbindung steht.

Durch einen Ausschluss von Personen, die auf Grund ihres Verhaltens Zweifel daran begründen, die sie treffenden beruflichen Pflichten in Zukunft ordnungsgemäß wahrzunehmen, ist es Ziel, die Funktionsfähigkeit der Gesundheitsversorgung der Bevölkerung zu gewährleisten. In Bezug auf den dafür benötigten Vorwurf der Unzuverlässigkeit ist dabei entscheidend, dass dieser auf Grund einer Persönlichkeitsbewertung des Einzelnen auf Grundlage des in der Vergangenheit liegenden Verhaltens und unter Berücksichtigung aller wesentlichen Umstände im Zeitpunkt der letzten Verwaltungsentscheidung vorgenommen wird. Es ist somit das Bestreben, mittels dieses Rechtsbegriffs festzustellen, ob der Einzelne auf Grund seines in der Vergangenheit liegenden Verhaltens und unter Berücksichtigung aller Umstände die Bereitschaft besitzt, die ihn treffenden berufsrechtlichen Regelungen ordnungsgemäß zu gewährleisten.[599] Dabei ist es irrelevant, ob genau dieses Verhalten in Zukunft erneut droht. Es geht vielmehr ausschließlich darum, zu bestimmen, ob der Arzt eine generelle Persönlichkeit und – damit zwangsläufig zusammenhängend – eine generelle Bereitschaft offenbart, die begründete Zweifel daran aufkommen lassen, dass er die ihn treffenden beruflichen Verpflichtungen bezüglich einer ordnungsgemäßen Leistungserbringung nicht vornehmen wird.[600] Zu diesen ihn treffenden beruflichen Verpflichtungen gehört vor allem die ordnungsgemäße, stets am Wohl des Patienten orientiere Behandlung, § 1 Abs. 1 MBO-Ä.

Bezugnehmend auf den mit dem Begriff der Unwürdigkeit eigentlich verfolgten Zweck – Ahndung von Verhaltensweisen, die Misstrauen an der Vertrauenswürdigkeit der Ärzteschaft auslösen – ist zu sagen, dass mit dem Begriff der

---

598 BVerwG, Urt. v. 26.09.2002 – 3 C 37/01, Rn. 22 – juris.
599 Vgl. VGH Mannheim, NJW 1987, 1502 (1502).
600 Vgl. VGH Mannheim, NJW 1987, 1502 (1502).

Unzuverlässigkeit zumindest abstrakt genau das verfolgt werden kann, was die Rechtsprechung durch die exzessive Interpretation des Vertrauensbegriffs mittels des Begriffs der Unwürdigkeit seit Jahren entscheidet:

Die Ahndung von Verhaltensweisen, die (begründete) Zweifel an der Bereitschaft des Arztes an der Wahrnehmung der ihn treffenden beruflichen Pflichten und somit ordnungsgemäßen Leistungserbringung auslösen.

Wenn jedoch mit dem Begriff der Unzuverlässigkeit abstrakt gesprochen der gleiche Zweck verfolgt wird, wie mit dem Begriff der Unwürdigkeit auch, bedarf es bezüglich letztgenannten nicht seiner exzessiver Interpretation. Vor allem dann nicht, wenn der Unzuverlässigkeitsbegriff auch tatsächlich in der Lage wäre, die Fallgruppen abzudecken, die dem Begriff der Unwürdigkeit bis dato – in unzulässiger Weise – unterfallen.

III. Fallkonstellationen der Unzuverlässigkeit

In Betracht zu ziehen sind daher – zunächst – die Fallgruppen des beruflichen Fehlverhaltens im weiteren Sinne – der Abrechnungsbetrug gegenüber den privaten und gesetzlichen Krankenkassen – und des außerberuflichen Fehlverhaltens.

Bezüglich des beruflichen Fehlverhaltens im weiteren Sinne ist dabei festzustellen, dass diese Fallgruppe den Hauptanwendungsfall des Unzuverlässigkeitsvorwurfs bildet.[601]

Bezüglich des Vorwurfs der Unzuverlässigkeit wird zwar stets angeführt, dass der Arzt durch den Abrechnungsbetrug die ihn treffenden Pflichten gegenüber den Krankenkassen verletze.[602] Jedoch werden sich daraus auch entsprechende Schlussfolgerungen auf die generelle Persönlichkeit des Arztes und seine generelle Bereitschaft bezüglich der Einhaltung der ihn treffenden Pflichten – auch hinsichtlich einer ordnungsgemäßen Behandlung – ziehen lassen können.

Im Zuge der zu treffenden Prognose wird man nicht gänzlich ausschließen können, dass ein Arzt, der ein solch eigensüchtiges (Fehl-)Verhalten an den Tag legt, nicht auch eine solche Gesinnung und eine damit einhergehende Bereitschaft zum eigensüchtigen Handeln in einer behandlungsrelevanten Situation vorweisen wird, sofern diese ihm die Möglichkeit bietet. Die Wahrscheinlichkeit und das damit einhergehende Risiko einer später womöglich nicht ordnungsgemäß ausgeübten Tätigkeit – wie auch immer sie ausgestaltet sein mag – besteht damit. Somit besteht auch die Möglichkeit einer womöglich nicht

---

601 Vgl. nur *Schelling*, in: Spickhoff, Medizinrecht, 3. Aufl. 2018, § 5 BÄO Rn. 37.

602 BVerwG NJW 1991, 1557 (1557); BVerwG NJW 2003, 913 (914); BVerwG, NJW 1998, 2756 (2758); OVG NRW, MedR 1992, 294 (295); OVG NRW MedR 1989, 52 (53 f.).

vertrauensentsprechenden, ordnungsgemäßen Tätigkeitausübung im Sinne einer ordnungsgemäßen Behandlung. Ob sich dies tatsächlich so ereignen wird, ist irrelevant. Es genügt die Wahrscheinlichkeit, wobei die diesbezüglich anzustellende Wahrscheinlichkeitsprognose wesentlich von dem potentiell gefährdeten Rechtsgut, aber auch von den sonstigen Umständen, die zum Zeitpunkt der zu treffenden behördlichen Entscheidung vorliegen, abhängt. Ein umfassender Schutz des Vertrauens besteht damit insofern, dass sich die Patienten in der Gewissheit wägen, dass sie sich ausschließlich ordnungsgemäß arbeitender Personen ausgesetzt sehen. Dies beruht darauf, dass alle Personen, die auf Grund ihres in der Vergangenheit liegenden Verhaltens die Besorgnis begründen, dass sie nicht die Bereitschaft und somit die Persönlichkeit haben, die von ihnen auszuführende Tätigkeit in Zukunft ordnungsgemäß durchzuführen, aus der Ärzteschaft ausgeschlossen werden.

Eine Gewährleistung von Sicherheit im Sinne der Verhinderung von Misstrauen wäre damit auch konkret durch den Begriff der Unzuverlässigkeit möglich.

Bezüglich des außerberuflichen Fehlverhaltens ist festzustellen, dass zumindest ein steuerrechtlich relevantes Fehlverhalten in Form der Steuerhinterziehung den Vorwurf der Unzuverlässigkeit begründen kann.[603] Ob dieses Verhalten bei der Beurteilung der beruflichen Qualifikation eines Arztes überhaupt zu berücksichtigen ist, mag man angesichts der Qualifikation als berufsneutrales Fehlverhalten bezweifeln.[604] Die Frage, ob der Begriff der Unzuverlässigkeit auch diese Fallgruppen des Unwürdigkeitsbegriffs konkret abzudecken vermag, kann zumindest positiv bejaht werden.

Relevant in Bezug auf den Anwendungsbereich des Unzuverlässigkeitsbegriffs ist hierbei nämlich, dass sich der Vorwurf auch auf ein außerberufliches Fehlverhalten erstrecken kann. Somit auch solche Verhaltensweisen geahndet werden können, die die Besorgnis begründen, dass ein Arzt, die von ihm in der Vergangenheit gezeigte grundlegende Bereitschaft und Persönlichkeit – hemmungsloses Gewinnstreben – wohl auch ebenfalls im eigentlichen ärztlichen Tätigkeitsbereich in Bezug auf die von ihm vorzunehmende Tätigkeitausübung vorweisen wird. Dies wird vor allem für solche Konstellationen wie den außerberuflichen Totschlag gelten. Dies lässt sich allein damit begründen, dass ein Arzt, der ein solches schwerwiegendes Fehlverhalten aufzeigt, zweifelsohne erhebliche Zweifel an seiner Bereitschaft und somit charakterlichen Festigkeit aufkommen

---

603 Vgl. OVG NRW, Beschl. v. 27.08.2009 – 13 A 1178/09, Rn. 10 ff. – juris.

604 Siehe dazu die S. 127 ff.

lassen wird, ob er tatsächlich gewillt ist, stets zum Wohl des Patienten und dem dahinterstehenden Menschen zu handeln. Somit ist auch hier festzustellen, dass der Begriff der Unzuverlässigkeit grundsätzlich geeignet wäre, den von der Rechtsprechung beabsichtigten Zweck – Gewährleistung von umfassendem Vertrauen durch Ausschluss von Personen, die Misstrauen auslösen – zu erreichen.

IV. Zwischenergebnis: Zweckerreichung durch den Unzuverlässigkeitsbegriff

In Bezug auf den von der Rechtsprechung verfolgten Zweck – Vertrauensschutz der Patientenschaft in die Ärzteschaft mittels des Ausschlusses von solchen Personen, die offensichtlich nicht die Bereitschaft und somit Persönlichkeit besitzen, zum Besten des Patienten zu handeln – muss festgestellt werden, dass dieser mit dem Begriff der Unzuverlässigkeit nicht nur abstrakt, sondern auch konkret erreicht werden kann.

Sofern es also Zweck der Rechtsprechung ist, solche Ärzte aus dem Bereich der Ärzteschaft auszuschließen, die begründeten Zweifel an der Charakterfestigkeit und somit Bereitschaft aufweisen, stets zum Wohle des Patienten zu handeln, kann ein solcher Ausschluss auch mittels des Widerrufs wegen Unzuverlässigkeit stattfinden.

Einschränkend ist jedoch anzuführen, dass das jeweilig zu beanstandende Fehlverhalten eine gewisse Intensität vorweisen muss, um den Vorwurf der Unzuverlässigkeit zu begründen. Diese ist wie von der Rechtsprechung bisher gehandhabt, u.a. an der Dauer und der Häufigkeit des zu beanstandenden Fehlverhaltens festzumachen. Zu beachten ist jedoch, dass dieses Verhalten einen Rückschluss auf die fehlende Bereitschaft des Arztes, die für ihn geltenden beruflichen Pflichten – zu denen auch die Pflicht der ordnungsgemäßen Behandlung eines Patienten zählt – zu erfüllen, ziehen lassen muss. Eine solch fehlende Bereitschaft wird man dabei wohl nicht ausschließlich anhand der hinterzogenen Steuersumme oder den durch den Abrechnungsbetrug erlangten Vermögensvorteil ermitteln können. Vielmehr scheint es auch unter Berücksichtigung des Grundrechts nach Art. 12 Abs. 1 GG sinnvoll, stets einen Zusammenhang mit der eigentlich ausgeübten ärztlichen Tätigkeit herzustellen und zu erfragen, ob dieses Verhalten wirklich einen solch negativen Rückschluss auf seinen Charakter und somit seine Bereitschaft zulässt, die von ihm auszuübende Tätigkeit nicht in dem ihm gegenüber geforderte Maße auszuüben. Eine solche fehlende Persönlichkeit wird man dabei zumindest bei den Fallkonstellationen verneinen dürfen, die von einer Einmaligkeit des Verhaltens gekennzeichnet sind und keinen Zusammenhang zur eigentlichen ärztlichen Tätigkeit vorweisen – wie z.B. der von dem BVerwG erst jüngst entschiedene Fall des Abrechnungsbetrugs einer Ärztin gegenüber ihrer privaten Krankentagegeldversicherung oder der regelmäßig geahndete Fall der Steuerhinterziehung.

Gerade was letztere Fallkonstellation angeht, ist der gewissenhafte Umgang mit Finanzen, anders als bei einem Rechtsanwalt, nicht Schwerpunkt der eigentlichen ärztlichen Tätigkeit und gewinnt ausschließlich Relevanz im Abrechnungssystem der gesetzlichen und privaten Krankenkassen, nicht jedoch im Zusammenhang mit der eigentlichen ärztlichen Tätigkeit.

C. Das Nebeneinander von Unwürdigkeit und Unzuverlässigkeit

Unter Berücksichtigung des eigentlichen von der Rechtsprechung angestrebten Zwecks und den soeben aufgezeigten Ausführungen zum Unzuverlässigkeitsbegriff muss festgestellt werden, dass der Begriff der Unzuverlässigkeit allein dazu in der Lage wäre, den von der Rechtsprechung verfolgten Zweck zu gewährleisten. Ein umfassender Schutz des Vertrauens im weiteren Sinne somit gewährleistet werden könnte.

Betrachtet man ausgehend von diesen Schlussfolgerungen erneut das Verhältnis von Unwürdigkeit und Unzuverlässigkeit muss unter Berücksichtigung der oben getroffenen Feststellungen zum eigentlichen Anwendungsbereich der Unwürdigkeit festgestellt werden, dass die Begriffe nebeneinander bestehen würden. Dabei würde der Begriff der Unzuverlässigkeit sämtliche Fehlverhaltensweisen abdecken können, die seitens der Patientenschaft die Besorgnis begründen könnten, dass sich ein Arzt in der konkreten Behandlungssituation auf Grund seines in der Vergangenheit liegenden Verhaltens nicht konform verhalten würde. Der Begriff der Unwürdigkeit würde hingegen alle Fallkonstellationen erfassen, die das dem Arzt entgegengebrachte Vertrauen tatsächlich nachhaltig zerstören. Ein grundsätzliches Nebeneinander von Unwürdigkeit und Unzuverlässigkeit – wie bereits zu Beginn der Arbeit verdeutlicht – würde weiterhin bestehen. Eines solchen Nebeneinander bedürfte es jedoch dann nicht, wenn der Begriff der Unzuverlässigkeit in der Lage wäre, selbst solche Verhaltensweisen zu erfassen, die das Vertrauen tatsächlich beeinträchtigen, das heißt in die Fallkonstellation des Kernbereichs der ärztlichen Tätigkeit fallen.

D. Kein Bedürfnis am Festhalten des weiteren Nebeneinanders

Bezüglich dieser Fallgruppe muss festgestellt werden, dass es zwar keine Entscheidungen gibt, die bei Begehung von Verhaltensweisen, die den Kernbereich der ärztlichen Tätigkeit betreffen, neben den Vorwurf der Unwürdigkeit, auch den der Unzuverlässigkeit anführen und auf diesen zusätzlich den Widerruf der Approbation stützen. Vielmehr wird bei solchen Konstellationen, die nach dem hier darlegten Vertrauensverständnis tatsächlich dem Begriff der Unwürdigkeit unterfallen (würden), festgestellt, dass zumindest der Vorwurf der Unwürdigkeit rechtmäßig sei, sodass auf den womöglich ebenfalls bestehenden Vorwurf der Unzuverlässigkeit nicht weiter eingegangen werden müsse.[605]

Warum jedoch ein solches Fehlverhalten nicht auch den Unzuverlässigkeitsvorwurf begründen können soll, erscheint von vornherein nicht ersichtlich. Vor allem dann nicht, wenn man sich zum einen vergegenwärtigt, dass nach Auffassung der Rechtsprechung selbst ein einmaliges Fehlverhalten den Vorwurf der Unzuverlässigkeit hervorrufen kann,[606] zum anderen klarstellt, dass diese Fehlverhaltensweisen auf Grund der in ihnen zum Ausdruck kommenden Gesinnung des jeweiligen Arztes ohne Zweifel dessen Zuverlässigkeit in Frage stellen mögen.

Betrachtet man nämlich erneut die Entscheidungen, die bereits im Bereich des Kernbereichs der ärztlichen Tätigkeit in Bezug auf Verhaltensweisen, die den Vorwurf der Unwürdigkeit begründen, angeführt wurden, muss bezüglich dieser Verhaltensweisen angeführt werden, dass sie grundsätzlich geeignet sein dürften, den Vorwurf der Unzuverlässigkeit zu begründen. Dies ergibt sich dabei nicht aus dem beharrlichen Verhalten wie bspw. des stetig wiederkehrend vorgenommenen sexuellen Missbrauchs, wodurch zum Ausdruck kommt, dass der Arzt offensichtlich nicht bereit ist, den ihm entgegengebrachten Vertrauen zu entsprechen, sondern auch aus dem Verhalten an sich. Dieses Verhalten bringt nämlich in tatsächlicher Hinsicht zum Ausdruck, dass der Arzt nachweislich sein Interesse über das der Patienten stellt und diese bewusst benachteiligt. Hierbei handelt es sich um die „krasseste" Verletzung einer ärztlichen Berufspflicht in dem Sinne, dass der Arzt dazu verpflichtet ist, die sich ihm anvertrauenden Patienten zu behandeln und Leiden zu mindern und solche gerade nicht zur Erreichung eines selbstsüchtigen Ziels hervorzurufen. Dass es bei

---

605 Vgl. nur VG Berlin, Urt. v. 17.01.2018 – 14 K 176.15, Rn. 61 – juris.

606 BVerwG, Beschl. v. 14.04.1998 – 3 B 95/97, Rn. 13 – juris.

diesen Fehlverhalten auch nicht darauf ankommen kann, dass mehrere schwerwiegende Verfehlungen sich erneut ereignen, bevor einem Arzt die Approbation wegen Unzuverlässigkeit entzogen wird, ergibt sich nicht nur aus der mit der Zuwiderhandlung einhergehenden tiefergehenden Verletzung des körperlichen und seelischen Wohls des jeweilig beeinträchtigten Patienten, sondern auch aus dem Umstand, dass die Rechtsprechung ein einmaliges Fehlverhalten bei besonders krassen Situationen für den Vorwurf der Unzuverlässigkeit als ausreichend anerkennt.[607] Ein solch krasses Fehlverhalten wird bei den Konstellationen gegeben sein, die den Kernbereich der ärztlichen Tätigkeit betreffen. Handelt es sich doch um Fehlverhaltensweisen, die das körperliche als auch seelische Wohl des einzelnen Patienten massiv beeinträchtigen.

E. Vorzugswürdigkeit am ausschließlichen Festhalten des Unzuverlässigkeitsbegriffs

Im Ergebnis wird damit ersichtlich, dass der Begriff der Unzuverlässigkeit nicht nur den von der Rechtsprechung mit der exzessiven Vertrauensinterpretation verfolgten Zweck erreichen kann. Es wird auch deutlich, dass selbst die Fallkonstellationen, die man unter Zugrundelegung des hier dargelegten Vertrauensverständnisses unter den Unwürdigkeitsbegriff fasst, von dem Begriff der Unzuverlässigkeit abgedeckt werden (können). Somit kann der Begriff der Unzuverlässigkeit weitergehender als der der Unwürdigkeit einen umfassenden Schutz des Vertrauens der Patienten in die Ärzteschaft gewährleisten. Dies geschieht – genauso wie in den zuvor untersuchten Teilrechtsgebieten – insofern, dass man mit dem Begriff sowohl Verhaltensweisen ahnden kann, die Zweifel daran begründen, dass ein Arzt in der konkreten Behandlungssituation auf Grund seines in der Vergangenheit liegenden Verhaltens nicht die Bereitschaft besitzt, stets zum Wohl des Patienten zu handeln. Das heißt, dass somit Verhaltensweisen zum Schutz des Vertrauens sanktioniert werden können, die eine gewisse Form der Unsicherheit gegenüber der jeweiligen Gruppe begründen. Als mit dem Begriff auch solche Fehlverhaltensweisen geahndet werden können, die das tatsächliche einem Arzt entgegengebrachte Vertrauen verletzt haben.

Die Vorzugswürdigkeit dieses Begriffs ergibt sich dabei nicht nur aus dem Umstand, dass sämtliche Fallkonstellationen – wie soeben dargelegt – von diesem, anders als durch den Unwürdigkeitsbegriffs, abgedeckt werden können. Sie ergibt sich dabei auch aus dem Umstand, dass mit der Anwendung dieses

607 BVerwG, Beschl. v. 14.04.1998 – 3 B 95/97, Rn. 13 – juris.

Begriffs dem Grundrecht der Berufswahlfreiheit nach Art. 12 Abs. 1 GG umfassender Rechnung getragen wird. Dies zwar nicht dahingehend, dass auch der mit dem Widerruf wegen Unzuverlässigkeit verbundene Eingriff in Art. 12 Abs. 1 GG einen tiefgehenden Einschnitt in die Berufswahlfreiheit des Einzelnen darstellt. Jedoch aber insoweit, dass hier eine umfassendere Abwägung der Gesamtumstände bezüglich der zu treffenden Prognose stattfindet und nicht wie beim Begriff der Unwürdigkeit allein auf das in der Vergangenheit liegende Verhalten abgestellt wird. Damit wird gerade in Bereichen, in denen ein einmaliges Fehlverhalten zu Tage tritt, die Chance erhöht, dass dieses Fehlverhalten, anders als beim Begriff der Unwürdigkeit, nicht gleich den Widerruf der Approbation begründet. Ist doch bei der von der Behörde anzustellenden Zuverlässigkeitsprognose sowohl die Schwere als auch die Häufigkeit der verübten Tat zu berücksichtigen.

Fazit

Zusammenfassend ist festzustellen, dass es das Ziel der verwaltungsrechtlichen Praxis ist, das Vertrauen in die Ärzteschaft umfassend zu schützen. Der Schutz dieses Vertrauens erfolgt dabei primär über den Widerruf der Approbation wegen Unwürdigkeit, der stets dann erfolgt, wenn es sich um ein ärztliches Fehlverhalten handelt, das das Vertrauen der Patienten in die Ärzteschaft zerstört.

Hinsichtlich der derzeitigen Praxis ist jedoch festzustellen, dass diese nicht dazu geeignet ist, das Vertrauen in dem Umfang zu schützen, wie es bisher von der verwaltungsrechtlichen Praxis gewollt und gehandhabt wird.

Der Grund für diese Schlussfolgerung liegt dabei in dem Verständnis des „Vertrauens" und somit in dem Anwendungsbereich des Unwürdigkeitsbegriffs, der nach dem im Rahmen dieser Arbeit dargelegten Verständnis nicht so weit reicht, wie er derzeit von der verwaltungsrechtlichen Praxis verstanden und praktiziert wird. Demnach bezieht sich das Vertrauen der Patienten in die Ärzteschaft nämlich nur auf eine ordnungsgemäße Behandlung im Rahmen des Arzt-Patienten-Verhältnisses und gerade nicht auf eine Tadellosigkeit eines Arztes in allen Situationen seines Lebens.

Dass hierbei das Verständnis des Vertrauens nicht so weit interpretiert wird, wie es derzeit von der herrschenden Rechtsprechung vorgenommen wird, beruht dabei vor allem auf dem wesentlichen Unterschied, dass das Vertrauen – wie vorstehend ausgeführt – gerade nicht über den Aspekt des Ansehens, sondern ausschließlich aus sich selbst heraus bestimmt wird.

Danach handelt es sich um eine abstrakte Größe, die ihr für das Arzt-Patienten-Verhältnis maßgebliches Verständnis durch die jeweilige konkrete Einzelfallsituation erhält, die stets gegeben ist, wenn Arzt und Patient aufeinandertreffen. Diese für das grundlegende Vertrauensverständnis maßgebliche Situation ist dabei allein die konkrete Behandlungssituation, da sich allein in dieser der Vertrauende in die Abhängigkeit eines Arztes begibt, mittels der Preisgabe seines körperlichen Gutes eine Vertrauenshandlung erbringt und zugleich darauf hofft, dass der Vertreter der Profession seine dem Patienten überlegene fachliche Stellung nicht zu dessen Lasten auslebt.

Da folglich nur in dieser, für das generelle Arzt-Patienten-Verhältnis stellvertretenden Vertrauenssituation von einem Vertrauen gesprochen werden kann, kann das für den Unwürdigkeitsvorwurf maßgebliche Fehlverhalten sich entsprechend auch nur in diesem Zusammenhang ereignen.

Dass die herrschende Rechtsprechung, anders als hier vertreten, das „Vertrauen" und somit den Anwendungsbereich des Unwürdigkeitsbegriffs anders definiert und handhabt, liegt, wie bereits erwähnt, nicht nur maßgeblich an dem Umstand, dass die herrschende Rechtsprechung den Begriff nicht aus sich selbst heraus, sondern über das Ansehen definiert. Maßgeblich ist ebenfalls, dass die Rechtsprechung mittels einer exzessiven Interpretation des Vertrauensbegriffs versucht, einen umfassenden Schutz des Vertrauens zu gewährleisten.

Wie aus der umfassenden Betrachtung der herrschenden Rechtsprechung deutlich wurde, ist es ihr Ziel, nämlich nicht nur solche Verhaltensweisen mittels des Widerrufs zu ahnden, die das Vertrauen nach dem hier dargelegten Verständnis tatsächlich zerstören, sondern auch solche, die bloßes Misstrauen gegenüber der Ärzteschaft und der von ihr vorzunehmenden Arbeit gegenüber den Patienten auslösen (könnten). Dieser weitreichende Schutz basiert auf dem Ziel, den Patienten eine Sicherheit insofern zu geben, dass diese sich hinsichtlich ihrer körperlichen Leiden einem Arzt vollkommen anvertrauen können und nicht durch ein irgendwie geartetes Misstrauen davon abgehalten werden, dessen Hilfe in Anspruch zu nehmen und sich in die Abhängigkeit eines Arztes zu begeben.

Dieses von der verwaltungsrechtlichen Praxis verfolgte Ziel mag angesichts der Bedeutung des Vertrauens für das besonders wichtige Gemeinschaftsgut der Gesundheitsversorgung der Bevölkerung erstrebenswert sein, einzig und allein entscheidend darf dies jedoch mit Blick auf die Bedeutung und Tragweite des Grundrechts der Berufsfreiheit nach Art. 12 Abs. 1 GG nicht sein. Handelt es sich doch bei dem Widerruf der Approbation wegen Unwürdigkeit um einen schwerwiegenden Eingriff in die Berufswahlfreiheit des Einzelnen, der angesichts der mit dem Eingriff verbundenen Konsequenz – Untersagung der weiteren Ausübung der beruflichen Tätigkeit – nur unter strengen Voraussetzungen verhältnismäßig ist.

Die Grenzen der Verhältnismäßigkeit stellt die Rechtsprechung selbst auf, in dem sie betont, dass nur solche Verhaltensweisen den Vorwurf der Unwürdigkeit begründen können, die das Vertrauen zerstören. Da sich dieses Vertrauen nach dem hier dargelegten Verständnis jedoch generell nur auf die ordnungsgemäße Behandlung im Rahmen des konkreten Behandlungsverhältnisses bezieht, muss abschließend festgestellt werden, dass der Begriff der Unwürdigkeit nicht dazu geeignet ist, das Vertrauen in dem Umfang zu schützen, wie es derzeit von der Rechtsprechung beabsichtigt und über den Begriff der Unwürdigkeit praktiziert wird.

Hinsichtlich des von der Rechtsprechung verfolgten Ziels muss abschließend festgestellt werden, dass es auch kein Bedürfnis gibt, dieses Ziel mittels einer Überdehnung des Vertrauensverständnisses über den Begriff der Unwürdigkeit zu erreichen. Hält doch die Bundesärzteordnung mit dem Begriff der Unzuverlässigkeit einen weiteren Begriff bereit, der genau diese Form von Sicherheit und zugleich Vertrauen erreichen kann.

Wie dargelegt, erlaubt es der Begriff nämlich, bereits solche Personen auszuschließen, die auf Grund eines von ihnen in der Vergangenheit liegenden Verhaltens und der darin zum Ausdruck kommenden Persönlichkeit die Besorgnis begründen, dass sie die von ihnen auszuführende Tätigkeit in Zukunft nicht ordnungsgemäß ausüben werden. Dabei ist der Anwendungsbereich des Unzuverlässigkeitsbegriffs, anders als der des Unwürdigkeitsbegriffs, nicht beschränkt. Sämtliche, sogar außerberufliche Verhaltensweisen können bei der Bewertung der Persönlichkeit und somit der Bereitschaft hinsichtlich einer zukünftigen, ordnungsgemäßen Tätigkeitsausübung berücksichtigt werden. Durch den somit flexibleren und zugleich weitreichenderen Anwendungsbereich erlaubt es der Begriff der Unzuverlässigkeit folglich, einen umfassenden Schutz des Vertrauens insofern zu gewährleisten, dass bereits solche Personen als unzuverlässig qualifiziert und aus der Ärzteschaft ausgeschlossen werden können, die die Besorgnis begründen, dass ein Arzt in Zukunft eine ordnungsgemäße Tätigkeitsausübung nicht wahrnehmen wird. Da somit – vor allem wie im anwaltlichen Berufsrecht – die sich einem Vertreter der Profession anvertrauenden Personen die Gewissheit haben, dass sie sich ausschließlich zuverlässig arbeitenden Personen ausgesetzt sehen, haben diese zugleich die Sicherheit, dass sie sich ausschließlich solchen Personen gegenübersehen, die keinerlei Zweifel an der Bereitschaft zur ordnungsgemäßen Behandlung aufkommen lassen.

Neben dem Umstand, dass der Begriff der Unzuverlässigkeit somit sämtliche Verhaltensweisen abzudecken vermag, die der Begriff der Unwürdigkeit auf Grund des hier dargelegten Vertrauensverständnisses selbst nicht abdecken kann, ist zudem abschließend festzustellen, dass der Unzuverlässigkeitsbegriff wohl selbst die Verhaltensweisen abdecken kann, die derzeit mittels des Widerrufs wegen Unwürdigkeit geahndet werden. Wird sich doch der Vorwurf der Unzuverlässigkeit aller Voraussicht nach ebenfalls dort erheben lassen dürfen, wo es sich z.B. um so schwerwiegende Fehlverhaltensweisen wie den sexuellen Missbrauch unter Ausnutzung eines Behandlungsverhältnisses oder die vorsätzliche Verletzung der körperlichen Integrität eines Patienten handelt.

Da somit der Begriff der Unzuverlässigkeit in der Lage ist, einen umfassenden Schutz des Vertrauens zu gewährleisten, ist es nach dem hier vertretenen Verständnis nicht erforderlich, weiter an dem Begriff der Unwürdigkeit festzuhalten. Vielmehr wird es als notwendig angesehen, von nun an nur noch den Begriff der Unzuverlässigkeit – wie auch im anwaltlichen Berufsrecht – zur Anwendung kommen zu lassen.

Ehrenwörtliche Erklärung

Hiermit erkläre ich, dass ich die eingereichte Dissertation selbstständig und ohne unzulässige fremde Hilfe verfasst habe, andere als die in ihr angegebene Literatur nicht benutzt und dass ich alle ganz oder annähernd übernommenen Textstellen kenntlich gemacht habe.

Ich versichere außerdem, dass ich die beigefügte Dissertation nur in diesem und keinem anderen Promotionsverfahren eingereicht habe und dass diesem Promotionsverfahren keine endgültig gescheiterten Promotionsverfahren vorausgegangen sind.

Nikolas Kahl Halle (Saale),
17.03.2021

www.ingramcontent.com/pod-product-compliance
Ingram Content Group UK Ltd.
Pitfield, Milton Keynes, MK11 3LW, UK
UKHW021854290926
8980IPUK00005B/824

9 783631 901298